KB260447

백제도성의 변천과 연구상의 문제점

백제도성의 변천과 연구상의 문제점

국립부여문화재연구소 편

서 경

이 책은 국립부여문화재연구소가 2002년 5월 17일『백제도성의 변천과 연구상의 문제점』이라는 주제로 개최한 제3회 문화재연구 학술대회의 발표 및 토론내용을 정리한 것입니다.

저희 연구소는 백제문화권역내 문화유산에 대한 학술적 조사·연구를 담당하고 있는 명실상부한 국립기관으로서 연구분야별로 관심도가 높은 주제를 선정하여 연차적으로 학술대회를 개최하고 있습니다. 이미 지난 2000년도에『사비도성과 백제의 성곽』을, 2001년도에『무녕왕릉과 동아시아 문화』를 주제로 학술대회를 개최한 바 있습니다.

최근들어 고고학적 발굴조사를 통하여 백제시대 도성의 실체에 대한 연구가 점점 활발해지고 구체화되어 가고 있음은 매우 고무적인 일이라 하겠습니다. 그러나 관련 학자들이 한자리에 모여 한성 - 웅진 - 사비로 이어지는 백제도성 변천의 흐름에 대하여 발굴 성과와 문헌사적 연구결과를 종합적으로 발표하고 토론한 학술회의는 개최 예가 많지 않은 것으로 기억됩니다.

이 책자에서는 백제도성의 변천과 관련한 그 동안의 연구성과를 집약하고 향후 백제사 연구에 있어서 보다 발전적인 방향을 제시하고자 하였습니다. 특히 백제초기 한성의 도성과 관련하여 최근 몽촌토성 및 풍납토성 발굴조사에서 확인된 자료에 대한 새로운 해석, 백제가 웅진과 사비에 도읍을 정하기까지의 과정 및 배경에 대한 연구, 백제도성의 계통을 밝히기 위한 타국 연구자료와의 비교 등과 학술대회기간 관련 학자간에 활발하게 논의된 내용도 실려 있습니다.

앞으로 백제사 복원을 위해 도성제 뿐만 아니라 정치·경제·사회·문화·교역 등 여러 분야에 걸쳐 우리들이 풀어나가야 할 숙제들이 산적해 있습니다. 이러한 숙제를 풀어 나아가는데 있어 백제사를 연구하는 많은 학자분들에게 이 작은 책자가 한 시금석이 될 수 있기를 소망합니다.

끝으로 이 책이 나오기까지 본 학술대회에 옥고를 주신 발표자·토론자 선생님들과 출판에 힘써주신 서경문화사 김선경 사장님께 감사드립니다.

2003년 4월
국립부여문화재연구소장　金 性 植

| 일러두기 |

1. 이 책자는 2002년 5월 개최된 학술대회의 내용을 정리한 것이다.

2. 학술대회의 5개 소주제에 대하여 각 발표자의 발표문과 지정된 토론자의 토론요지문, 그리고 토론요지에 대한 발표자의 간단한 답변을 수록하였다. 5개 주제에 대한 발표와 지정토론을 모두 실제 진행 순서대로 정리하였으며 마지막에 종합토론 내용을 정리하였다.

3. 발표문은 발표후 논지나 문맥의 골격을 변경하지 않는 범위 내에서 집필자에 의해 원고수정이 이루어졌으며, 토론요지문은 수정 없이 수록하였다.

4. 토론요지문에 대한 발표자의 답변과 종합토론은 학술대회시 녹취한 것을 국립부여문화재연구소에서 문맥에 맞게 정리·편집한 것이다. 녹취내용을 글로 표현한 것의 특성상 정확한 의미전달에 한계가 있을 수 있으므로 인용시에는 주의를 요한다.

제1장

백제도성의 변천과 연구상의 문제점

백제도성의 변천과 연구상의 문제점

백제도성의 변천과 연구상의 문제점

崔 夢 龍 (서울대학교교수 · 문화재위원)

백제(기원전 18년~서기 660년)는 한성시대(기원전 18년~서기 475년), 공주시대(서기 475년~538년)와 부여시대(서기 538년~660년)의 세 시기로 나뉘어진다. 그에 따라 각 시대의 문화적인 차이가 뚜렷이 나며 도성의 변천에도 영향을 미친다. 최근 고고학의 활발한 성과로 인해 백제시대의 도성의 변천을 짐작해볼 수 있다.

그러나 이의 연구에 앞서

1) 삼국사기 백제 초기 기록의 인정과 이를 위한 고고학적 증거 확보
2) 마한과 백제의 독립적인 시대구분과 연구의 二分法的 사고의 확립
3) 이에 따라 종전의 식민지사관에 따른 원삼국시대와 같은 애매

모호한 시기설정의 폐기와 이에 맞는 새로운 지역적 편년의 수
립과 아울러 한국고대사의 긍정적 해석

4) 그리고 이 시기의 유적 또는 성벽의 발굴 시 그 유적이 속하는
한 시기 시대에 편중해 연구하지 말고 역사적 맥락 속에서 유
기체적인 해석 등이 선행되어야 한다. 이는 앞 시대에 만들어
진 성벽의 철저한 파괴와 개축과 보수 등을 고려해야 하기 때
문이다.

後漢書 東夷傳 韓條에 보이는 마한시대의 특징적인 집의 하나인
土室(土屋)은 최근 기흥읍 구갈리, 공주 장선리(사적 제433호), 충
주 수룡리, 논산 원북리, 전주 평화동과 송천동, 군산 내흥동과 대
전시 유성구 추목동 자운대에서 발굴되고 있다. 특히 장선리의 중
심연대는 최근의 질량가속분석기의 연대에 의해 서기 2~3세기경
으로 밝혀지고 있다. 그곳에서는 마한과 백제 초기에 공유했을 것
으로 짐작되는 토기로 여겨지는 格子打捺文 토기가 공반한다. 그
래서 최근 천안 용원리, 공주 장원리와 평택 자미산성 등 마한의
유구로 생각되는 土壙墓, 周溝墓, 鳥足文과 鉅齒文 土器·版築되
지 않은 토성과 掘立柱 건물터의 확인과 조사가 이루어져 이들 마
한의 영역을 밝히는데 힘써야 할 것이다. 그러한 결과로 앞으로 한
성시대 백제 이전부터 존재했던 마한과 그 이후 마한의 땅을 할양
받아 성립한 한성시대 백제와의 문화적 차이를 구분 지을 수 있는
더욱더 확실한 고고학증거들이 나타날 것으로 믿는다.

蛇城이나 坪古城으로 알려진 서울 송파구 풍납동토성(사적 제11

호)은 서기 23년(손조왕 41년)에 쌓은 것으로 추정되며 1997년 이후 국립문화재연구소와 한신대 박물관의 발굴로 주위의 몽촌토성(사적 제297호)과 하남시 이성산성(사적 제422호)보다 축조가 앞선 백제초기 도성의 하나로 밝혀지고 있다. 토성, 제사터, 塼과 개와 등으로 추정되는 궁궐터(지상가옥)와 六角形의 집자리 등으로 미루어보아 풍납동토성은 기원전 18년 온조왕에 의해 백제의 성립과 더불어 도성으로 축조되었을 가능성이 많으며, 이는 방사성탄소연대나 경질무문토기(풍납리식 토기) 등에 의해서도 입증이 되고 있다.

하남시 二聖山城(사적 제422호)의 경우 한양대학교가 1986년 8월 13일 시작한 1차 발굴 이후 2001년까지 9차에 걸쳐 발굴해왔다. 이곳에서는 백제(8 · 9차)-고구려-신라에 걸치는 유적과 유물이 연속적으로 나오면서 이 유적이 처음 13대 근초고왕 때의 漢山(서기 371~391)일 가능성이 많아 졌다. 그리고 백제시대 초기부터 만들어져 사용되어오던 토성이 근초고왕의 활발한 정복사업과 북쪽 고구려의 영향하에 종래의 풍납동토성과 몽촌토성과 같은 토성에서 석성으로에 전환이 이곳에서부터 시작되었을 가능성이 많아졌다. 그리고 2001년 동문지의 발굴은 개로왕이 이곳의 전투를 최후로 고구려군에 잡혀 아차산성에서 처단되었을 가능성도 보여준다. 즉 이성산성이 한성시대 백제의 최후 격전지일 가능성이 높다는 것이다. 그리고 이성산성에서 백제 근초고왕대의 초축(서기 371년)-고구려 장수왕에 의한 한성백제의 멸망(서기 475년)-신라 진흥왕의 한강진출(서기 551 · 553년)-백제의 멸망과 통일신라시대(660 · 668년) - 고려와 조선으로 이어지는 역사적 맥락을 이해할 수 있는 고고학적 단서가 나오고 있다. 이는 이성산성이 시대를 달리해도 전략적 요충지로 사용해왔다는 이야기가 된다.

또 이웃 天王寺에서 2001년 문화재보호재단에 의해 백제시대의 개와(수막새)가 발굴되었다. 이 자료는 아직 백제 초기의 것인지 검증을 받아야겠지만 만약 그렇다면 384년 15대 침류왕 1년에 불교를 받아들이고 그 다음해인 385년 漢山에 佛事를 일으키는 역사적 사실과 관련을 지어 삼국사기 백제본기의 기록의 정확성도 생각할 수 있는 중요한 자료가 된다. 이는 2001년 충북대학교 박물관에 의해 발굴된 청주 부용면 부강리 남산골 산성의 발굴결과 고구려군에 의한 함락시기가 이 유적의 하한이 되는 점도 이러한 역사적 맥락을 잘 보여준다. 이 남산골산성은 청주 井北洞土城(사적 제415호 ; 서기 130~260년경 축조)과 같이 아마도 마한시대의 초축으로 후일 백제의 성이 되었다가 475년경 고구려군에 함락 당한 것으로 여겨진다. 한성시대 백제의 영역에 속하는 지역에서의 백제성은 포천 반월성(사적 제403호), 연천 호로고루성(경기도 기념물 제174호)이 있다. 瓠蘆古壘城은 발굴결과 처음에는 백제시대의 판축으로 이루어진 토성으로 그 후 고구려의 석성으로 대체되었다. 이는 13대 근초고왕의 북진정책과 관련이 있으며 파주 주월리와 포천 자작리의 백제시대 집자리의 존재로도 입증이 된다. 한성시대 백제의 영역은 근초고왕 때가 가장 강성했으며 그 영역도 여주 언양리와 하거리, 진천 석장리 · 삼용리(사적 제344호)와 산수리(사적 제325호)를 넘어 원주 법천리에 이르며 최근 강원도 문화재연구소가 발굴중인 춘천 거두리와 홍천 하화께리까지 이르는 것으로 알려지고 있다. 또 충남 연기 운주산성의 경우 이제까지 통일신라시대의 성으로 추정되었으나 발굴결과 백제시대의 초축인 석성으로 밝혀지고 있다. 백제시대의 석성으로는 이성산성(사적 제422호), 설성산성(단국대 2001~2002년 발굴, 경기도 기념물 76호)과 설봉산성(사적 제423호) 등이 알려져 있어 서로 비교가 된다.

　부여 부소산성(사적 제5호)은 大通(527~528년)명이 새겨진 개와의 존재로 보아 26대 성왕이 528년부터 10년간 도시 계획 후 538년 공주에서 부여로 옮긴 것으로 알려져 있다. 이 산성은 1980년 西麓寺(西腹寺) 조사 이후 20년째 발굴되어오고 있으며 그중 부여문화재연구소에 의해서만 2001년 현재 12년째의 정밀 학술조사를 통해 그 규모가 잘 알려지고 있다. 이 백제의 산성은 660년 나당연합군에 의해 멸망한 이후 통일신라, 고려와 조선시대를 거쳐 계속 이용이 되어왔으며 그 규모는 백제시대 초축의 규모보다 상당히 축소되어왔음을 알 수 있다. 그 중 중요한 것은 백제의 남문지(1992~1994년 조사), 泗沘樓 근처에서 북문지에 이르는 통일신라시대의 퇴뫼식 성벽 석축과 연결부, 수혈주기지(1992--2000년 조사) 등, 남쪽의 통일신라시대의 문지(1995), 북문지 가까이 있는 수혈주거지와 취수장(2000~2001년 조사) 등이다. 이로서 백제시대에 만들어진 성벽의 원형은 거의 완전하게 파괴되었다는 것을 알 수 있고 현재 남아 있는 것은 통일신라시대 이후의 것들이 대부분으로 파악된다. 이는 앞으로 연기 운주산성과 같이 백제시대 初築의 성벽조사시 꼭 참고해 둘 사항이다. 대전 월평동산성의 경우 백제산성과 주위에 이보다 앞서는 수혈구덩이와 아울러 고구려 유물이 나와 앞으로 이를 시대 순으로 밝힐 정밀 학술조사가 필요하다. 이는 백제 초축으로 알려져 있는 鷄足山城(1570±50 B.P. 415년경 이후 축조 또는 530년경으로 축조 추정)에서 통일신라시대와의 역사적 맥락과 아울러 성벽축조의 선후관계도 밝혀져야 한다.

이 시기의 고고학은 역사고고학의 범주에 속하기 때문에 발굴조사된 고고학 정보 뿐만 아니라 문헌정보의 파악에도 힘을 기울여 전체 역사적인 맥락 속에서 유적을 올바로 해석해 나가는 자세가 필요하다.

參考文獻

경기도박물관, 1999, 「평택 관방유적 정밀지표조사 현장설명회자료」.

공주대학교박물관 · 천안온천개발, 1999, 『용원리고분군 사진자료』.

국립문화재연구소, 2001, 『풍납토성 I』.

국립부여문화재연구소, 1997, 『부소산성 발굴조사 중간보고 II』 부여문
　　　　　　　　　　　화재연구소 학술연구총서 제14집.

──────────────, 1999, 『부소산성 발굴조사 중간보고 III』 부여문
　　　　　　　　　　　화재연구소 학술연구총서 제23집.

──────────────, 2000, 『부소산성 발굴중간보고서 IV』 부여문화
　　　　　　　　　　　재연구소 학술연구총서 제26집.

──────────────, 2000, 「부여 부소산성 발굴조사 현장설명회자료」.

──────────────, 2001, 「부여 부소산성 발굴조사 현장설명회자료」.

경기도박물관, 1999, 「평택 관방유적(I) 지표조사보고서」.

김태식, 2001, 『풍납토성』, 김영사.

나주시 · 목포대학교박물관, 2000, 『자미산성』.

단국대학교 매장문화재연구소 · 이천시, 「이천 설봉산성 1차 발굴조사
　　　　　　　　　　　지도위원회 회의자료」.

──────────────, 2001, 「이천 설봉산성 2차 발굴
　　　　　　　　　　　조사보고서」.

──────────────, 2002, 「이천 설성산성 2차 발굴
　　　　　　　　　　　조사 지도위원회의 자료」.

단국대학교 매장문화재연구소 · 안성시, 2001, 「안성 죽주산성 지표 및

발굴조사 완료약보고서」.

단국대학교 매장문화재연구소 · 포천군, 2001, 「포천 고모리산성 지표조사 완료약보고서」.

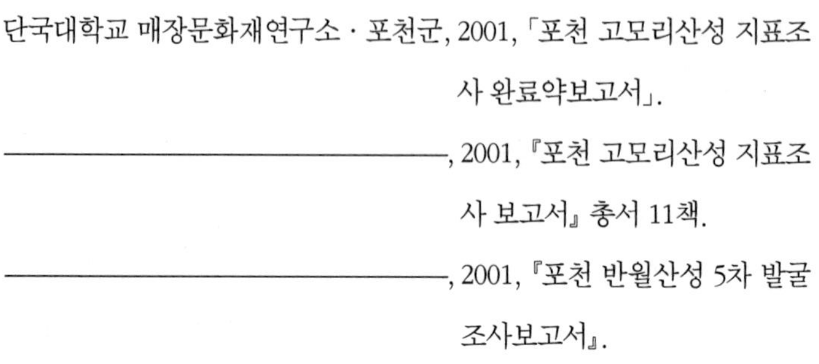

————————, 2001, 『포천 고모리산성 지표조사 보고서』 총서 11책.

————————, 2001, 『포천 반월산성 5차 발굴조사보고서』.

서정석, 2000, 「백제성곽연구-웅진 사비시대를 중심으로-」, 정신문화연구원 박사학위청구논문.

순천대학교박물관 · 여수시, 2001, 『여수고락산성 2차 발굴조사』.

심정보, 2001, 「백제 석축산성의 축조기법과 성격에 대하여」, 『한국상고사학보』 35호.

이훈, 2001, 「공주 장선리유적 발굴조사 개요」, 『제44회 전국역사학대회』.

중앙문화재연구원, 2001, 『논산 지방산업단지부지내 논산 원북리유적 발굴조사』.

崔夢龍 · 심정보, 1991, 『백제사의 이해』, 학연문화사.

崔夢龍, 1998, 『다시보는 백제사』, 주류성.

————, 2000, 『흙과 인류』, 주류성.

————, 2002, 「풍납토성의 발굴과 문화유적의 보존」, 『풍납토성』, 서울역사박물관.

충북대학교 박물관, 2001, 「청원 I.C~부용간 도로확장 및 포장공사구간 남산골산성 및 주변유적 발굴조사 현장설명회자료」.

충청매장문화재연구원, 1999, 「공주 장원리유적 현장설명회자료」.

————————, 대전광역시, 2001, 『대전 월평산성』.

————————, 2001, 「서천 남산성 발굴조사 약보고서」.

————————, 2002, 「대전 자운대 군사시설공사사업지역내 문화유적 현장설명회자료」.

충남발전연구원 충남역사문화연구소, 2001, 『연기 운주산성 발굴조사 개략보고서』.

한국토지공사 토지박물관 · 연천군, 2001, 「연천 호로고루 1차 발굴조사 약보고서」.

한국문화재보호재단, 2001, 『하남 천왕사지 2차 시굴조사』.

한양대학교 박물관 · 하남시, 2000, 「이성산성 제8차 발굴조사 현장설명회자료」.

————————, 2001, 「이성산성 제9차 발굴조사 현장설명회자료」.

한밭대학교 향토문화연구소, 2001, 『풍납토성의 발굴과 그 성과』.

제 2 장

백제 한성기 도성제에 대한 고고학적 고찰

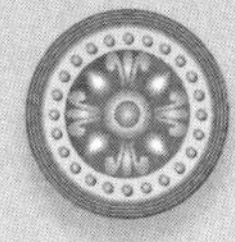

|주 제|

百濟 漢城期 都城制에 대한 考古學的 考察

申 熙 權 (國立文化財研究所)

I. 머리말

百濟時代는 일반적으로 都邑의 변천 과정에 근거하여 漢城時代, 熊津時代, 泗沘時代의 세 시기로 구분하는 것이 보통이다. 그런데, 都邑이란 결국 왕이 거주하는 王城, 또는 왕성을 포함한 보다 넓은 의미의 都城이 소재한 곳을 가리킨다고 할 수 있다. 따라서, 백제 시대는 크게 都城의 위치가 달라진 시점을 기준으로 시기를 구분 한 것이라 이해되며, 그러한 차원에서 百濟 漢城時代라는 의미는 곧, 漢城을 都城으로 한 百濟時代로 볼 수 있겠다. 이는 달리 말하 면 백제의 도성이 漢城이라는 뜻인데, 그간 '漢城' 과 관련하여서 는 어원적인 의미에서 『三國史記』 溫祚王條의 첫 도읍지인 '河南 慰禮城' 과 동일한 성으로 보는 경향이 우세하였기 때문에 일반적인 명칭으로서의 漢城時代를 따르고자 한다. 다만 이 글에서는 웅진시대, 사비시대와 구분하는 분기적 특성에 입각하여 한성에 도읍을 둔 시기라는 의미로서 '百濟 漢城期'란 표현을 사용하고자 한다.

한편 본격적인 논지를 전개하기에 앞서 '都城' 이란 말의 의미에 대해서 간략히 짚어보고자 한다. 우선 都城이란 문자 그대로를 놓고 보면 '都'를 둘러싼 '城' 이란 뜻으로 이해된다. 즉, '首都'를 둘러싸고 있는 외곽의 '城郭' 이라는 표현이 가장 적절할 듯하다. 그러나 흔히 '都城' 이라는 개념은 시대별로 또는 국가별로 조금씩 다르게 적용될 수도 있다. 예를 들어 삼국의 도성제도에 직접적인 영향을 끼친 것으로 볼 수 있는 중국의 경우 초기 도시국가에서는 '都'의 의미가 諸侯 또는 卿, 大夫들의 邑을 지칭하는 것으로서, 王의 宮이 있는 王城 또는 國과는 엄격히 구분되었던 것으로 보인다(朴淳發, 1996). 또한 우리나라 삼국시대의 경우에도 都城과 유사한 의미를 표현한 것들로서 都, 國, 都城, 王城, 京城, 京都 등이 다양하게 나타나고 있는 실정이다. 그러나 이러한 용어들은 비록 달리 사용되었다고는 하나 엄격한 의미의 구분을 염두에 둔 것으로 보기는 곤란하고 대체로 왕이 거하는 王城을 직접적으로 가리키거나 혹은 왕의 거처를 포함한 정치, 경제, 사회, 문화의 중심지 전체를 가리키는 의미로 받아들이는 편이 타당할 것으로 생각된다. 왜냐하면 우리나라의 경우 왕이 거하는 宮城과 외곽의 城郭이 분리되는 중국식의 도성제가 본격적으로 자리잡는 것은 대략 6세기 이후의 일로 볼 수 있기 때문에 그 이전의 경우는 王城 내지 都城의 특별한 의미 구분 없이 상황에 따라 편의적으로 사용되었을 가능성이 높기 때문이다.

그러나 필자가 보기에는 비록 완전한 도성제가 도입되기 이전일 경우라도 왕이 거하는 王宮이 위치한 '王城'과 주변의 정치, 경제, 문화, 군사 등의 중심지를 포괄하는 광의의 개념으로서의 '都城'은 엄연히 구분을 해서 사용할 필요가 있다고 판단된다. 이는 한성기 백제의 경우를 볼 때 명확해지는데, 기존의 연구성과에 의해 한성 백제의 王城, 내지는 都城으로 이해되어 왔던 夢村土城이나 최근 발굴조사된 風納土城 등의 경우 둘 다 광의의 개념으로서 백제 한성시대 都城의 범주에는 포함될 수 있으나, 협의의 개념으로서 王城이라는 부분만을 놓고 본다면 보다 면밀한 검토가 필요하다고 생각된다. 또한 이와 같은 王城을 둘러싼 배후의 산성과 주변의 왕릉급 고분들 또한 전체적인 도성의 범주에서 다루어져야 만 백제 한성기 도성제에 대한 종합적인 이해가 가능할 것이다.

이에 필자는 백제 한성기의 도성과 관련된 유적들의 성격을 검토한 후 왕성으로 추정되는 풍납토성과 몽촌토성의 비교를 중심으로 백제 한성기 도성제에 대한 특징을 살펴보고자 한다. 다만, 백제시대의 시기 구분 및 遷都 과정을 포함한 제반 연구가 기본적으로 『三國史記』라는 문헌 기록을 토대로 이루어진 것이라 할 수 있기 때문에 이 글에서는 기존의 문헌사적 접근에서 벗어나 최근의 고고학적인 발굴조사 성과를 위주로 접근을 시도할 것이다. 물론 지금까지의 연구도 문헌사적 해석을 입증할만한 나름대로의 고고학적 자료들이 제시되어 왔기 때문에 기존의 연구 성과를 전적으로 배제할 수는 없다. 그러나 백제시대 중 가장 이른 시기에 해당되는 漢城期의 경우는 다른 어떤 시대보다도 문헌 기록에 대한 충분한 고고학적 검증이 이루어지지 못한 채 학자들의 개인적 성향 또는 입장에 따라 여러 가지 설들이 주장되어 왔다고 볼 수 있다. 특히 都城制의 경우에는 『三國史記』, 「百濟本紀」 기록에 나오는 여러 지명에 착목하여 역사학적 고증을 추진하다 1980년대 본격적으로 발굴조사 된 몽촌토성을 계기로 문헌 기록에 고고학적 증거를 접목시킨 새로운 연구 성과를 내놓기도 하였다. 그러나 이 또한 3세기 중반 이후에야 백제의 都城이 출현한다는 결론을 재확인시켜 줌으로써 도리어 기존의 역사학적 입장을 공고히 하는 결과를 초래하고 말았다고 생각된다. 그러나 최근에 발굴조사 된 풍납토성의 예를 보면 기존에 유일한 백제 한성기의 왕성이라 인정되었던 몽촌토성보다 시기적으로 앞서며 유물상으로도 월등한 성과가 발굴됨으로써 한성 백제의 도성제에 대한 전면적인 재검토가 불가피하게 되었다 할 수 있다. 따라서 이하에서는 풍납토성에서 발굴된 고고학적 성과를 중심으로 백제 한성기의 도성제에 대한 고찰을 실시하고자 한다.

II. 百濟 漢城期 都城 遺蹟 檢討

1. 風納土城

1) 입지와 현상

서울특별시 松坡區에 위치한 風納土城(史蹟 제11호)은 서쪽으로

漢江을 끼고 약간 동쪽으로 치우친 남북 長橢圓形의 평면형태를 띠고 있으며, 현재 한강변에 연접한 서벽 일부를 제외하고 북벽과 동벽, 남벽 등이 잔존해 있다. 북벽 446m는 복원·정비가 완료되었고, 나머지 동벽과 남벽 등은 백제시대 이래의 모습을 유지하고 있으며, 토성의 외곽에는 성벽을 방어할 목적의 垓子가 존재하였을 것으로 추정된다.

결과적으로 風納土城은 현재 약 2.1㎞ 정도가 남아 있으며, 1925년(乙丑年) 대홍수 때 유실된 것으로 알려진 서벽을 포함한다면 전체 길이 3.5㎞에 달하는 거대한 규모였을 것으로 생각된다. 면적으로 따지면 현재 남아 있는 성벽만 약 3만 6천평, 내부 면적은 총 22만 5천평 정도에 이르는 초대형의 토성이다.

풍납토성은 을축년 대홍수 때 中國製 靑銅鐎斗, 銙帶金具, 琉璃 구슬 등 중요 유물이 출토되면서 일제시대부터 '河南 慰禮城'으로 비정되는 등 주목을 받아 왔으며, 특히 1964년 서울대학교에서 城內 유물포함층을 시굴조사하여 百濟時代의 生活面 2개층과 風納里無文土器를 비롯한 기원 전후~5세기대의 유물이 확인된 바 있다. 그러나 토성의 실체와 연혁 등 그 성격에 대한 명확한 규명이 이루어지지 못한 채 風納土城은 서울시의 대규모 성장 속에 급속한 개발로 심각한 훼손을 입게 된다. 이는 풍납토성이 한강변의 충적대지상에 구축한 순수 平地土城이라는 점에서 단순히 中國의 영향을 받은 外來系 土城으로 간주되며 주요 연구 대상에서 제외된 데서 기인한 현상으로 여겨진다.

그러나 최근 풍납토성 내부 아파트 재건축 공사 현장에서 다량의 백제 유물이 출토된 것을 계기로 풍납토성과 관련된 본격적인 조사 연구가 이루어지고 있다. 이하에서는 '97년과 '99년에 국립문화재연구소에서 실시한 내부 주거지와 성벽의 발굴조사 및 '99년~2000년 한신대학교에 의해 이루어진 대형 건물지와 제사유구 등의 발굴조사 성과를 중심으로 풍납토성의 최근 현황에 대해 살펴보고자 한다.

2) 주거지와 출토유물

1997년 풍납토성 내부에서 이루어진 최초의 정식 발굴조사 지점은 남쪽으로 약간 치우친 풍납토성의 동벽에 인접한 곳에 위치하고 있다. 당시 조사는 아파트 재건축에 앞선 긴급 발굴조사로서 일부 구간은 터파기 공사로 인해 지하 4m 정도까지 제토가 이루어진 상태였고, 2.5m 깊이부터 백제시대의 유물포함층이 1.5m 이상 계속되고 있음을 확인할 수 있었다.

우선 터파기로 인해 훼손된 구간에 대한 수습조사를 실시하여 초기 백제시대 住居址 3기와 土器窯址 1기, 기타 竪穴遺構와 기원전후로 추정되는 3중의 環濠遺構를 확인하였다. 그 중 5호 주거지는 장축 10.7m, 단축 7.3m의 대형으로 마치 철성분이 깔린 듯 단단하게 바닥을 다졌다. 특히 내부에서 암키와편 2점, 상부에서 수막새 2점이 출토되었고, 일부 柱穴은 바닥에 받침돌이 깔려 있는 원시적인 礎石의 형태를 띠고 있어 부분적으로나마 기와를 사용하였던 주거지로 추정된다.

이어서 실시된 터파기 구간 남쪽과 동쪽의 발굴에서도 住居址 8基와 竪穴遺構 30여기 등을 조사하였고, 環濠遺構가 남쪽으로 계속 연장되는 것도 확인할 수 있었다. 그 가운데 주거지 2호와 3호 등은 탄화된 상태로 거의 완전하게 발굴되어 初期 百濟時代의 住居相을 규명할 수 있는 중요한 자료가 되고 있다. 이들 주거지는 길이 10m, 폭 7m가 넘는 대규모에 평면형태가 세장한 육각형을 띠고 있으며, 남쪽 단벽에는 方形의 돌출된 出入口가 부속되어 있다. 주거지는 화재로 燒失되어 탄화된 벽체 구조물과 架構 부재 등이 고스란히 남아 있었고, 후면부에서 북동쪽 단벽으로는 터널형의 부뚜막이 설치되어 있었는데, 주변에서 일체의 생활용기들-시루, 碗, 鉢, 短頸壺, 大甕, 뚜껑 등 - 이 출토되었다. 그밖에 U자형 삽날, 刀子 등 鐵器類와 紡錘車, 漁網錘 등 土製品이 출토되어 당시의 생활상을 추정케 하고 있다. 이러한 주거지 외에도 지상화된 정육각형 형태의 주거지들도 발견되어 초기 백제시대 주거지의 다양한 양상을 보여주고 있다.

한편 위 발굴조사 현장 바로 남쪽의 아파트 신축 현장에서도 발굴조사 결과 住居址 8기와 竪穴遺構, 3중의 環濠遺構 등이 확인됨으로 해서 풍납토성 내부의 대략적인 유구 분포 상황을 추정할 수 있었다.

이상 풍납토성 내부에서 실시된 최초의 발굴조사에서는 風納洞式無文土器가 주로 출토되는 環濠遺構 및 打捺文土器와 軟質無文土器를 위주로 하는 초기 百濟時代 住居址 19기, 기타 土器散布遺構 및 竪穴遺構 등 당시의 생활상을 밝혀줄 만한 중요한 자료들이 다량 확보되었다. 층위상으로 환호보다 약간 시기가 떨어지는 것으로 보이는 육각형 주거지는 구조와 유물상으로 볼 때 연대는 대체로 2세기대에서 3세기대에 집중되어 있는 것으로 판단되고, 기타 土器 散布遺構와 廢棄遺構 등은 4세기에서 5세기대 정도로 편년 가능하다. 따라서 이러한 풍납토성의 연대는 문헌상의 漢城 百濟 존속 기간과도 일치함을 보여주고 있다.

3) 성벽의 구조와 연대

이렇듯 風納土城 내부에서 중요한 유구들이 발견됨에 따라 국립문화재연구소에서는 풍납토성에 대한 학술 및 복원·정비의 기초자료를 획득, 활용코자 1999년 6월부터 10월까지 성벽 발굴조사를 실시하였다. 발굴조사는 특별히 토성 내부와의 연결 층위를 조사하기 위하여 1997년 발굴조사 지역에 연결되는 동벽 가운데 동-서 폭이 넓고 보존 상태가 양호한 2개 지점을 골라 동-서로 절개하는 방법으로 실시하였다.

성벽은 우선 생토층을 整地한 후 약 50㎝ 두께의 뻘을 깔아 기초를 다지고 하부 폭 7m, 높이 5m 정도의 사다리꼴 모양으로 중심부를 쌓은 것으로 밝혀졌다. 기저부의 정지작업과 중심토루의 축조가 완료된 후에는 안쪽으로 사질토(II토루)와 모래(III토루), 점토 다짐흙(IV토루)과 뻘흙(V토루)을 위주로 한 판축토루를 비스듬하게 덧붙여 내벽을 축조하였다. 내벽 마지막 토루(VI) 상면에는 川石을 한 겹씩 깔아 3단으로 만들고, 그 안쪽으로는 割石을 1.5m 이상 쌓아 마무리하였다. 이러한 石列 및 石築은 토사의 흘러내림과 밀림을 방지하는 한편 排水의 기능도 겸했던 것으로 추정된다. 이러한 사실은 3단의 川石列 사이에 의도적으로 돌을 깔지 않고 배수홈을 낸 것에서도 입증된다.

한편 내벽의 일부 구간에서는 식물유기체를 얇게 간 것이 10여 겹 이상 확인되는데, 뻘흙을 10㎝ 정도 두께로 가져다 부은 후 나뭇잎이나 나무껍질 등을 1㎝ 정도 깔고, 다시 뻘흙을 까는 과정을 10여 차례 이상 반복하여 토루를 축조한 것이다. 또한 식물유기체 4~5겹에 한 번씩 3단에 걸쳐 성벽의 횡방향으로 각재목을 놓고 수직목을 結構시켜 지탱한 구조물도 출토되었는데, 종간격 110㎝ 정도로 8렬이 확인되었다. 이러한 목재는 후대의 판축틀과도 유사한 구조로 보이나 현 상태로서는 木心의 역할 정도로 보는 것이 타당할 것 같다. 또한 V토루 하단부 4단째의 석축이 시작되는 지점에서 성벽의 종방향을 따라 85㎝ 간격의 수직목이 확인되기도 하여 성벽 축조의 區劃線 역할을 하였음을 추정할 수 있다.

중심토루 외벽으로는 경사지게 떨어지는 자연층 위에 정지작업을 거쳐 판축법으로 토루를 쌓고, 내벽과 마찬가지로 상부에 割石 또는 川石을 깔아 마무리하였다. 내벽과 외벽의 석렬은 중심토루로부터 거의 동일한 거리에 축조되어 있어 계획된 축성 의도를 볼 수 있다. 이상 확인된 규모만 보더라도 성벽의 폭이 43m, 높이 11m가 넘는 대규모이고, 조사 구간이 협소하여 내외부로 확장 조사하지 못한 것을 감안하면 하부로 내려가면서 그 규모가 더 증대될 것으로 생각된다.

출토유물은 성벽 중심부와 외벽 경계부에서 출토된 고식의 타날문 발 2점을 비롯하여 판축토 내부에서 출토된 풍납동식무문토기, 연질의 타날문토기와 무문양토기 등이 있다. 이상의 유물로 볼 때, 풍납토성은 늦어도 3세기를 전후한 시기에 이미 축조가 완료되었던 것으로 판단된다. 또한 성벽 내에서 목재와 목탄, 토기편 등의 절대연대 측정 결과 역시 대체로 중심연대가 기원후 1~2세기대로 밝혀져 위의 상대연대를 뒷받침하고 있다.

4) 대형 건물지와 제사유구

1999년 국립문화재연구소에 의한 성벽 발굴조사가 진행될 무렵 풍납토성 내부 중앙에서 약간 북쪽으로 치우친 소위 '경당연립' 재건축부지에 대한 발굴조사가 한신대학교 박물관에 의해 이루어졌다. 발굴조사는 출토 유구와 유물의 과다로 이듬해인 2000년 5월까지 실시되다가 시행자와의 마찰로 인해 중단되고 현재 이곳은 사적지로 지정 보호되고 있다.

발굴조사에서 확인된 유구는 주거지, 저장공, 구상유구, 폐기장 등 220기에 달했는데(權五榮, 2001), 그 가운데 조사지역 북측 경계지점에서 발견된 대형의 석조 건물지와 그 남쪽에 인접해 있는 대형의 제사용 수혈유구가 단연 주목된다.

대형 건물지는 현재 동-서 16m, 남-북 14m 이상의 방형 평면에 남측으로 한 변 3m 정도의 입구부가 연결된 呂자형의 평면형태를 띠고 있다. 북쪽 건물의 외곽은 口형의 溝가 감싸고 있는데 폭 1.5~1.8m, 깊이 1.2m 정도로 일정하며 바닥에 2~3중의 대형 판석이 깔려 있다. 발굴조사단은 이 유구가 치밀한 설계와 공력이 투입된 대형 구조물이란 점에서 특수 공공시설로 보고 있으며, 출입을 극도로 통제한 점, 건물의 내부와 외부를 溝로 차단한 점, 溝의 바닥에 판석과 정선된 숯을 깐 점, 화재로 폐기된 점, 유물이 거의 전무한 점 등을 들어 제의와 관련된 것으로 이해하고 있다.

한편 이 건물지와 인접한 남쪽에서 대형의 수혈이 발굴되었다. 길이 13.5m, 폭 5.2m, 깊이 3m 이상의 장타원형인 이 수혈은 수차례의 퇴적이 이루어지면서 내부에서 실로 엄청난 양의 유물이 출토되었다. 대표적인 유물로는 인위적인 폐기 흔적이 보이는 수

십 개체 이상의 고배, 삼족기, 뚜껑을 들 수 있다. 이 밖에 발, 완, 뚝배기, 직구단경호, 기대 등의 다양한 토기편이 출토되었는데, "大夫"와 "井"자가 새겨진 직구단경호편이 가장 특징적이라 할 수 있다. 토기편 외에 12마리 분의 말 하악골과 다량의 유리구슬 등도 주목할 만하다. 조사단은 이 유구가 일반 폐기장보다 규모가 월등히 크고, 인위적으로 파손한 소형 기종의 토기들이 대부분 완형으로 접합된다는 점, 명문토기가 2점 존재하는 점, 다량의 말뼈가 나온 점 등을 고려하여 특수한 성격의 제사 유구로 추정하고 있다.

2. 夢村土城

1) 입지와 현상

서울특별시 송파구 방이동에 위치한 夢村土城(史蹟 제 297호)은 1988년 올림픽공원 조성을 계기로 1983년부터 1989년까지 서울대학교 박물관을 중심으로 발굴조사를 실시하여 현재 복원·정비가 완료된 유적이다.

몽촌토성은 남한산에서 뻗어 내려 온 표고 44.8m의 산구성에 구축한 토성으로, 대체로 구지형이 다른 지점보다 낮거나 자연구릉이 연결되지 않은 지점에 판축기법 또는 판축기법과 유사한 성토법으로 축조하였다. 토성은 남북 최장 730m, 동서 최장 570m의 마름모꼴 형태로 되어 있으며, 성벽의 길이는 성벽 정상부를 기준으로 서북벽 617m, 동북벽 650m, 서남벽 418m, 동남벽 600m로 총 연장 2,285m에 달한다. 그리고 동북벽에 연이어 동북쪽으로 약 270m 뻗어나간 성벽이 있는데, 이는 일종의 雉와 같은 역할을 한 것으로 보고 있다. 성 내부 면적은 성벽 정상부를 기준으로 하면 216,000㎡(총 67,400평) 가량 된다. 성벽의 규모는 지역에 따라 얼마간의 차이가 있으나, 절개조사된 서북벽, 동북벽 등 2개 지점을 살펴보면 기저부 폭 50~65m, 높이 12~17m, 상부 폭 7.5~10.5m 정도로 보고되어 있다.

2) 성벽 및 관련 구조물

몽촌토성의 성벽은 남한산에서 뻗어 내려온 잔구상의 자연구릉을 이용하여 만든 것으로서 구지형에 따라 축조기법의 다양성을 보이고 있는데 이를 간추려 보면 다음과 같다.

첫째, 자연구릉의 구지형이 다른 지점보다 낮은 부분은 판축기법으로 성토하였고,

둘째, 자연구릉이 연결되지 않은 지점에도 판축기법으로 성벽을 쌓아 양쪽 구릉의 말단부가 이어지도록 하였으며,

셋째, 자연지형이 그대로 성벽으로 이용된 지점의 경우 성의 외벽면은 삭토하여 급경사와 단을 이루도록 만들었다. 급경사면과 단은 성벽 정상부에서 기연부에 이르기까지 2~3회 정도 반복되고 있으며, 성의 기부에 가까운 단에는 木柵이 설치되기도 하였다. 목책은 서북벽과 동벽에서 확인되었는데, 직경 40~50㎝의 주기둥을 깊이 30~90㎝ 가량 박아 1.8m 간격으로 배열한 다음 주위에 보조기둥을 세운 방식으로 설치하였다.

한편 성벽과 관련된 주요 시설로 성 외곽을 따라 물을 가둔 垓子가 있다. 해자는 서북벽과 동남벽 아래에서 발견되었는데, 성벽 외측 기부의 지표하 3m 지점에서 뻘흙이 노출됨으로써 확인된 것이

다. 이들은 성벽 정상부로부터 약 30m 떨어져 있었으나 해자의 폭
이나 깊이 등에 대해서는 밝혀진 것이 없다. 그러나 몽촌토성의 해
자는 인공으로 축조된 것이라기 보다는 성 주위를 감싸는 城內川
의 유로를 이용하여 일부 개착한 것으로 추정하고 있는데, 남문 부
근을 제외한 성벽의 삼면을 에워싸고 있었던 것으로 보고 있다.

이 밖에 성벽과 관련된 시설물로는 門址와 望臺址 등이 있다. 문
지는 북문지, 동문지, 남문지가 발견되었는데, 자세한 구조는 알
수 없으나 약 10m 내외의 폭에 부분적으로 할석을 깐 것이 확인되
었으며, 기능상 통로로서 뿐만 아니라 배수구의 역할도 겸했던 것
으로 보고 있다. 또한 마름모꼴 성벽의 각 변에 하나씩 3~5m 정
도로 판축성토하여 만든 망대지가 4기 확인되었으며, 이들은 각각
사방을 조망하기 가장 좋은 고지대에 세워져 몽촌토성 주위를 관
망하던 곳으로 추정된다.

3) 내부 시설물

성벽과 관련된 구조물 외에 몽촌토성 조사를 통해 알려진 주요
내부 시설물에는 적심석을 갖춘 지상 건물지 1기, 판축성토대지 1
개소, 수혈주거지 9기, 저장혈 31기, 적석유구 7기, 池塘址 2개소
등이 있다. 이 중 지상 건물지와 판축성토대지, 지당지 1개소 등은
서남지구의 고지대에 세워진 조경 관련 시설물로 이해하고 있으
며, 수혈주거지 중 3기는 다른 주거지보다 규모가 큰 데다 내부에
서 철도, 철촉 등의 무기류가 출토되는 것으로 보아 성의 방위와
관계 깊은 군사용 시설로 추정하고 있다. 기타 저장혈과 적석유구
등은 발굴조사 결과 특별한 정형성이 발견되지 않아 그 용도를 정

확히 알 수 없는 형편이다.

4) 성격 및 연대

몽촌토성은 일부 역사학자 사이에서 초기 백제의 왕성인 ‘河南慰禮城’으로 비정되어 오다가(李基白, 1975 · 成周鐸, 1984) 1980년대의 발굴조사를 계기로 본격적으로 주목을 받기 시작하였다. 이후 그 성격에 대한 논의가 활발해지면서 몽촌토성을 하남 위례성으로 비정하는 견해들이 속속 등장하기에 이른다(崔夢龍 · 權五榮, 1985, 朴淳發 1989 · 李道學, 1992). 한편 이 곳에서 출토된 토기의 편년이 곧 백제토기의 편년으로 대체될 만큼 많은 종류와 많은 양의 토기가 출토되었는데, 실제로 석촌동 고분군에서 출토된 토기와 함께 한성백제시대를 편년하는 데 결정적인 자료가 되고 있다(朴淳發, 1992).

몽촌토성의 축조 연대는 성벽 조사에서 西晉代의 灰釉錢文陶器片이 수습되어 그 축조 시기가 대략 3세기 중 · 후반의 어느 무렵으로 비정되고 있고 최소한 한성백제가 멸망한 475년까지는 존속했던 것으로 추정된다.

3. 기타 都城 關聯 遺蹟

이상 백제 한성기의 왕성으로 추정되어 온 풍납토성과 몽촌토성 외에도 이 일대에는 당시 도성과 관련된 많은 유적들이 산재해 있었던 것을 알 수 있다. 비록 지금은 자취를 감추고 말았지만 당시 한강변을 따라 제방의 성격을 띠며 축조된 것으로 알려진 岩寺洞

土城과 三成洞 土城, 龜山 城址 등이 대표적인데, 이들은 한강의 범람으로 인한 홍수의 피해를 방지하는 한편, 한강을 타고 침략해 오는 적군으로부터 왕성을 방어하기 위해 축조하였을 것임을 추정할 수 있다.

한편 한강변의 넓은 평야지대의 배후에 위치한 二聖山城, 南漢山城 등은 최근까지도 새로운 발굴자료들이 속속 보고되고 있다. 특히 이성산성은 1986년부터 계속되는 발굴조사 결과 통일신라시대를 중심연대로 한 방어 유적으로 알려져 있지만 최근의 발굴조사에서는 고구려식의 축조기법으로 쌓여진 성벽과 고구려 척 등의 유물이 나와 고구려의 점유 흔적을 엿볼 수 있다(漢陽大學校 博物館, 2000). 또한 오히려 그 이전에 축조된 것으로 추정되는 성벽도 발견되어 백제의 초축 가능성은 물론 近肖古王代의 임시 都城인 '漢山'에 비정하는 설도 제기되고 있다(崔夢龍, 2000). 이러한 각국의 점유 흔적은 전략적 우월성을 바탕으로 한 이성산성의 입지적 장점을 입증하는 것으로, 백제 한성기에도 도성의 후방에서 왕성을 방어하기 위한 군사 요새로서의 역할이 충분히 기대되는 곳이다.

또한 강동 송파 일대의 가장 남쪽에 위치한 최대 규모의 산성으로서 줄곧 문헌기록상의 논란이 되어 왔던 남한산성 역시 그동안의 조사에서는 주로 조선시대의 유구만이 확인되었으나 최근 발굴조사에서 백제시대 토기편이 출토됨으로써 백제 한성기의 도성과 관련된 최후의 방어 유적이었을 가능성을 배제할 수 없게 되었다(토지박물관, 2001).

이 밖에 이들 유적과 한강을 사이에 두고 북쪽에 위치한 아차산성 등의 유적들도 당시 도성 구조와 관련지어 중요하게 다루어져야 마땅하나 현재로서는 백제와 관련된 뚜렷한 발굴조사 성과가 제시된 바 없어 일단 이 글의 논의 대상에서는 제외하기로 한다. 다만, 한강 북안의 유적 역시 고구려 장수왕의 남하 정책으로 고구려의 수중에 들어가기 전까지는 명백히 백제의 영토로서 한강 이남의 도성을 방어하기 위한 마지막 보루로서의 중요 군사기지였을 가능성도 유념할 필요가 있다.

Ⅲ. 百濟 漢城期 王城 遺蹟 考察

1. 風納土城의 性格과 意義

최근의 풍납토성 내부 주거지 발굴과 성벽 발굴조사로부터 그동안 막연히 백제 초기의 토성으로 알려져 왔던 풍납토성의 실체가 상당 부분 규명되었다고 볼 수 있다.

풍납토성 내부에서 발견된 초기 백제시대의 주거지와 출토유물은 기원을 전후한 시기에 이미 풍납토성에 상당한 규모의 집단이 존재하고 있었음을 명확히 보여주고 있다. 또한 그러한 주거지들이 한강유역의 어떤 주거지들보다 발달된 형태와 큰 규모여서 풍납토성의 거주민들이 당시 최상위 계층이었음을 추정할 수 있다. 더욱이 여기서 출토된 瓦當과 塼, 礎石 등은 당시 일반 주거지에는 사용할 수 없는 특수한 유물들이기 때문에 그러한 사실을 강력히

뒷받침하고 있다. 한편 이러한 풍납토성의 성격을 단정지을 만한
중요한 단서를 최근 발견된 경당연립주택 재건축부지의 大形 建
物址와 '大夫'銘 토기편, 말뼈 등이 출토된 祭祀遺構 등에서 찾을
수 있다. 경당연립부지에서는 이들 외에도 西晋代 灰釉陶器가 10
여 개체 이상 출토되기도 하였는데, 이들 중국제 도기편은 그동안
발견된 한성 백제기의 중국제 도기 및 자기를 모두 합친 양보다도
많은 것으로서 그만큼 풍납토성의 대외적 위상이 높았음을 보여
주는 중요한 자료이다.

이상 풍납토성 내부에서 발굴된 주거지와 건물지, 제사유구 등
과 거기서 출토된 특수한 유물은 풍납토성이 지금까지 발견된 한
성백제 유적 가운데 가장 높은 위상을 지니고 있음을 보여주는 결
정적 증거임에 틀림없다. 따라서 이러한 증거들로부터 風納土城
을 百濟 漢城期의 첫 王城으로 이해해도 크게 무리가 없을 것으로
판단된다.

더불어 1999년 실시된 풍납토성 동벽의 발굴조사는 풍납토성이
백제 한성기의 왕성일 가능싱을 한층 더 높여주었다 할 수 있는데,
그 의의를 살펴보면 다음과 같다.

첫째, 성벽의 중심토루를 기준으로 안팎에서 경사지게 성벽의
판축토루를 덧붙여 나가는 방법은 中國의 戰國時代 이래의 都城
축조기법에 비견할 만하다. 즉 山東省 曲阜의 魯國古城과 臨淄의
齊國古城, 北京 남쪽에 위치한 燕下都古城 등의 발굴조사 결과 풍
납토성과 같은 평지에 古式의 판축법으로 성벽을 쌓은 것이 확인
된 바 있다. 위에 열거한 지역들은 지리적으로 우리나라와 가까울
뿐만 아니라 역사적으로도 衛滿朝鮮의 멸망과 관련하여 밀접한

연관성을 띠고 있기 때문에 필자는 풍납토성의 축조 淵源을 바로 이 곳에서 찾고자 한다. 더욱이 이들 戰國時代 古城들은 곧이어 등장하는 漢代의 발달된 도성구조와는 거리가 있기 때문에 풍납토성 축조 당시의 모습과 훨씬 유사한 양상을 띠고 있다고 판단된다.

둘째, 발굴조사에서 확인된 성벽의 규모는 단연 국내 최대라 할 수 있으며, 다양한 축조기법 또한 일반적인 토성 및 산성에서 보이는 기법과는 비교가 안될 정도로 많은 공력을 기울인 것이라 할 수 있다. 즉, 토성 內·外壁의 상부에 여러 단의 石列과 石築을 쌓아 토루를 보강한 방법은 풍납토성만의 독특한 방법이고, 기저부에 뻘흙을 깔아 기초를 다지고, 판축토 내부에 나뭇잎과 껍질 등의 植物有機體를 섞어 쌓는 방법 등은 지금까지 확인된 예 중 가장 이른 사기의 것으로 百濟 故地인 金堤 碧骨堤와 扶餘 羅城 등에서 확인될 뿐 아니라 日本 九州의 水城, 大阪의 狹山池 等 제방 관련 유적에서도 발견된 바 있다.(申熙權, 2001. 6)

셋째, 풍납토성의 축조연대를 뒷받침할만한 과학적인 자료들이 분석되었는데, 본 연구소에서 발굴한 주거지와 성벽에서 수습한 목탄과 목재, 토기편 등에 대해 방사성탄소연대측정 및 열발광연대측정을 실시한 결과 대체로 기원전 2세기부터 기원후 3세기대의 중심연대가 검출되었다. 이상의 연대는 발굴조사 결과와도 크게 다르지 않은 것으로 풍납토성에는 기원전에 이미 주민들이 정착하였고, 늦어도 3세기를 전후한 시기에는 성벽의 축조가 완료된 것을 알 수 있다. 따라서 당시의 인구 규모나 사회 조직, 권력 구조 등을 종합적으로 고려해 볼 때, 풍납토성과 같은 巨大한 王城이 축조되었다는 사실은 古代國家로서의 百濟를 새롭게 인식할 수 있는 획기적인 전기를 마련하였다고 평가할 수 있을 것이다.

2. 風納土城과 夢村土城의 比較

이상 풍납토성의 성격과 의의를 살펴봄으로써 풍납토성이 백제 한성기의 첫 왕성임이 입증되었다 할 수 있다. 그렇다면 풍납토성의 최근 발굴조사 이전까지 하남 위례성으로 비정되어 오던 몽촌토성과 풍납토성과의 관계는 과연 무엇이며, 나아가 당시 도성제에서 각기 어떤 역할을 하였는가에 대한 의문을 제기하지 않을 수 없게 되었다. 이하에서는 그간의 발굴조사 결과를 토대로 한 양자간의 성격 비교를 통해 백제 한성도읍기의 도성제에 대한 새로운 관점을 제시하고자 한다.

우선 축조방식에 있어서 풍납토성이 한강변에 연해 순수히 판축 성토한 평지토성임에 반해 몽촌토성은 잔구상의 자연 구릉상에 부분적으로 판축성토한 구릉지토성이라는 차이가 있다. 상식적으로 양자의 축조에 동원되었을 노동력만을 놓고 본다면 풍납토성 쪽에 훨씬 많은 인력이 투입되었을 것임을 쉽게 알 수 있다. 특히 풍납토성은 기저부의 정지작업 후 뻘흙으로 기초를 다지고 중심부를 쌓은 후 내벽과 외벽에 각기 5차례 및 3차례 정도에 걸쳐 사질토와 모래, 점토 다짐흙 등으로 구성된 판축토루를 덧붙이고 마지막에는 여러 단의 석렬과 석축으로 마감한 것이 확인되었다. 게나가 성벽의 규모 자체도 풍납토성 쪽이 훨씬 거대하다. 즉, 두 성의 폭과 높이는 그다지 차이가 없다 하더라도 몽촌토성은 미름모꼴의 평면형태에 약 2.3㎞의 둘레를 보이는 반면 풍납토성은 장타

원형의 평면형태에 약 3.5㎞ 정도의 둘레였을 것으로 추정되며, 내부 면적은 풍납토성이 몽촌토성의 약 4배 정도에 달하고 있다.

특히 토성의 내부 면적과 관련하여 평지에 축조된 풍납토성과 구릉지에 축조된 몽촌토성의 공간 활용도를 추정해 보면 양자간의 차이를 쉽게 비교할 수 있다. 이러한 측면에서 풍납토성에서 1997년 발굴조사된 19기의 주거지와 2000년 발굴된 대형 건물지의 위치 비교는 풍납토성 내부의 기능 분할에 있어 상당히 중요한 점을 시사하고 있다. 즉, 고위층의 집단 주거지는 토성 전체적으로 본다면 성벽에 인접한 외곽에 위치한 반면 2000년 한신대학교에 의해 발굴된 대형 건물지와 제사유구 등의 특수 유구는 풍납토성의 중앙부에서 발견되어 토성 내부에서의 공간 분할의 가능성을 엿볼 수 있다. 즉, 토성의 중앙부에는 왕궁 또는 종묘와 사직 등과 관련된 중요 건물이 자리하고 있을 가능성이 높은 반면 점차 외곽으로 가면서는 관청 건물 내지 고위 관직자들의 주거 단지가 조성되어 있을 가능성이 높다고 판단된다. 한편 문헌 기록에 의하면 왕궁의 남쪽으로는 정원과 연못 등이 조성되어 있을 가능성이 높은데, 최근 토성 서남부에 위치한 외환은행 직장주택조합부지의 시굴조사에서 일정 범위에 걸쳐 두터운 뻘층이 발견됨에 따라 이 곳이 인공적인 연못지일 가능성도 추정해 볼 수 있다.

반면 몽촌토성은 비록 발굴조사 지점이 대부분 고지대에 국한되어 뚜렷한 성과가 제시된 것은 없으나 성 내부의 면적이 협소한 데다 그다지 평탄한 대지가 많지 않아 상대적으로 공간 활용의 여지가 부족하였을 것으로 판단된다. 다만 공원 조성 이전의 항공사진을 복원하여 성내의 도로망이 동서와 남북을 정연하게 직교시킨 형태로서 이미 축성 당시에 도시적 구조로 배열하였을 것으로 추정하고 있으나(夢村土城發掘調査團, 1985), 몽촌토성 자체의 지형적 특성상 교통로로서의 역할 외에 그다지 큰 의미는 없었던 것으로 생각된다.

이러한 토성의 입지 조건과 규모 외에 결정적으로 풍납토성과 몽촌토성의 차이를 보여주는 것은 내부에서 발견된 유구의 종류와 성격의 차이라고 할 수 있다. 즉, 몽촌토성에서 발견된 주요한 유구로는 적심 건물지 1기와 수혈 주거지 9기, 연못지 2기 등을 들 수 있으나 규모상으로 보나 유구의 정형성 및 특수성으로 볼 때 풍납토성에서 발견된 대형 건물지와 제사유구, 수십 기에 달하는 대형 주거지, 기타 수혈유구 등에 비하면 비교가 되지 않는다고 할 수 있다. 따라서 결론적으로 풍납토성이 왕을 중심으로 한 고위층의 일상적인 거주 기능에 초점을 맞춘 居城이라면 몽촌토성은 그 위치, 규모, 유구의 성격 등으로 보아 목책, 해자와 같은 방어 시설물과 저장혈 등을 갖춘 군사적인 성격의 防衛城 정도로 추정된다.

한편 이들 유구에서 출토된 유물을 비교하면 양자의 차별성은 더욱 극명해진다. 몽촌토성에서 출토된 유물은 대부분이 3세기 중후반 이후에 출현하는 토기류이고, 수혈 주거지 일부에서 철도, 철촉 등의 철제 무기류가 소량 출토되었으며, 저장혈에서 뼈로 만든 갑옷 등이 출토된 예가 있다. 이 밖에 소량의 기와편과 전돌, 중국제 도자기류가 출토된 것으로 보고되어 있다. 이 가운데 西晉代의 灰釉錢文陶器片은 몽촌토성의 축조연대를 3세기 중후반으로 편년하는 기준 자료가 되고 있다.

반면 풍납토성에서는 기원전 2~1세기대부터 출현한 것으로 보고 있는 풍납동식무문토기를 비롯하여 기원전후~5세기대에 이르는 다종다양한 토기류가 출토됨은 물론 와당 10여 점을 포함한 수백점의 기와편, 다량의 전돌, 토제관 등 특수 유물이 공반되었고, 특히 대외교류의 증거로 표방되는 중국제 도자기류가 수십 점이나 출토되었다. 특히 풍납토성에서 출토된 토기류는 기술유형상 몽촌토성의 토기류보다는 최소 2단계 이상 빠른 것으로 밝혀졌으며(국립문화재연구소, 2001), 그러한 연유로 유물의 양과 종류에 있어서도 훨씬 풍부하다고 할 수 있다. 그러나 이러한 토기 유물에 반해 철제 무기류의 출토량은 상대적으로 미약한 편이고, 특히 몽촌토성에서 최소 10% 이상의 비중으로 출토된 바 있는 고구려토기가 단 한 점도 출토되지 않아 주목된다. 이는 풍납토성의 성격이 전쟁 등을 염두에 둔 전략적인 성이 아니었음을 반증하는 것이며, 그 때문에 고구려와의 전쟁과 관련하여서도 별다른 고구려군의 흔적을 찾을 수가 없는 것으로 판단된다.

끝으로 풍납토성과 몽촌토성의 시간적 선후 관계를 살펴봄으로써 양자의 성격을 정리하고자 한다. 최근의 발굴조사 결과 늦어도 기원전 1세기부터 한성백제의 멸망 시점인 5세기 후반까지의 유물이 고르게 출토된 것으로 밝혀진 풍납토성의 연대는 대체로 문헌기록상의 한성백제 존속 기간과도 거의 일치하고 있음을 알 수 있다. 한편 성벽 자체의 연대에 대해서도 내벽 III토루 하단에서 마지막토루와 동일한 성격의 석렬이 확인되고 출토유물로 볼 때 풍납동식무문토기의 비중이 월등하여 이 구간까지를 일차적으로 축조하였을 가능성이 높을 뿐만 아니라, 전체 성벽에서 출토된 토기 가운데 3세기 중반 이후에 출현하는 것으로 알려진 기종이 한 점도 출토되지 않는 데다 판축 부재인 목재와 목탄 등의 절대연대 측정 결과 대부분 기원후 1~2세기대의 중심연대를 보이고 있어 늦어도 3세기를 전후한 시기에는 토성의 축조가 완료된 것으로 판단된다.(申熙權, 2002)

반면 몽촌토성의 축조 연대는 성벽 자체에서 출토된 유물에 대해 그다지 알려진 바가 없기 때문에 직접적인 추정은 불가능하지만 대체로 내부에서 출토된 유물의 연대와 크게 다르지 않을 것으로 생각된다. 결국 앞서 언급한 바와 같이 기존의 백제토기의 근간을 이루는 몽촌토성의 토기는 대략 3세기 중후반~5세기 말경으로 편년되고 있으며, 그 상한 연대는 西晉代 灰釉錢文陶器片으로부터 3세기 중후반경으로 볼 수 있으며, 최소한 한성백제의 멸망 당시까지는 존속되었던 것으로 이해할 수 있다.

결과적으로 지금까지 밝혀진 고고학적인 증거로 볼 때 풍납토성이 몽촌토성보다는 이른 시기에 축조된 것만큼은 분명하다고 판단되며, 그 입지나 규모, 내부에서 발견된 유구 및 유물의 성격 등으로 볼 때 풍납토성이야말로 평상시 왕이 거주하던 居城, 즉 최초의 王城임에 틀림없으며, 몽촌토성은 일정 기간이 경과한 후에 군사적인 목적으로 축조된 防衛城으로 보는 편이 타당할 듯하다.

IV. 百濟 漢城期 都城制의 特徵

이상에서 백제 한성기 도성 관련 유적을 검토하고 그 가운데 가장 핵심이 되는 풍납토성과 몽촌토성의 발굴조사 결과를 중심으로 그 성격과 관계에 대해 중점적으로 살펴보았다. 이하에서는 앞 장의 비교 결과 도출된 고고학적 결론을 토대로 백제 한성기 도성제의 특징에 대해 추론하고자 한다.

우선 백제 한성시대의 첫 도읍지인 '河南 慰禮城'의 위치는 『三國史記』溫祚王條의 作都 기록 "…惟此河南之地 北帶漢水 東據高岳 南望沃澤 西阻大海 其天險地利 難得地勢 作都於斯… 溫祚都河南慰禮城…"에 견주어 볼 때 북으로 한강을 끼고 있고 남으로 넓은 평야지대가 펼쳐져 있는 서울시 강동·송파 일원임에 틀림없는 것으로 생각된다. 물론 조선시대이래 끊임없이 하남 위례성의 후보지로 거론되고 있는 광주 春宮里 일대나 二聖山城을 포함한 河南市 일원 또한 그 가능성을 완전히 배제할 수는 없으나 입지 조건으로 보나 최근까지의 발굴조사 결과로 볼 때 왕성으로서의 조건에는 송파 일원의 풍납토성과 몽촌토성 주변이 훨씬 적합하다고 판단된다. 그 가운데서도 첫 도읍지로서의 하남 위례성은 앞서 살펴본 바와 같이 한성 백제 유적 가운데 시기적으로 가장 이를 뿐만 아니라 그 규모나 위상에 있어서도 타의 추종을 불허하는 풍납토성이었을 가능성이 훨씬 큰 것으로 볼 수 있다. 다만, 백제 한성기의 멸망 당시 상황을 묘사한 蓋鹵王 21年條의 기록 "…攻北城七日而拔之 移攻南城中危恐王出逃 麗將 縛送於阿且城下…"에 비추어 보면 그 때는 王城으로서의 北城과 南城이 공존했던 것으로 기술되어 있다. 따라서 初都 기록 이후 어느 시점에는 새로운 성을 축조하여 兩城 체제를 유지했던 것으로 추정되는데, 그러한 측면에서 보더라도 서로 약 650m의 거리를 두고 있는 풍납토성과 몽촌토성이 바로 한성 백제 멸망 당시의 北城과 南城일 가능성이 크다고 할 수 있다. 이는 南城으로 추정되는 몽촌토성이 3세기 중후반 무렵에 축조된 것으로 추정되기 때문에 고고학적으로도 무리 없이 받아들일 수 있다고 판단된다. 그러나 일부에서는 왕이 南城에서 도망치다 붙잡혀 죽임을 당하기 때문에 南城이 곧 王城이라는 설을 제기하기도 하는데(李道學, 1992 · 朴淳發, 1996), 이는 기록상의 문맥에만 치우쳐 보다 큰 상황을 놓친 것이 아닌가라는 생각이 든다. 즉, 고구려의 침공에 대하여 北城에서 칠일간의 항쟁을 펼치는 동안 절대절명의 위기 상황이라고 판단되었다면 왕은 이미 北城에서 보다 남쪽에 위치한 南城으로 피신하였을 가능성이 크다고 생각된다. 왜냐하면 兩城 체제에 있어 후대에 축조한 南城이야말로 북방으로부터의 적군에 대비한 避難城의 역할을 하였을 것임에 틀림없기 때문이다. 이는 앞서 살펴 본 몽촌토성 출토 유물과 유구가 다분히 군사적 성격이 강한 것이라는 점에서도 충분히 미루어 짐작할 수 있다. 따라서 필자는 백제 멸망 당시의 南城으로 비정되는 몽촌토성의 축조 이유를 여기에서 찾고자 한다. 즉, 최초 풍납토성에 도읍을 정하고 왕궁과 관청, 고위 관직자들의 주거지를 조성하여 정무를 관장하던 백제는 어느 정도의 체제 안정을 이룬 뒤에 한강유역 정착 당시부터 적대 세력으로 자리잡고 있었던 북쪽의 낙랑, 대방 등 군현 세력, 그리고 동북쪽의 말갈 집단, 또한 북방에서 호시탐탐 남하를 꾀하던 고구려의 잠재적인 위협에 대비하기 위하여 전략적 잇점을 지니고 있는 요새로서의 몽촌토성을 새로이 축조하였던 것으로 판단된다.

한편 위와 같은 北城 · 南城 기록 외에도 한성기에 왕궁과는 별개의 별궁이 존재한 것으로 볼 수 있는 기사도 간혹 등장한다. 이를테면 阿莘王 卽位年條(392)의 "枕流王之元子 初生於漢城別宮 …"과 같은 기록이 그것이다. 특별히 別宮과 관련하여서는 몽촌토성을 기존의 王宮城으로 보고 그 북쪽에 위치한 풍납토성을 別宮인 異宮城으로 이해한 설도 제기된 바 있는데(李道學, 1992), 그 근거로는 왕권 강화의 소산으로서 대외 교섭 및 영토 팽창에 따른 遊娛處 내지는 외국 사절의 접빈소 등의 필요성을 들고 있다. 그러나 이러한 해석을 따르면 과연 그러한 목적으로 굳이 기존의 왕성보다 4배 가까운 면적의 이궁성을 그것도 훨씬 더 많은 공력을 들여 쌓았을까라는 의문이 들지 않을 수 없다. 게다가 최근에 발굴된 결과를 대비해 보면 이궁성이라고 본 풍납토성의 축조 연대가 오히려 몽촌토성보다 빠른 것으로 밝혀졌기 때문에 이러한 관점은 현재로서 전면적인 재고가 불가피하다고 판단된다. 그러한 이유로 필자는 이 기사의 '漢城別宮' 역시 풍납토성이 아닌 몽촌토성으로 보는 편이 보다 합리적이라 생각한다. 그러나 다년간 실시된 몽촌토성의 발굴조사 결과 특별히 왕궁임을 뒷받침할만한 궁궐지나 부속 건물지 등이 확인되지 않았기 때문에 '別宮'의 해석과 관련하여서는 보다 신중한 접근이 필요하다 할 수 있다.

 이상의 정황을 놓고 보면 결론적으로 백제 한성기의 첫 도읍지인 '河南 慰禮城'은 風納土城임이 분명하며, 3세기 중반 이후 왕권 강화와 체제 정비를 도모한 백제는 북방으로부터의 상시적 위협에 대비하기 위한 전략적 요충지로서 풍납토성의 남쪽에 위치한 夢村土城을 축조한 것으로 판단된다. 또한 이러한 왕성을 방어하기 위한 체제로서 북쪽의 한강 연안을 따라서는 암사동에서 삼성동에 이르는 긴 구간에 제방적 성격의 토성을 쌓은 것으로 이해되며, 동쪽과 남쪽으로는 전략적 요새로서의 산성을 축조한 것으로 추정된다. 비록 완전한 고고학적 증거가 수반되지는 않고 있지만 배후의 이성산성과 남한산성 등이 충분히 그러한 개연성을 가지고 있다고 볼 수 있다.

이처럼 平地의 王城에 背後의 山城이 결합된 특징적인 도성 구조는 비단 백제뿐만 아니라 고구려, 신라 등 삼국에서 공통적으로 나타나는 현상이라 할 수 있다. 이에 대해서는 그동안 많은 연구가 진행된 편인데, 간략히 요약하자면 다음과 같다.

즉, 集安을 중심으로 하던 高句麗 건국 초기의 都城制를 보면 평지성인 國內城이 평상시 王의 居城이었으며, 배후의 慰那岩城(丸都山城)이 방어성이었음을 알 수 있다. 이렇듯 평지 왕성과 배후 산성을 기본으로 하는 도성 구조는 427년 平壤 遷都 이후에도 그 골격이 그대로 이어져 평지의 安鶴宮城과 그 뒷산인 大成山城의 결합 관계로 나타나고 있다. 또한 新羅 역시 王城인 月城의 방어를 위해 주변으로 明活山城과 南山新城 등을 축조하였음이 명확히 드러난다. 이러한 삼국의 독특한 도성제는 中國의 長安城과 같은 발달된 都市構造를 갖춘 도성제를 받아들이는 부여의 泗沘都城과 경주의 王京 등에 이르기까지 오랜 기간을 유지하였던 것으로 볼 수 있다.

한편 백제 한성기의 도성제와 관련하여서는 지금까지 살펴 본 성곽 유적 외에도 바로 인근에 위치한 대형 고분군을 빼놓을 수 없다. 풍납토성의 서남쪽으로는 방이동 고분군, 석촌동 고분군, 가락동 고분군 등이 조사되었거나 복원, 정비되어 있어 왕성과 가까운 위치에 왕족의 무덤이 함께 조성되어 있었음을 추정할 수 있다. 비록 학자간에 이견이 있기는 하지만 이들의 성격에 대해서 간략히 살펴보기로 한다.

일제시대만 해도 80기 이상의 고분(그 중 '石塚'이 66기)이 남아 있어 당시 가장 규모가 컸을 것으로 추정되는 石村洞 古墳群은 비록 많은 수의 고분이 조사되지는 못했지만 묘제는 크게 적석총과 토광묘 계통으로 나눌 수 있으며, 그밖에 봉토분이나 즙석봉토분, 화장유구 등이 있다. 그 중에서도 기단식 적석총이 특징적인데, 3호분은 전형적인 고구려식 적석총으로 제1단의 규모가 동서 50.8m, 남북 48.4m로 集安의 최대 적석총인 太王陵과 거의 비슷한 규모이다. 이 고분은 대규모인데다 축조 연대가 4세기 정도로 추정되어 그 피장자를 근초고왕으로 비정하기도 한다. 또한 3호분 동쪽의 조사에서 확인된 하층의 대형 토광묘는 폭 2.6~3.2m, 길이 10m 이상의 대형 구덩이에 8기의 목관을 나란히 안치하였는데, 이러한 구조의 무덤은 그 유례를 찾을 수 없는 것이다. 이렇듯 토착세력의 것으로 보이는 토광묘와 고구려계로 추정되는 적석총이 혼재한 석촌동 고분은 초기 백제의 묘제 양식과 지배층의 출자 연구에 빼놓을 수 없는 귀중한 자료로 평가되고 있다(임영진, 1995).

可樂洞 古墳은 지금까지 3차례에 걸쳐 발굴조사가 이루어졌는데, 2~3세기 경의 방대형 토광묘, 매장시설을 할석과 천석으로 깔고 덮은 즙석식 봉토분, 4~5세기 경의 횡혈식 석실분 등 다양한 묘제가 확인되었다. 또한 芳荑洞 古墳群은 표고 40m 남짓 되는 얕은 능선에 조성되어 있는데, 조사 당시에 알려진 것이 8기였다. 고

분은 대체로 직경 10m 내외의 원형 봉토 안에 경사면을 파고 석실 또는 석곽을 만들어 시신을 안치하고 부장한 형식의 석실 봉토분이라 할 수 있다. 매장 주체부를 이루는 석실은 각기 조금씩 다른 형식을 취하고 있는데 1·4호분은 궁륭상의 천장을 하고 있고, 5호분은 장방형의 석곽 형태를, 6호분은 주실과 부곽이 분리된 터널형의 횡혈식 석실분이다.

이상 왕성 주변에 분포하고 있는 왕릉급의 고분에 대해서는 그 출자와 계통, 그리고 풍납토성 및 몽촌토성과의 연대 비교 등 향후 많은 연구가 요구되는 바이지만, 왕성과 더불어 당대 도성제의 중요한 축을 이루고 있었다는 점은 분명하다고 판단된다.

V. 맺음말

이상으로 백제 한성기의 도성 관련 유적들을 살펴보고, 그 가운데 특히 왕성으로 인정되던 몽촌토성과 풍납토성에 대한 최신 발굴조사 성과를 비교함으로써 한성기 도성제도에 대한 새로운 고찰을 시도하여 보았다.

최근 발굴조사에서 폭 43m, 높이 11m 이상의 거대한 규모로 둘레 3.5km 가량을 판축 성토한 것으로 밝혀진 風納土城은 내부에서도 16m 이상의 대형 석조 건물지와 수백 점 이상의 토기류, 말뼈 등이 출토된 제사유구, 그리고 백제시대 주거지 가운데 가장 규모가 크고 견고하게 축조된 다수의 주거지 등이 발견되었다. 특히 유물 가운데 수십 점의 와당과 전돌, 토제관 등은 당시 일반 민가에서는 사용할 수 없었던 특수한 유물들로서 풍납토성의 위상이 월등하였음을 보여주고 있다. 뿐만 아니라 십여 점의 중국제 도기편이 집중적으로 출토되기도 하여 당시 풍납토성에서 행해졌던 활발한 대외 교류를 입증하고 있다. 이러한 풍납토성은 유물 분석 결과 대체로 기원 전후~5세기대에 걸쳐 사용되었던 것으로 보이며, 절대연대 측정 결과 늦어도 3세기를 전후한 시기에는 성벽의 축조가 완료된 것으로 판단된다.

한편 기존에 일부 역사학계와 고고학계로부터 '河南 慰禮城'으로 비정되어 온 夢村土城은 한강변의 충적대지에 대규모의 노동력을 투입하여 축조한 풍납토성과는 달리 자연 구릉을 부분적으로 판축성토하여 축조한 것으로서 시간적으로도 3세기 중후반을 상한 연대로 하고 있을 뿐만 아니라 내부 조사 결과에서도 왕성으로 추정할 만한 증거가 발견되기보다는 오히려 군사적 성격이 강한 유구와 유물이 확인되어 풍납토성과의 뚜렷한 차별성을 보이고 있다.

결론적으로 풍납토성과 몽촌토성의 입지와 규모, 그리고 최근의 고고학적 성과 등을 종합해 볼 때 풍납토성이야말로 평상시 왕이 거주하던 居城, 즉 백제 한성기의 첫 王城인 '河南 慰禮城'임에 틀림없다고 판단된다. 반면 풍납토성의 축조 이후 왕권 강화와 체제 정비를 도모한 백제는 고구려와 낙랑, 말갈 등 북방으로부터의 지속적인 위협에 대비하기 위한 군사적 목적으로 3세기 중후반경 전략적 요충지로서의 몽촌토성을 축조한 것으로 추정된다. 이러한 양 성의 관계는 한성기 멸망 당시 기록에 등장하는 北城과 南城의 관계로 대별될 수 있다고 생각되는데, 몽촌토성이 풍납토성에서 남쪽으로 불과 650m 정도밖에 떨어져 있지 않기 때문에 충분히 가능성이 있다고 판단된다.

이렇듯 풍납토성과 몽촌토성을 중심으로 한 백제 한성기의 王城을 방어하기 위한 都城 防禦體制로서는 비록 고고학적으로 완전히 입증되지는 않았지만 북쪽의 한강 연안을 따라서 岩寺洞에서 三成洞에 이르는 긴 구간에 堤防的 성격의 土城을 쌓은 것으로 이해되며, 동쪽과 남쪽의 배후로는 戰略的 要塞로서의 二聖山城과 南漢山城 등을 축조한 것으로 추정된다. 또한 왕성 주변에 石村洞 · 芳荑洞 · 可樂洞 등의 王陵級 古墳을 조성함으로써 특징적인 百濟 漢城期의 都城 制度가 완비되었던 것으로 이해된다.

그러나 향후 풍납토성 등을 중심으로 한 서울의 강동 · 송파 일원 및 인근의 河南, 廣州 등에 추가적인 고고학적 증거가 확보되면 백제 한성기의 도성제에 대한 보다 진전된 연구가 진행될 수 있을 것이다. 또한 초기 기록의 신빙성 문제로 논란이 끊이지 않고 있는 『三國史記』 등 문헌 기록과의 비교 연구 또한 빼놓을 수 없는 중요한 과제라 할 수 있다. 더불어 漢城期 이후의 熊津期, 泗沘期는 물론 高句麗, 新羅 등 인접 국가의 都城制에 대해서도 면밀한 검토가 이루어져야 할 것이며, 나아가 삼국시대 도성제의 모태가 된 中國의 都城制와도 종합적인 연구가 수반되어야 할 것으로 생각된다.

參考文獻

국립문화재연구소, 2001, 『風納土城 I』.

─────────, 2002, 『風納土城 II』.

權五榮, 2001, 「풍납토성 경당지구 발굴조사 성과」, 『風納土城의 發掘과 그 成果』, 한밭大學校 開校 第74週年記念 學術發表大會 論文集.

김병모, 1977, 「방이동고분군」, 『考古學』 4.

金元龍, 1967, 『風納里土城內包含層調查報告』, 서울大學校考古人類學叢刊 第3册.

東洋考古學硏究所, 2000, 『風納土城〔百濟王城〕硏究論文集』.

夢村土城發掘調查團, 1984, 『整備・復元을 위한 夢村土城發掘調查報告書』.

─────────, 1985, 『夢村土城發掘調查報告』.

朴淳發, 1989, 「漢江流域 百濟土器의 變遷과 夢村土城의 性格에 對한 一考察」, 서울大學校大學院 碩士學位論文.

───, 1992, 「百濟土器의 形成過程 - 漢江流域을 中心으로」, 『百濟硏究』 23.

───, 1996, 「百濟都城硏究」, 『百濟歷史再現團地造成 調查硏究 報告書』, 忠淸南道.

서울大學校博物館, 1987, 『夢村土城 東北地區發掘報告』.

─────────, 1988, 『夢村土城 東南地區發掘調查報告』.

─────────, 1989, 『夢村土城 西南地區發掘調查報告』.

서울대학교 인문학연구소 외, 2000, 『아차산성 시굴조사보고서』.

成周鐸, 1984,「漢江流域 百濟初期 城址研究」,『百濟研究』14.

──── 譯註, 1993,『中國都城發達史』, 學研文化社.

申熙權, 2001a,「한강유역 1-3세기 주거지 연구 - ‘풍납동식 주거지’의 형성과정을 중심으로」, 서울대학교 대학원 석사학위논문.

──── , 2001b,「風納土城의 築造技法과 性格에 대하여」,『風納土城의 發掘과 그 成果』, 한밭大學校 開校 第74週年記念 學術發表大會論文集.

──── , 2001c,「1~3세기 한강유역 주거와 백제의 형성」,『동아시아 1~3세기 주거와 고분』, 문화재연구 국제학술대회 발표논문집 제10집.

──── , 2001c,「風納土城 築造年代 試論」,『韓國上古史學報』37.

윤근일, 2000,「풍납토성 발굴조사 개요」,『三韓의 마을과 무덤』, 第9回 嶺南考古學會學術發表會.

윤세영, 1975,「가락동 백제고분 제1호 제2호분 발굴조사 약보」,『考古學』3.

李基白, 1975,「百濟文化 學術會議錄」,『百濟文化』7·8합집.

李道學, 1992,「白濟 漢城時期의 都城制에 관한 檢討」,『韓國上古史學報』9.

李亨求, 1997,『서울 風納土城〔百濟 王城〕實測調査研究』, 百濟文化開發研究院.

林永珍, 1995,「百濟漢城時代古墳研究」, 서울大學校 大學院 博士學位論文.

조유전, 1975,「방이동유적발굴조사」,『文化財』9.

崔夢龍, 2000,『흙과 인류』, 주류성.

崔夢龍·權五榮, 1985,「考古學的 資料를 通해본 百濟初期의 領域考察」,

『千寬宇先生還曆紀念韓國史學論叢』.

토지박물관, 2001, 『남한행궁 제4차 발굴조사 지도위원회 자료』.

漢陽大學校 博物館·河南市, 2000, 『二聖山城(第8次 發掘調査 報告書)』.

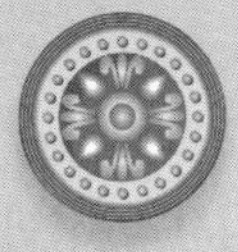

〈百濟 漢城期 都城制에 대한 考古學的 考察〉에 대한 토론

권 오 영 (한신대학교)

신희권선생의 발표문은 1997년 이후 진행된 풍납토성 발굴조사의 최신 성과를 활용한 견해이다. 몽촌토성과 풍납토성을 비교하여 후자의 축조연대가 이르고 축성과 관련된 에너지가 훨씬 많이 투입되었으며 유물의 질적 양적 수준이 우월하기 때문에 왕성(하남위례성)은 풍납토성이라는 주장이다. 토론자도 발표자의 주장에 공감하는 부분이 많으나 몇 가지 분명치 않은 부분과 동의할 수 없는 부분이 있어서 질문하고자 한다.

1 발표자는 하남위례성을 왕성으로 보는 입장에서 이를 풍납토성에 비정하고 있다. 일단 명쾌해 보이지만 사실은 내부에 복잡한 문제가 숨어 있다. 漢城, 漢山과 河北·河南慰禮城의 관계가 그것이다. 그 중에서도 관건은 다산 정약용 이후 많은 연구자들이 동의하여 왔던 하북위례성에서 하남위례성으로의 移都를 인정하는 지

의 여부, 그리고 하북위례성과 한성의 관계이다. 사실 이 부분은 다음 발표자의 영역일 것이지만 고고학적 견지에서 한번쯤 입장을 정리할 필요가 있다고 판단된다.

2 발표자는 풍납토성의 축조와 직접 연결될 수 있는 성곽으로서 중국 전국시대의 魯國古城, 齊國古城, 燕下都古城 등을 들고 있다. 그 근거로는 지역적으로 근접하여 있다는 점, 위만조선의 멸망과 관련된다는 점 둘을 들고 있다. 이러한 견해는 풍납토성의 축조 시기를 상당히 이른 시기(아마도 서력 기원 200년 전후)로 보는 발표자의 종전 입장과도 관련될 것으로 이해된다. 하지만 연, 제 등의 세력을 한국 고대사 내지 고대문화와 연결짓는 것은 과거에 선학들에 의해 주장되었던 바이지만 고고학적으로는 입증된 바가 없다. 따라서 과거에 역사학계 일각에서 견지되어 오던 연, 제, 조와의 연관성에 더 이상 연연할 필요는 없다고 판단된다. 이들 세력이 위만조선의 멸망과 관련된다는 것은 무슨 뜻이며 그것이 이들 지역의 토성과 풍납토성의 관계설정에 무슨 관계가 있는지도 분명히 하여야 한다.

3 토론자의 입장에서는 풍납토성의 축조기술의 계보를 구하는 작업은 위진대에 초점이 맞추어져 있어야 한다고 생각한다. 하지만 後漢·魏의 都城인 洛陽城이나 東晉의 도성인 建康城은 풍납토성과는 구조적으로 직접 연결시키기 곤란하다. 그렇다면 중국 동북지방~한반도에 걸쳐있는 郡縣城에 주목할 차례이다. 이들 성은 대개 방형의 평면을 띠며 토축의 경우가 주류인데 일부는 版

築하였음이 확인되고 있다. 규모는 城의 둘레가 1∼2㎞ 정도의 것이 많은데 중국 내지의 漢代 縣城 규모가 2∼4㎞ 정도임을 감안할 때 비교적 소규모임을 알 수 있다.

集安의 國內城은 石城 하부에 토성이 존재함이 확인되었는데 玄菟郡의 高句麗縣城일 가능성이 농후하다. 桓因 下古城子 역시 고구려가 접수하기 이전에는 현토군에 속한 현성이었을 것으로 여겨진다. 양자 모두 방형의 평면을 가진 토성이다.

평양 토성리토성과 봉산 지탑리토성은 모두 둘레가 2㎞를 넘는 대형 토성인데 전자는 樂浪郡治, 후자는 帶方郡治로 비정되고 있다. 이보다 규모가 작은 온천 성현리(어을동)토성, 은율 운성리토성, 신천 청산리토성, 금야 소라리토성 등은 대개 현성으로 추정된다. 이중 토성리토성은 판축의 증거가 확인되지 않았으나 지탑리토성과 성현리토성에서는 정연한 판축공법이 확인되었다.

4 제목에서 보이듯이 발표문은 한성기 도성제의 특징을 고고학적으로 규명함을 목적으로 하고 있나. 결론적으로 발표자는 북성(=왕성, 풍납토성)과 남성(몽촌토성), 그리고 이 둘을 방어하기 위한 한강 남안의 제방적 성격의 토성(암사동∼삼성동토성 사이), 동쪽과 남쪽의 전략적 요새(이성산성과 남한산성), 왕성 주위의 왕릉급 고분군 등이 도성제도의 골격임을 주장하고 있다. 이러한 도성제도가 확립되어 가는 단계의 설정과 시간성에 대한 언급이 좀더 필요하다. 아울러 이러한 도성제도가 고구려나 신라, 혹은 웅진 사비기에 비교해 어떠한 특징을 가지고 있는지도 언급하였으면 한다. 이른바 제방적 성격의 토성을 나성의 원초적인 형태로 이해할

것인지 여부, 왕성 주위에 분포하는 왕릉급 고분군의 존재가 과연 한성기 백제만의 특징일까 하는 의구심 등도 답해 주기 바란다.

5 세부적인 지적 몇 가지

- 풍납토성 성벽의 면적을 3만 6천 평, 내부 면적을 22만 5천 평으로 계산한 것은 성벽 하단부가 두텁게 매몰되어 있는 현재 상황을 기준으로 한 것일 터인데 1997년 성벽 절개 조사에서 성벽의 규모가 드러난 만큼 성벽과 성 내부의 면적계산이 변하지 않을까?

- 한강 북안의 아차산성을 "도성을 방어하기 위한 전진기지"로 규정할 때 전진기지라는 표현의 문제점.

- 성벽에 인접한 외곽=고위층 집단 주거지역, 중앙부= 대형 건물지와 제사유구 등의 특수유구라는 등식은 좀더 신중할 필요가 있다. 문화재연구소가 조사한 동벽 주변 지역에서 대규모 주거지가 조사되었고 중앙부에서 온전한 형태를 갖춘 주거지가 드물었던 점은 사실이다. 이러한 차이는 토지이용방식, 인구밀도 등과 연관되기 때문에 중앙부의 경우 복잡한 중복현상으로 인해 주거지의 유존상태가 극히 불량하더라고 당시의 공간활용에서는 보다 중요한 공간이었을 가능성이 높다.

- 논지와 직접 관계되는 부분은 아니지만 가락동·방이동고분군의 성격규정은 좀더 신중할 필요가 있다. 삼성동토성에 대해서도 채집 와당이 백제인지 신라인지에 대한 논쟁이 있음을 고려하여야 할 것이다.

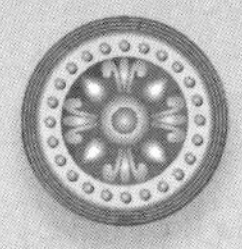

권오영의 토론요지에 대한 신희권의 답변

1항에 대한 답변 : 앞서 최몽룡 선생님께서 기조강연에서도 정립을 해주셨지만 하남위례성 외에도 하북위례성·한성·한산 등과 관련해 복잡한 문제가 있는 것으로 알고 있습니다. 그런데 일차적으로 하남위례성으로 추정되는 풍납토성과 몽촌토성 이외의 다른 유적들에 대해서는 애석하게도 뚜렷하게 고고학적으로 "하북위례성이다", "한산이다" 또는 "한성이다"라고 명확하게 제시할 만한 근거가 없는 것으로 알고 있습니다. 다만 한성이라는 명칭은 위례성과 어원적으로 동일한 명칭이라고 이해하고 있는 경향이 우세하기 때문에 나름대로 위례성을 범칭화한 개념이 아닌가 생각할 수 있겠습니다.

2·3항에 대한 답변 : 풍납토성을 직접적으로 전국시대의 고성에 연결시키기보다는 한군현의 수도인 낙랑토성 등에 연결시키는 문제입니다. 저도 낙랑토성이나 풍납토성과의 연관성에 대해서 이미 다른 논문을 통해 유사성을 지적한 바 있습니다. 다만 낙랑지역

의 토성 역시 직접적으로 한대의 장안성이라든가 낙양성 등 중원에 발달된 도성보다는 오히려 전국시대의 성들과 지리적으로 가깝고, 판축 등의 공통된 특징 등이 있다고 판단되기 때문에 저는 풍납토성과 낙랑토성의 연원 자체가 전국시대 고성에 있지 않을까 생각하는 것입니다. 다만 풍납토성 축조 이후에 백제 도성제가 완비되어 가는 과정에서는 물론 후한대나 위진대의 도성구조와 필수적으로 연관성이 있을 것으로 추정하고 있습니다.

4항에 대한 답변 : 시간성 설정, 이 부분 역시 처음에 말씀드렸던 것처럼 지금까지의 고고학적인 발굴로는 명확히 연대를 추정할 만한 근거들이 뚜렷하지 않다고 볼 수 있습니다. 그리고 안타깝게도 암사동토성이나 삼성동토성 같은 경우는 실체를 거의 알 수 없는 형편이기 때문에, 시간성 설정이나 단계설정은 오히려 풍납토성 또는 발굴조사가 가능한 유적들 중에서 찾아나가야 되지 않을까 생각합니다. 그러한 차원에서 하북위례성 역시 하북위례성을 찾을 수 있을만한 후보지가 서울에 없다고 생각합니다. 이미 개발이 진행되었기 때문입니다. 따라서 풍납토성을 층위적으로, 연차적으로 발굴한다면 토성 자체의 단계설정, 그리고 조금 전에 말씀드린 풍납토성에 어떤 증축 내지는 보축흔적 - 최근 서벽 같은 경우는 약간의 보축흔적으로 볼 수 있는 이중의 석렬이 나오고 있기 때문에 - 그런 가능성이 현재 조사가능한 유적들에서 충분히 찾아질 수 있지 않을까 생각하고 있습니다.

5항에 대한 답변 : 세부적으로 제기하셨던 문제점들에 대해서는 앞으로의 연구에 반영하도록 하겠습니다. 다만 성벽의 외곽쪽에 고위층의 주거지가 존재한다는 의미는 성 중앙부에 위치한 석조의 대형건물지 · 공공성격의 제사유구 같은 특수성격의 유구뿐만 아니라 평범한(일반인 거주의) 주거지와도 차별화한 개념으로서, 지금까지 발견되었던 백제주거지들보다는 훨씬 귀족적인 주거지라는 것입니다.

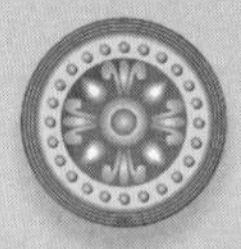

〈百濟 漢城期 都城制에 대한 考古學的 考察〉을 읽고

김 기 섭 (경기대학교)

Ⅰ.

都城은 그 나라의 정치·경제·문화적 중심지에 위치한 城이기에 考古·文獻 양쪽에서 상대적으로 많은 흔적을 남기는 것이 보통이다. 백제의 都城도 예외는 아니어서 다른 분야에 비한다면 보다 뚜렷한 자취를 남겼다고 볼 수 있다. 비록 그것의 정확한 위치와 구조를 세세히 밝히지는 못했으나, 漢城·熊津·泗沘가 지금의 서울·공주·부여지역에 해당한다는 사실에 대체로 공감하는 이유도 여기에 있다.

그런데 백제 前期의 도성인 漢城의 경우, 그동안 文獻資料는 물론 考古資料에 대한 이해조차 엇갈리는 면이 적지 않았다. 그런 점에서 볼 때, 최근 십 수년간 연차적으로 행해진 夢村土城·風納土

城 발굴은 다소 막연한 추정으로 일관해온 學界에 큰 자극이 되었음에 틀림없다. 특히 풍납토성 발굴은 백제 도성 연구에서 획기적 사건이라고 해도 좋을 것이다.

발표자(신희권)는 풍납토성 발굴에 주도적으로 참여한 경험을 바탕으로 漢城期의 都城制를 논하였다. 그런 만큼 최근 새로이 입수한 고고자료를 통해 보다 선명하고 담백한 결론을 도출하는 데 주력하였는데, "문헌사적 접근에서 벗어나겠다"는 발표자의 신선한 의도가 대체로 관철된 듯하다.

발표문에서 주목되는 점을 찾아 간단히 정리해보면 다음과 같다.

① 풍납토성에는 기원을 전후한 시기에 이미 상당한 규모의 집단이 존재하고 있었다.

② 풍납토성은 늦어도 3세기를 전후한 시기에 이미 축조 완료되었다.

③ 풍납토성과 몽촌토성을 비교하면, 입시조건, 규모, 축조방식, 확인된 유구의 성격, 출토된 유물 등에서 모두 풍납토성 쪽이 압도적 우위에 있으며, 축조된 시기도 이르다.

④ 그러므로 풍납토성은 백제 한성기의 첫 王城, 몽촌토성은 군사적 목적의 防衛城으로 보아도 무방하다.

⑤ 풍납토성의 축조 방식은 중국의 曲阜魯城, 臨淄故城, 燕下都古城 등 戰國時代 土城의 계부를 잇는 것이다.

⑥ 『三國史記』「百濟本紀」蓋鹵王 21년조의 北城은 풍납토성, 南城은 몽촌토성에 비정되는데, 南城은 위기상황에서 왕이 피신

한 곳일 뿐 王城이 아니다.

⑦ 二聖山城과 南漢山城이 평지성인 漢城과 세트를 이룬 배후의 산성일 개연성이 높다.

II.

발표자의 추론은 나름대로 충분한 근거를 갖추고 있으며, 그런 점에서 설득력이 있다. 특히, 풍납토성이 백제 도성의 핵심이라는 지적에 대해서는 토론자(김기섭)도 전적으로 공감한다. 그러나 본 발표문에는 기존의 연구성과와 배치되거나 보충 설명이 필요한 부분도 없지 않다.

첫째, 풍납토성의 축조시기에 관한 문제이다. 발표자의 논점 중에서 ①과 ②는 文獻史學界에서 오랫동안 논의되어온 이른바『三國史記』,「百濟本紀」초기기사 신빙성 문제와도 연관된 것으로서, 백제가 서기전 18년에 건국되었다는 기사에 대해, 발표자가 긍정적인 입장에 서있음을 반영한 것으로 생각된다.

그런데 이러한 입장이 설득력을 갖기 위해서는 풍납토성 내부에서 확인된 環濠와 土城의 관계가 보다 분명히 정리되어야 한다. 즉, 발굴조사 결과에 의하면, 토성 내부에서 확인된 3중 환호는 그것이 언제 만들어졌는지를 알 수 없으나 적어도 서기 2세기경에 사용하고 있었을 개연성은 인정되는데, 그렇다면 아무래도 토성의 축조는 그보다 시기적으로 늦는다고 보아야 하겠다. 이처럼 환호를 만든 시기와 토성을 축조한 시기가 구별될 경우, 환호를 만든 집단이 과연 국가체로서의 百濟와 동일한지를 확인할 필요가 있다.「百濟本紀」에는 백제가 "河南慰禮城에서 건국"한 것으로 나오기 때문이다.

그리고, 風納土城이 백제의 漢城이라면, "3세기를 전후한 시기에 이미 축조 완료되었다"는 발표자의 단언은 蓋鹵王代(455~475)에 성곽을 대대적으로 "烝土築城"하여 왕의 권위를 과시하였다는 「百濟本紀」의 기사와 부합하지 않는 면이 있다. 이때의 "烝土築城"을 版築과 같은 技法으로 이해하는 것이 보통이거니와, 풍납토성이 정말 백제의 한성이라면, 적어도 5세기 중엽에 어느 정도의 補築은 있었어야 하는 것이다.

둘째, 풍납토성을 王城, 몽촌토성을 防衛城으로 규정한 부분에 관한 것이다. 발표자는 ③에 근거하여 ④와 같은 결론을 도출하였으며, 그 결과가 ⑥의 문헌 해석으로 이어졌다. 그런데 이는 사실 ⑤와 서로 충돌하여 자연스럽지 못한 면이 있다.

발표자는 ⑤에서 풍납토성의 모형이 숭국의 선국시대 도성이리고 추론하였다. 이 점에 대해서는 토론자도 공감하고 있다. 그런데 趙의 邯鄲故城, 齊의 臨淄故城, 燕의 下都古城은 모두 單城이 아니라 複城이라는 특징을 지닌다. 특히, 邯鄲故城의 경우, 평지에 위치한 大北城과 산록에 있는 趙王城을 합한 이름인데, 居民城(大北城)과 王城(趙王城) 사이의 거리는 60m 혹은 1km라고 한다. 이러한 특징을 邯鄲故城과 입지조건조차 비슷한 風納土城・夢村土城에 단순 대입하면, 풍납토성이 居民城, 몽촌토성이 王城에 해당할 여지도 없지 않다. 발표자는 이러한 유사점을 외면하면서까지 학계의 일반적인 해석과 달리 ⑥의 결론을 내렸으나, 문맥대로 해석할 때, 몽촌토성을 단순히 防衛城정도로만 생각하기에는 어색한 점이 적지 않다.

그리고 ⑦에서처럼 二聖山城과 南漢山城을 백제 도성의 세트인 防衛城으로 인식한 경우, 풍납토성과 700m도 채 떨어지지 않은 곳에 위치한 몽촌토성의 군사적 역할이 상대적으로 줄어들 수밖에 없으리라고 보는데, 이 점(도성방위체제)에 대해서는 어떻게 생각하는지 의견을 묻고 싶다.

셋째, 풍납토성의 축성기법을 金堤 碧骨堤 등과 결부시켜 이해하는 것에 관한 문제이다. 벽골제 축조기사는 『三國史記』, 「新羅本紀」 訖解王 21년(330)조와 『三國遺事』, 「王曆」(訖解王)에 간단히 나오는데, 학계에서는 보통 백제 比流王 27년(330)의 일을 잘못 기재한 것으로 보고, 적어도 4세기 전반기에 백제의 세력이 전북지역에까지 이르렀음을 입증하는 史料로 인식하고 있다. 여기에는 제방의 하부 탄화층에서 채취한 시료의 방사성탄소연대(1600±100B.P.)가 결정적 근거로서 작용하기도 한다.

발표자가 풍납토성의 축성기법 중 나뭇잎과 껍질 등의 식물유기체를 섞어가며 판축하는 방법에 주목하면서 이를 碧骨堤와 비교한 것은 아마도 벽골제의 제방 바닥면 아래에 1~2㎝ 두께로 깔려 있었던 식물탄화층을 연상했기 때문이 아닌가 생각된다. 그러나 벽골제 발굴보고자에 따르면, 이곳의 탄화층은 제방이 구축되기 전에 무성하게 자랐던 갈대 등의 저습성 식물이 압축되어 탄화한 층이라고 하므로, 엄밀한 의미에서는 풍납토성의 그것과는 구별되는 것이다.

풍납토성의 축조방법과 벽골제의 그것을 연관지을 수 있느냐 없느냐는 단순히 技術上의 문제에서 그치는 것이 아니라, 風納土城을 중심으로 운영되던 백제의 세력 판도에 대한 문제로까지 비화될 수 있는 만큼, 이에 대한 발표자의 자세한 보충설명을 듣고 싶다.

마지막으로, 발표자가 풍납토성의 축조 연원을 찾으려한 戰國時代 古城이 漢代의 발달된 도성구조와 다르다면, 그것이 어떻게 200년 이상의 세월을 넘어 백제 도성에까지 연결될 수 있었는지 묻고 싶다. 즉, 중국의 戰國時代는 서기전 3세기 중엽에 종말을 고하며, 풍납토성의 축조는 빨라도 서기 1∼2세기경(혹은 「百濟本紀」에 따르더라도 서기전 18년경)이라고 할 때, 양자 사이에는 시간적 차이가 존재하는데, 이에 대한 해석이 궁금하다. 물론, 발표자도 이 점을 전혀 홀시하지는 않아서 衛滿朝鮮 등을 매개체로서 언급하였다. 매우 흥미 있는 추정이지만, 설득력을 가지려면 이에 걸맞는 實例가 제시되어야 하지 않을까 생각한다.

參考文獻

金廷鶴, 1981, 「서울近郊의 百濟遺蹟」, 『鄕土서울』 39.

車勇杰, 1981, 「慰禮城과 漢城에 대하여(Ⅰ)」, 『鄕土서울』 39.

金起燮, 1990, 「百濟前期 都城에 관한 一考察」, 『淸溪史學』 7.

金起燮, 1995, 「百濟 前期의 漢城에 대한 再檢討」, 『鄕土서울』 55.

姜仁求, 1993, 「百濟 初期 都城 問題 新考」, 『韓國史研究』 81.

李道學, 1992, 「百濟 漢城時期의 都城制에 관한 一考察」, 『韓國上古史學報』 9.

朴淳發, 2001, 『漢城百濟의 誕生』, 서경문화사.

국립문화재연구소, 2001, 『風納土城 Ⅰ』.

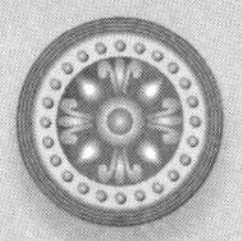

김기섭의 토론요지에 대한 신희권의 답변

첫째 개로왕대에 대대적인 보축의 증거 등이 있기 때문에 풍납토성이 3세기 전후한 시기에 축조가 모두 완료되었다는 부분에 의문을 제기해 주셨습니다. 그러나 어쨌든 고고학적으로는 '99년 발굴조사한 두 개의 지점에서 성벽 내부는 물론 외부쪽에서도 적어도 3세기 이후의 유물들이 한 점도 출토가 되지 않았습니다. 그래서 일단 골격이 완성된 것은 그 시점을 전후한 것으로 볼 수 있고, 다만 그 후대의 보축이라든가 증축의 과정들은 충분히 가능성이 있다고 봅니다. 특히 '99년 조사지점에서는 외벽의 석렬이 한 겹밖에 없었는데 최근에 발견된 서벽의 경우는 두 겹으로 나타나고 있기 때문에 그런 부분들은 충분히 보축의 증거로 볼 수 있지 않을까 생각합니다. 그리고 성벽의 축조연대는 당연히 환호의 폐기와 맥을 같이한다고 이미 발굴보고서에서 밝힌 바가 있습니다. 환호에서 출토되는 유물-주로 경질무문토기-들은 풍납토성 성벽에서는 중심구간에서 집중적으로 출토가 됩니다. 그래서 환호에서 출토되는 유물들과 성벽 중심구간에서 출토되는 유물들의 유사성을 볼 때 일단 환호를 폐기하기 직전에 중심구간들의 성을 쌓기 시작하지 않았을까 추정하고 있습니다. 다만 연대라든가 구체적인 문제에 대해서는 보다 면밀한 검토가 있어야 된다고 생각합니다.

두번째 전국시대의 고성들과의 관련성. 물론 兩城으로 이루어졌다 하더라도 어쨌든 풍납토성과 몽촌토성의 관계에서는 시간적으로 몽촌토성보다는 풍납토성이 선행하는 것이고 선행하는 유구들에서 충분히 왕성의 근거를 찾을 수 있기 때문에 일차적으로는 보다 평지거성으로 축조된 풍납토성이 왕성의 가능성이 높다고 보고 싶습니다.

세번째 벽골제 문제입니다. 벽골제는 최초의 발굴보고자들이 하층에 있는 식물탄화층을 자연적인 갈대 군락으로 봤습니다. 그렇지만 '98년인가요 윤무병선생님께서 그 이후에 일본이라든가 나성 등에서 나오는 식물유기체층을 비교해서서 벽골제의 식물탄화층 역시 인공적으로 깔았을 가능성이 있다라고 견해를 수정발표하신 것으로 알고 있습니다. 그래서 벽골제, 일단 역사기록상의 백제 영역화 과정은 별개로 하더라도 고고학적으로 드러난 정황으로 볼 때는 풍납토성 내지는 풍납토성 이후에 부여 나성 조선시대의 제방에까지 쭉 이어지는, 기저부에 뻘층을 깔고 부분적으로는 부엽층을 까는, 그런 공법은 풍납토성과의 유관성을 지적할 수 있다라고 생각합니다. 다만 백제의 세력판도나 영역화 과정과는 다시 검토가 필요하다라고 생각합니다.

제 3 장

백제 한성도읍기 도성제에 관한 몇 가지 검토

백제 한성도읍기 도성제에 관한 몇 가지 검토

百濟 漢城都邑期 都城制에 관한 몇 가지 檢討

李 道 學 (한국전통문화학교 문화재관리학과)

I. 머리말

일반적으로 百濟가 漢城에 도읍하던 시기의 역사는 근초고왕대
를 분기점으로 해서 그 이전을 漢城前期, 그 이후를 漢城後期로 설
정하고 있다. 4세기 후반에서 475년까지에 걸친 100여 년의 백제
역사가 한성후기라고 하겠다. 그 앞선 시기인 한성전기 백제 都城
制의 조성에 대해서는 많은 연구 성과가 축적되었다.[1] 게다가 본
세미나에서는 고고학적 발굴 성과를 기반으로 한성전기 도성에
관한 발표가 예정되어 있다. 한성 후기에 이르러 백제는 국가체제
의 정비와 짝하여 都城制의[2] 완비를 가져 왔다. 本稿에서는 紙面

---

1) 백제 한성도읍기의 도성제에 관한 학설사적인 정리는 林永珍, 2001, 『백제의 곰말 몽촌토
　성』, pp.139~146에 잘 서술되어 있다.

관계상 당초의 주문대로 한성후기를 중심으로 都城制를 검토해 보기로 한다.

우선 백제 한성도읍기 도성제의 검토와 관련해 가장 획기적인 변화는 風納洞土城의 位相 문제가 아닐까 생각된다. 日帝時期 이래로 풍납동토성을 백제 왕성으로 지목하는 견해가 제기되어 왔었다.[3] 특히 1916년도 조사에서 이미 개로왕대에 "烝土築城"한 宮址로서 풍납동토성을 조심스럽게 지목한 바 있다.[4] 한성 도읍기의 왕성으로서 풍납동토성을 간주했던 것이다. 그러나 이러한 일련의 견해들은 풍납동토성 蛇城說에[5] 밀려 거의 주목을 받지 못하였다. 풍납동토성 蛇城說의 핵심은 風納洞土城[바람드리城]과 蛇城

---

2) 都城은 국가의 최고 지배층이 거주하는 공간인 동시에 一國의 통치 거점이다. 이러한 都城에 조영된 성곽이나 공공건물 등과 같은 시설물은 권력집중도의 차이를 반영해 주거니와 국가의 성장도를 가늠해주는 일종의 지표 구실을 한다. 도성은 국가의 발전단계와 경영능력을 여실히 보여주는 표상이 된다.

도성의 모태가 되는 都市에서는 인구의 집중화 현상, 상징이 되는 공공건물이나 기념건물 등과 같은 가시적 존재뿐 아니라 계층분화라든지 전문화 현상 등을 확인할 수 있다. 또한 도시의 특성으로는 공조직이나 비농업적 계층이 자리잡고 있거니와 그 중심부에는 지배층을 보호하고 행정기구들을 정상적으로 운영하면서 외부로부터의 침략을 막기 위하여 성곽이 축조되었다. 요컨대 도성은 국왕과 관료들이 거주하면서 그 위엄을 과시하는 동시에 통치의 거점으로서 왕성을 중심으로 조영된 도시라고 하겠다.

3) 鮎貝房之進, 1934, 「百濟古都案內記」, 『朝鮮』 234, p.115.

金廷鶴, 1977, 『任那と日本』, pp.249~250.

李亨求, 1997, 『서울 風納土城〔百濟王城〕實測調查硏究』.

국립문화재연구소, 2001, 『韓國考古學事典』 下, p.1247에서도 풍납동토성을 가리켜 "일제시대부터 하남위례성으로 비정하는 등 주목을 받아 왔다"라고 서술한 바 있다.

4) 朝鮮總督府, 1917, 『大正5年度朝鮮古蹟調査報告』, p.72.

5) 李丙燾, 1976, 「風納里土城과 百濟時代의 蛇城」, 『韓國古代史硏究』, pp.498~506.

이 논문에서 李丙燾는 풍납동토성에서 출토된 바 있는 鐎斗와 같은 일련의 유물을 城의 성격을 암시해주는 關鍵으로 간주하지 않았다. 즉 씨는 "유물이란 이곳저곳으로 流動되는 것이므로 그것으로써 都城 與否를 論할 거리는 되지 못한다(p.504)"라고 하였다. 그러나 東晉製 鐎斗 2점은 1925년 을축년 대홍수 때 풍납동토성 내 한 개의 大陶甕 안에 담겨 있었다(朝鮮總督府博物館, 1937, 『博物館陳列品圖鑑』 第四輯). 그러므로 李丙燾의 견해는 전혀 타당하지 않음을 알 수 있다. 참고로 朝鮮總督府博物館에서는 鐎斗가 출토된 장소에다가 標木을 세워둔 바 있었다(鮎貝房之進, 앞 글, p.115).

[배암城]을 音相似로 연결시킨 데 있었다. 그러나 이는 논거 자체의 취약성은 물론이고 수긍하기 어려운 논리였지만 추종자들을 量産시켰다. 물론 1990年代 末 풍납동토성 발굴 이전에도 이 설의 盲點에 대한 지적이 제기된 바 있었다.[6] 필자는 蚍城을 三成洞土城으로 비정하였던 것이다. 어쨌든 풍납동토성의 발굴을 토대로 그 위상은 鎭城에서 王城으로 180° 선회하는 추세를 보였다고 보겠다. 이러한 基盤 속에서 한성후기 백제 도성제의 실태를 재검토해 보고자 한다.

II. 王城의 條件과 王城의 究明

1. 文獻에서 본 王城의 소재지

『삼국사기』에 보이는 4세기대 이후 백제 도성세와 괸련한 漢山 漢城 기록만 摘記하면 다음과 같다.

  a. 王引軍退 移都漢山(근초고왕 26년 조)

  b. 春二月 創佛寺於漢山 度僧十人(침류왕 2년 조)

---

6) 李道學, 1990, 「百濟 蚍城의 位置에 對한 再檢討」, 『韓國學論集』 17.
   ————, 1992, 「百濟 漢城時期의 都城制에 관한 檢討」, 『韓國上古史學報』 9.
   ————, 1995, 『백제고대국가연구』, pp.260~291.
  본고의 대략적인 논조는 위의 論著에 근거하였음을 밝혀 둔다. 참고로 필자는 위의 論著에서 王城인 河南慰禮城(漢城)은 北城과 南城으로 구성되었고, 北城=풍납동토성, 南城=몽촌토성으로 비정한 바 있다. 필자는 풍납동토성을 분명히 王城으로 지목하였던 것이다.

c. 秋八月 王將伐高句麗 出師至漢山北柵(아신왕 7년 조)

d. 春三月 王獵於漢山(비유왕 29년 조)

e. 九月 內臣佐平優福據北漢城叛 王發兵討之(비류왕 24년 조)

f. 初生於漢城別宮(아신왕 즉위년 조)

g. 漢城人解忠來告曰(전지왕 즉위년 조)

h. 秋九月 以解忠爲達率 賜漢城租一千石(전지왕 2년 조)

i. 秋九月 麗王巨璉帥兵三萬來圍王都漢城 王閉城門(개로왕 21년 조)

j. 蓋鹵在位二十一年 高句麗來侵圍漢城(문주왕 즉위년 조)

위의 기록 가운데 a를 통해 근초고왕대에 漢山으로 천도했음을 알 수 있다. 그런데 i에서 '王都漢城'이라고 한 漢城의 존재가 눈에 띈다. 한산(a)이나 한성(i) 모두 '都'라고 했으므로 도성을 가리킴은 분명하다. 이러한 漢山과 漢城은 서로 다른 지역을 가리킨다고 보겠다.[7] 한산과 한성의 위치 구명이 중요한 사안이 아닐 수 없다. 그것을 일단 분명히 해 주는 기록이 「광개토왕릉비문」 영락 6년(396) 조이다. 영락 6년 조에 따르면 광개토왕이 인솔하는 고구려군이 백제 왕성을 공격한 상황을 "渡阿利水"라고 하였다.[8] 여기서 아리수는 주지하듯이 한강을 가리킨다. 고구려군이 한강을 건넌 연후에야 백제 왕성을 공격할 수 있었다는 것이다. 이 사실은

---

7) 이에 대해서는 李道學, 앞 책, pp.261~274를 참조하기 바란다

8) 李道學, 1996, 「廣開土王陵碑文에 보이는 戰爭記事의 分析」, 『高句麗好太王碑研究 100年』, pp.755~757.

───, 1999, 「廣開土王碑文에 보이는 地名比定의 再檢討」, 『廣開土王碑文의 新研究』, pp.184~186.

396년 당시 백제 왕성은 한강 남쪽에 소재했음을 알려준다. 그러므로 적어도 396년 이후 한성이 함락되는 ij의 475년까지 백제 왕성은 한강 이남에 소재한 것이 된다.

그러면 396년 이전에 백제 왕성은 어디에 소재하였을까? 이는 근초고왕대에 천도한 한산의 소재지와 결부되어 있다. 한산의 위치를 『삼국유사』에서는 "移都北漢山"[9]라고 하여 北漢山으로 구체적으로 지목하였다. 이 기록은 『세종실록지리지』에서

> k. 楊州都護府는 본래 고구려 南平壤城인데 혹은 北漢山이라고도 한다. 백제 근초고왕이 이곳을 取하여 25년 辛未에 南漢山에서 이곳으로 移都하였다.[10]

라고 하여 보다 명확하게 정리되고 있다. 근초고왕대에 천도한 한산은 한강 이북에 소재했던 것이 분명해진다.[11] 그 기간은 한산 천도가 단행된 a의 371년에서부터 늦어도 396년 사이 어느 때라고

---

9) 『三國遺事』권1, 王曆 近肖古王 條.

10) 『世宗實錄地理志』권148, 楊州都護府 條. "楊州都護府 本高句麗南平壤城 一云北漢山 百濟近肖古王取之 二十五年辛未 自南漢山移都之".

11) 최근 『三國史記』 근초고왕 26년 조의 "移都漢山" 기사를 풍납동토성에서 몽촌토성으로의 천도로 해석하는 新說이 제기 된 바 있다(余昊奎, 2002, 「漢城時期 百濟의 都城制와 防禦體系」 『百濟研究』36, p.15). 이 新說은 허다한 문제점이 있지만, 근본적인 문제점은 '移都'의 성격이다. 그 성격은 移都의 용례와 관련지어 살피는 게 온당하다. 『三國史記』의 移都 기사는 고구려의 紇升骨城→國內城→平壤으로의 遷都 기사에서 각각 확인된다. 그러므로 移都는 원거리 遷都를 가리킴을 알 수 있다. 반면 신라는 金城→月城→明活城→月城으로 왕성의 이동이 있었다. 경주 지역 안에서 王城이 3 차례 이동한 이 경우는 한결같이 '移居'라는 용어를 사용하였다. 그러므로 "移都漢山"의 경우는 풍납동토성에서 불과 650m 떨어진 몽촌토성으로의 거점 이동을 가리키는 문자로 사용되기는 어렵다. 만약 이러한 경우였다면 移都가 아니라 移居라고 했어야 마땅하다. 가장 기본적인 이러한 문제점만 보더라도 "移都漢山"이 풍납동토성에서 몽촌토성으로의 이동을 뜻하지 않음은 명백해진다(李道學, 2002, 「百濟 泗沘遷都의 再照明」, 『사비시대의 백제 문화』, 제48회 백제문화제기념학술대회, p.13).

하겠다. 즉, 20년 안팎의 단기간이었음을 알 수 있다. 그러면 근초고왕이 한산으로 천도하기 이전의 왕성은 어디에 소재하였을까? 『삼국사기』 책계왕기에 따르면 고구려의 侵寇를 염려해서 사성과 아단성을 수리했다고 하였다.[12] 여기서 아단성은 지금의 서울시 광진구에 소재한 아차산성으로 지목된다. 그렇다고 할 때 적어도 책계왕 즉위년(286) 이래로 백제 왕성은 한강 남쪽에 소재했음을 알 수 있다. 만약 이때 백제 왕성이 한강 북쪽에 소재하였다고 하자. 그러면 고구려의 侵寇에 대비하여 그 왕성 남쪽인 한강 沿岸의 아단성과 같은 성들을 수리할 이유가 없기 때문이다.

요컨대 한성 후기 백제 왕성은 한강 남쪽 → 한강 북쪽 → 한강 남쪽으로 계속 이동해 왔음을 알 수 있다. 그리고 백제 왕성은 한강 이남에 소재하였을 때 "이에 이르러 고구려 對盧인 齊于·再曾桀婁·古爾萬年[再曾, 古爾 모두 複姓이다] 등이 군대를 이끌고 와서 北城을 공격하여 7일만에 이를 빼앗고는, 南城으로 옮겨 공격을 하니 성안이 위험에 빠지고 흉흉하였다"[13]라는 기사에서 알 수 있듯이 北城과 南城으로 구성되었다.

2. 고고학적 측면에서 본 王城의 條件

4세기 중반 이후 백제 王城은 주로 한강 이남에 소재했음이 밝혀졌

---

12) 『三國史記』 권24, 責稽王 즉위년 조. "高句麗伐帶方 帶方請救於我 先是 王娶帶方王女寶菓 爲夫人 故曰 帶方我舅甥之國 不可不副其請 遂出師救之 高句麗怨 王慮其侵寇 修阿旦城·虵城備之".

13) 『三國史記』 권25, 蓋鹵王 21년 조. "至是 高句麗對盧齊于·再曾桀婁·古爾萬年[再曾·古爾皆複姓] 等 帥兵來攻北城 七日而拔之 移攻南城 城中危恐 王出逃 麗將桀婁等 見王下馬拜 已向王面三唾之 乃數其罪 縛送於阿旦城下找之".

다. 그러면 이러한 왕성의 조건은 어떠하였을까? 왕성의 소재지를 파악하는데 일종의 기준을 삼고자 한다. 첫째 왕릉군의 소재지 파악이 선결되어야 할 것 같다. 王陵과 王城은 상호 근거리에 소재한 게 일종의 법칙이기 때문이다. 둘째 왕성은 지배자의 위엄을 과시할 수 있는 입지적 조건과 功力을 기울여 築造한 사실이 확인되어야 한다. 셋째 해당 반경 내의 城에서 威勢品이나 宮城用品이 출토되어야 한다. 넷째 城 안에서 문헌기록과 부합되는 유적의 존재가 확인되어야 한다.

이러한 조건을 염두에 둘 때 우선 그 關鍵이 되는 王陵群의 소재지 파악을 시도해 본다. 한강 이남에서 백제 때 왕릉군이라고 지목할 수 있는 곳은 단연 石村洞 古墳群이다. 이 점에 있어서 異意를 제기하는 경우는 없다. 석촌동 고분군을 중심으로 해서 근거리에 소재한 성은 풍납동토성과 몽촌토성이다. 이 두 성보다 떨어진 곳에 삼성동토성이 소재하였었다.

둘째 조건에 부합되는 성은 단연 풍납동토성이다. 풍납동토성은 둘레가 약 3.5km이고 한 켜 한 켜 잘 다져서 판축으로 축조한 웅장한 규모이다.[14] 몽촌토성은 둘레가 약 2.3km로서 자연 구릉을 다듬어서 급경사면을 만들고 구릉이 끊어지거나 낮은 부분에 흙을 쌓아 축조하였다. 두 城은 공력에 있어 서로 비교가 되지 않는다.

셋째 조건에 맞는 유물이 가장 많이 출토된 곳 역시 풍납동토성이다. 풍납동토성에서는 중국제 磁器類 뿐 아니라 기와류를 비롯하여 격이 높은 거주 공간임을 시사하는 유물들이 대거 출토된 바

---

14) 이 점에 대해서는 李亨求, 2001, 「서울 風納洞 百濟王城의 역사적 認識」, 『風納土城의 發掘과 그 成果』, p.31에 잘 언급되어 있다.

있다.[15] 日帝 때만하더라도 풍납동토성에서는 東晉製 鐎斗 2점과 紫紺色의 琉璃玉[16]·銅弩[17]·白銅鏡·銙帶金具[18]·金環[19]이 출토 되었는데 대체로 宮城用品들이다. 몽촌토성에서 출토된 유물로서 는 중국제 磁器片을 비롯하여 연화문 와당과 金銅銙帶金具 등을 꼽을 수 있다.[20] 중국제 금동과대금구는 4세기 초엽경 몽촌토성이 왕을 비롯한 중앙귀족들의 활동 무대였음을 시사해 준다.[21] 그밖 에 몽촌토성 내에서는 서해 중남부 해안에 서식하는 명주조개 껍 질이 다량으로 출토되었다.[22] 이러한 사실들은 원거리 교역과 物 産의 集中處로서 몽촌토성의 면모를 보여주는 것이다. 몽촌토성 역시 비중이 만만하지 않았음을 일깨워 준다.

넷째 조건은 "못을 파고 山을 만들어서 기이한 새와 색다른 화초를 길렀다" "궁궐 남쪽 못 가운데 불덩이가 있었는데, 불꽃 이 수레바퀴 같고 밤이 지나서야 소멸되었다"[23]라고 한 기사에 서 알 수 있듯이 宮城內 연못의 존재이다. 몽촌토성에서는 造景 池로 추정되는 연못지의 흔적이 확인되었다.[24] 최근 풍납동토성 내에서도 대형 연못으로 생각되는 두터운 뻘층이 확인되었다고 한다.

---

15) 국립문화재연구소, 2001, 『風納土城 I 』.
16) 鮎貝房之進, 앞 글, p.115.
17) 朝鮮總督府博物館, 앞 책.
18) 京城電氣株式會社, 1937, 『風納里土城』, p.19 · 26.
19) 李丙燾, 앞 논문, p.499.
20) 林永珍, 앞 책, pp.121~125.
21) 朴淳發, 2001, 『漢城百濟의 誕生』, p.185.
22) 林永珍, 앞 책, p.64.
23) 『三國史記』 권25, 辰斯王 7년 조. "穿池造山 以養奇禽異卉"
　　『三國史記』 권25, 毗有王 21년 조. "宮南池中有火 焰如車輪 終夜而滅"
24) 林永珍, 앞 책, pp.71~73. p.107.

이상과 같은 왕성의 조건을 검토해 볼 때 풍납동토성과 몽촌토성 모두 왕성으로서의 일정한 조건을 갖추었다고 보겠다. 아울러 한성 후기의 백제 왕성은 북성과 남성 곧 두 개의 성으로 구성되어 있었다. 북성과 남성은 그 이름에서 암시해주듯이 同格의 성이라고 할 수 있다.[25]

3. 蛇城의 究明

백제 왕성의 소재지 파악과 관련해 그 關鍵이 되는 城이 蛇城이다. 鎭城인 蛇城의 위치를 풍납동토성으로 간주하는 견해가 우세하였다. 그러한 사성의 소재지는 "강 연변을 따라 둑을 쌓았는데 사성의 동쪽에서 시작하여 崇山의 북쪽에 이르렀다"[26]와 같은 개로왕대의 제방축조 기사에서 시사받을 수 있다. 사성은 백제 도성 부근의 江岸에 위치하였던 것이다. 사성의 동쪽으로부터 崇山의 북쪽에 이르기까지 제방이 축조되었다. 제방이 축조된 목적은, 개로왕대에 단행된 거국적인 토목공사의 한 동기로서 "선왕의 해골이 땅위에 임시로 매장되어 뒹굴고 있으며 백성들의 집은 번번히 파괴되어 강물에 허물어지고 있다"[27]라고 하였듯이 한강의 범람으

---

25) 金元龍은 풍납동토성의 성격을 "平時에는 많은 一般民이 살고 있었던 半官半民的 邑城이었다고 생각되는 바이다. … 北城은 王都의 北城으로서 여기 風納里土城을 말했을 것이며 阿且山城을 말한 것은 아닐 것이다. 卽 邑城으로서 首都인 南城에 對하여 北城이라고 對稱될 만큼 이 土城은 크고 重要했던 것을 알 수 있는 것이다(金元龍, 1967, 『風納里土城內 包含層調査報告』, p.9)"라고 하였다. 김원룡은 北城과 南城을 同格의 城으로 파악하지 않았다. 즉 北城은 邑城으로, 南城은 首都 곧 王城으로 파악하였기 때문이다. 아울러 김원룡은 南城의 위치를 지목하지는 않았다. 위의 보고서에서 김원룡이 南城을 몽촌토성으로 비정했다는 항간의 引用은 명백한 虛僞인 것이다.

26) 『三國史記』 권25, 蓋鹵王 21년 조. "又取大石於郁里河 作槨以葬父骨 緣河樹堰 自蛇城之東至崇山之北".

로 인한 도성의 안전을 보장받기 위한 데 있었다. 여기서 숭산은 기존의 견해대로 지금의 경기도 하남시 창우동 부근에 소재한 검단산으로 비정되어진다.[28] 그래야만 제방이 숭산인 검단산에까지 이어지게 되어 홍수로부터 왕성과 더불어 "선왕의 해골이 맨땅에 뒹굴고 있다"라고 하였듯이 토목공사의 주된 요인이었던 왕릉 구역을 포함한 도성 전체의 안전이 보장될 수 있다.

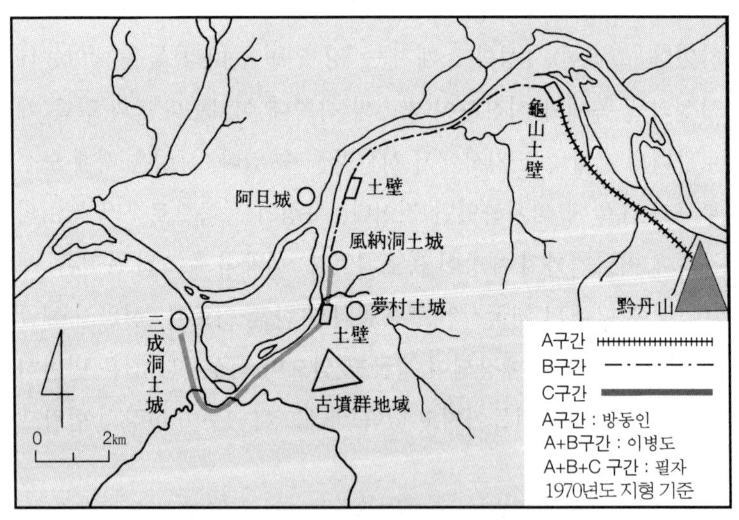

〈도면〉 개로왕대 축조한 **堤防** 구간에 관한 **諸見解圖**

---

27) 『三國史記』 권25, 蓋鹵王 21년 조. "先王之骸骨權攢於露地 百姓之屋廬屢壞於河流"
28) 朝鮮總督府, 앞 책, p.72.
    鮎貝房之進, 앞 글, p.113.
    廣州文化事業協會設立準備委員會 編, 1956, 『百濟舊都 南漢秘史』, p.26.
    李丙燾, 앞 논문, p.505.

그러나 사성을 풍납동토성으로 비정하는 견해는 따르기 어렵다. 이병도나 방동인의 견해대로 제방 구간을 그려본다면 왼편과 같은 그림이 된다. 이러한 제방은 한강이 범람할 때 王城과 王陵群의 안전을 전혀 보장하지 못한다. 즉, 풍납동토성에서 삼성동토성 구간은 한강의 범람으로부터 무엇보다 보호받아야 할 대상임에도 불구하고 제방시설이 없는 것이다.

요컨대 제방 축조의 일차적 목적이기도 한 왕성인 몽촌토성과 왕릉 구역인 석촌동 고분군 일대가 전혀 보호받지 못하는 일종의 무방비 상태에 놓였음을 발견하게 된다. 특히 몽촌토성은 지금도 잦은 浸水 지역으로 유명한 송파쪽 한강변에서 불과 800m 지점에 소재한 관계로 더욱 그러한 것이다. 그렇다고 할 때 제방은 오히려 풍납동토성 서쪽에서부터 삼성동토성을 잇는 구간에 존재해야만 한다. 실제 1937년에 작성된 자료에 의하면 송파에서 풍납동토성 사이의 한강 연안에는 개로왕대에 축조된 제방의 일부가 거의 분명한 길이 400m 정도에 높이 9~12m의 토벽이 확인되었다.[29] 게다가 이 토벽은 삼성동토성까지 연결되었을 가능성이 매우 높다. 왜냐하면 제방의 기점이 "사성의 동쪽"이 되므로, 이 토벽이 西行하여 만나는 성은 삼성동토성 외에는 달리 비정할 만한 곳이 없기 때문이다.

그렇다고 할 때 삼성동토성은 사성으로 비정하는게 자연스럽다. 요컨대 제방은 삼성동토성을 기점으로 축조되어 검단산까지

---

29) 京城電氣株式會社, 앞 책, p.22.
　　여기에서는 이 遺構를 土城址로 적고 있다. 그러나 이 유구는 江岸을 따라 길게 뻗쳤을 뿐 둥글게 돌려 쌓은 형적이 없으므로, 제방으로 간주하는 게 옳을 듯 하다. 기존 古文獻에서 이 土壁 구간에 토성의 존재를 시사하는 문구를 남기지 않은 것도 그것이 제방에 불과 하였기 때문일 것이다.

이어졌다고 보겠다. 그리고 풍납동토성에서 검단산까지에도 제방이 축조되었음은, 1915년에 발행된 5만분의 1 지도에 풍납동토성에서 암사동 북안까지 제방의 존재가 나타나고 있거니와[30] "船里의 토성의 자욱은 강안을 따라 길게 뻗쳤을 뿐이요 둥글게 돌려서 쌓은 형적이 없으니"[31]라는 문구를 통해서도 토성이 아닌 제방의 존재를 확인할 수 있다. 따라서 船洞의 제방을 土城으로 誤認하여 蚺城으로 비정하는 견해는 재고를 요하게 되었다.[32]

그러면 삼성동토성은 진성으로서의 조건을 갖추었을까? 삼성동토성의 지리적 위치를 "언주면에 있다. 북쪽은 한강에 접하고 강을 사이에 두고 뚝섬 방향을 내려다 보는 산성으로서 토축이다"[33]고 하였다. 그리고 같은 城에 대하여 "언주면 삼성리 봉은사 동북쪽에 있다. 연장 170間, 높이 약 1間의 土壘가 山腹을 에워싸고 한강에 임함"[34]이라고 하였다. 이같은 지리기록에서 알 수 있듯이 삼성동토성은 하천을 가까이 둔 구릉이거니와, 한강 북안의 하북위례성지로 추정되는 중랑천 일대와[35] 근접한 지점이라는 점에서도 그 전략적 의의를 간과할 수는 없을 것 같다. 실제 삼성동토성은 한강이 꺾어지는 모서리의 구릉에 위치하고 있어 한강 좌우편이 훤히 내려다보인다. 그러므로 한강 하구에서 올라오는 선박을 감

---

30) 方東仁, 1974,「風納里土城의 歷史地理的 檢討」,『白山學報』16, p.94.

31) 廣州文化事業協會設立準備委員會 編, 앞 책, p.40.

32) 개로왕대 축조한 제방의 종점을 고덕동 일대로 지목하는 견해도 있다. 그러나 남한산에서부터 산줄기가 한강 남안까지 이어지는 게 아니라 중간에 끊어져 있다. 한강이 선동쪽에서 범람하게 되면 암사동·풍납동쪽으로 강물이 밀려 가게 마련이다. 게다가 고덕동 동편의 한강 南岸인 船洞에서도 제방의 흔적이 확인되고 있다. 그러므로 삼성동토성에서부터 축조가 시작된 제방은 고덕동과 선동을 지나 검단산까지 이르렀다고 보는 게 순리일 것 같다.

33) 朝鮮總督府, 1920,『大正六年度 朝鮮古蹟調査報告』, p.595.

34) 朝鮮總督府, 1942,『朝鮮寶物古蹟調査資料』, p.48.

35) 車勇杰, 1981,「慰禮城과 漢城에 대하여」,『鄕土서울』39, pp.50~51.

시하여 신속히 대응할 수 있는 기능도 함께 지녔던 것 같다.

그러면 삼성동토성이 본디 虵城으로 이름 불리어진 이유는 어디에 있었을까? 삼성동토성의 형태의 일면을 유추할 수 있는 유일한 근거인『풍납리토성』도면을 본다면 그 형태는 'ㄱ'字形으로 뱀이 구불거리는 모습을 연상시키고 있다. 그러므로 虵城은『삼국사기』에 보이는 蛙山城(탈해니사금 8년 조)·馬頭城(파사니사금 8년 조)·牛頭城(동성왕 12년 조)처럼 城의 형상과 관련지어 命名된 것으로 보인다.[36] 요컨대 한강 兩岸에 자리잡은 아차산성과 삼성동토성은 "왕은 고구려의 侵寇를 두려워하여 아단성과 사성을 수리하여 이에 대비하였다"라는 기사에서 시사받을 수 있듯이 도성의 운명을 좌우하는 전략적 要鎭이었다.

지금까지의 검토를 통해 한성 후기 백제 왕성은 근초고왕대의 일시적인 遷都를 제외하고는 한강 이남에 소재한 것으로 밝혀졌다. 실제로 왕릉군과 연결될 수 있는 왕성의 존재는 한강 이북에서는 확인되지도 않았다. 그러므로 한성 후기 왕성을 가리키는 북성과 남성은 한강 이남에 소재한 게 분명하였다. 왕릉군을 중심으로 한 성의 소재지와 더불어 그곳에서 출토된 유물을 놓고 살펴 본 결과, 북성은 풍납동토성이요, 남성은 몽촌토성으로 밝혀졌다.

이와 관련해 한 가지 중요한 사실을 덧붙이고 넘어가고자 한다. 漢城 陷落과 관련한『日本書紀』와『三國史記』의 다음과 같은 기사이다.

ㅣ.至是 高句麗…帥兵來攻北城 七日而拔之 移攻南城 城中危恐 王出逃[37]

---

36) 李道學, 앞 책, p.284.
37)『三國史記』권25, 蓋鹵王 21년 조.

　m. 乙卯年冬　狛大軍來攻大城七日七夜　王城降陷　遂失慰禮　國王
　　及大后王子等　皆沒敵手[38]

위의 기사를 통해 확인된 사실은, 고구려군의 공격을 받아 王城이 함락된 기간이 공히 7일만 이라는 것이다. 그리고 함락된 '北城'과 '大城'이 동일한 王城을 가리킴은 말할 나위없다. 나아가 중요한 사실은 그 王城을 m에서 '慰禮'라고 했다는 점이다. '慰禮'에는 北城과 그 남쪽의 南城까지 모두 포괄하는지 알 수 없다. 그러나 분명한 것은 '慰禮'에는 北城이 포함되었다는 것이다. 그러므로 자연스럽게 北城으로 지목된 풍납동토성이 위례성으로 밝혀지게 되었다. 풍납동토성이 慰禮城이라는 근거는 고고학적 물증 이전에 이와 같은 문헌 기록을 통해서도 뒷받침될 수 있었다.

4. 都城의 구비 조건

도성의 구비 조건 가운데 그 中核을 이루었던 王宮城과 王陵群에 관해 살펴 보았다. 그밖에 鎭山과 廟祠를 비롯한 신앙 유적이나 田獵地 등을 부수적으로 꼽을 수 있을 것 같다. 먼저 도성을 鎭護해 준다는 鎭山으로는 負兒岳을 지목할 수 있다. 부아악은 조선시대 古地圖에서 그 모습이 확연히 드러나고 있는데, 북한산(三角山) 白雲峰 일원을 가리킨다.[39]

백제 건국설화에 의하면 부아악에서 온조와 비류 형제가 국가의

---

38) 『日本書紀』 권14, 雄略 20년 조.
39) 『星湖全集』, 「遊北漢記」.
　　『四山禁標圖』, 「都城圖」.

터전을 잡기 위해 사방을 둘러 본 것으로 되어 있다.[40] 그러나 그 登頂 여부와는 상관없이 이러한 설화가 생겨났음은, 부아악이 비류와는 달리 온조가 터를 위례성으로 옳게 잡아 국가경영에 성공하게 끔 陰助해 준 존재로 인식되어졌음을 뜻한다. 그랬기에 부아악은 백제 국가, 특히 그 심장부인 도성을 靈護해 주는 산악이라 믿어졌던 것 같다. 그러나 백제가 부아악을 靈山으로 여겨 제사를 지낸 기록은 보이지 않는다. 신라가 제사를 지낸 산악 가운데 지금의 서울 지역에서는 유일하게 부아악만이 小祀에 해당되고 있다.[41] 그런데 신라가 특별히 부아악을 중시해야 될 이유보다는 오히려 백제에서 일찍부터 도성과 국가를 영호해 주는 산악으로서 제사 되었던 것 같다.[42] 계룡산이나 월출산 같은 백제 영역 내의 산악을 제사체계에 수용한 신라가[43] 부아악을 여기에 포함시킨 것은 백제 때의 그것을 계승한 것이라고 보겠다. 중국의 周나라가 殷나라를 멸망시켰지만 殷나라의 제사를 인정해 주는 등[44] 타국의 제사를 自國의 그러한 체계로 포용하고 있다. 이러한 선상에서 부아악이 신라의 소사 체계에 편제된 것으로 보고자 한다.

廟祠의 경우는 東明廟를 꼽을 수 있게 된다. 동명묘의 소재지와 관련하여 개로왕대에 축조된 제방 구간의 종점인 '崇山'의 존재가 주목된다. 숭산의 '崇'은 "高大之 尊尙之"[45]의 뜻이 담겨 있

---

40) 『三國史記』 권23, 溫祚王 즉위년 조.

41) 『三國史記』 권32, 「祭祀志」, 小祀 條.

42) 이러한 경우는 泗沘城都邑期의 都城을 鎭護해 주는 三山과 國土保護靈인 五岳을 통해서도 확인된다(李道學, 1989, 「泗沘時代 百濟의 4方界山과 護國寺刹의 成立」, 『百濟研究』 20.; 1994, 『百濟佛敎文化의 硏究』, pp.200~225.).

43) 李基白, 1974, 「新羅 五岳의 成立과 그 意義」, 『新羅政治社會史硏究』, pp.194~215.

44) 貝塚茂樹 著 · 李龍範 編譯, 1980, 『中國의 歷史(上)』, p.134.

으므로 문자 그대로 '崇拜하는 산' 즉, 靈山으로 인식되었음이 분명하다. 숭산은 검단산으로 추정되고 있다.[46] 검단산은 몽촌토성의 정동쪽에 위치하고 있으므로 동명묘가 그곳에 소재하였을 가능성을 높여준다.[47] 태양숭배 신앙의 소산인 日光感情出誕 說話를 가지고 있는 동명왕을 제사지내는 東明廟가, 王城과는 正東쪽으로 서로 연결되는 위치에 있다. 마치 동녘의 검단산에서 떠오르는 태양의 精氣를 왕성의 王者가 가장 빨리 받아들이면서 배알하는 신앙적 차원에서 생각해 봄직하다. 이는 日月神에 대한 숭배 신앙과 관련된 것으로 보겠다. 국가의 제사처가 國都의 동쪽에 소재하였음은 고구려 '國東大穴'[48]이 著例가 아닐까 싶다. 그리고 國母廟를 비롯한 여타 廟祠는 都城內에 소재했을 것으로 짐작된다.

그밖에 신앙 유적으로는 서울시 강서구에 소재한 孔巖을 꼽을 수 있다. 백제 이래의 전렵지로서는 검단산 일대를 지목할 수 있게 된다.[49] 이러한 요소들은 한성후기 백제 도성제의 정비와 관련된다고 보겠다.

---

45) 楊伯峻·徐提 編, 1985, 『春秋左傳辭典』, p.605.
46) 鮎貝房之進, 앞 글, p.113.
  李丙燾, 앞 논문, p.505.
47) 東明에 대한 제사는 한성말기까지 존속했으며, 『일본서기』 欽明 16년 춘2월 기사의 '建邦之神'은 東明王으로 추정한 바 있다(李道學, 「百濟 慰禮文化의 史的 性格」, 『東大新聞』 1981. 5.14 ; 1999, 『고대문화산책』, p.53.).
48) 『三國志』 권30, 東夷傳, 高句麗 조.
49) 李道學, 앞 책, pp.288~291.

Ⅲ. 都城制와 관련한 몇 가지 문제

한성 후기 왕성의 파악과 관련해 몇 가지 문제점을 지적하지 않을 수 없다. 첫째, 근자에 風納洞土城을 '風納土城'으로 일컫고 있는 게 보편적인 현상이 되었다. 그러나 이러한 호칭은 적절하지 않다. 왜냐하면 이는 토성의 이름이 '풍납'인 것을 말하는 것이 되지만, 실제로 그와 같이 불린 적이 없었기 때문이다. 다만 풍납동토성은 坪古城으로 표기되었다.[50] 평고성은 '벌판에 소재한 옛 성'이라는 뜻으로서 그 소재지와 형상을 설명하고 있을 뿐이다. 평고성은 풍납동토성의 당초 城名은 아니다. 현재 풍납동토성의 城名을 알 수가 없다. 이러한 경우는 그 유적이 소재한 지명을 취해서 命名하는 방안이 가장 온당하다. 현재 이 유적의 명칭은 사적으로 지정된 1963년을 기준으로 하여 '광주 풍납리토성'으로 命名되어 있다. 현재는 이 유적이 서울시 송파구 풍납동에 소재하고 있으므로 풍납동토성으로 호칭하는 게 마땅하다. 요컨대 풍납동에 소재한 토성과 풍납토성은 그 성격이 다른 것이다.

둘째, 몽촌토성과 풍납동토성의 先後 관계 문제이다. 몽촌토성은 평야를 끼고 있는 해발 50m 안팎의 구릉지에 축성된 경주의 반월성이나 청도의 이서국성 등과 같은 일반적인 國邑城의 거점과 입지 조건이 부합되고 있다. 이에 반해 풍납동토성은 발달된 성이다. 풍납동토성에 선행하는 왕성의 존재를 상정한다면 몽촌토성을 지목할 수밖에 없다. 그런데 王城이 북성과 남성, 2개 城으로 구성되었음은 당초부터 그러했던 것은 아니었을 것으로 본다. 이

---

50) 『增補文獻備考』, 城郭 廣州 條.

는 왕권의 강화와 王都의 팽창에 따른 王城의 확대를 의미하는 것이다. 여기서 북성과 남성을 풍납동토성과 몽촌토성으로 각각 비정한다고 하자. 그런데 현재까지의 발굴 성과에 따르면 풍납동토성의 축조 시기는 몽촌토성 보다 앞선다.[51] 풍납동토성을 축조한 후 몽촌토성이 축조되었다는 것이다. 그렇다면 同級의 王城들이 축조 방법에 있어서 상호 균형을 이루지 못하고 있다. 풍납동토성보다 후대에 축조되었다는 몽촌토성이 기실은 그 보다 앞선 시기의 구조적 특징을 보이고 있기 때문이다.[52]

셋째, 도성의 조성과 연계되어 있는 산악인 南漢山에서도 백제 토기편들이 출토되었다. 이는 남한산 일대가 적어도 백제 때 일정한 기능을 담당했던 곳으로 밝혀지게 된 셈이다. 남한산성에 南壇寺라는 절이 소재했었다. 이곳은 백제가 天地에 제사를 지내던 南壇으로 추정하기도 한다.[53] 그렇다면 남한산을 이러한 기능 등과 연결 지을 수는 없을까. 아울러 阿旦城으로 비정되어 온 아차산성을 발굴한 결과 백제 유물이 출토되지 않았다고 한다.[54]

만약 그렇다면 백제 도성 방어체계와 관련한 아차산성의 성격 구명에 대한 재검토가 필요해진다. 끝으로 개로왕대에 왕성을 개축할 때 '烝土築城' 했다고 하였다.[55] 그러한 흔적이 풍납동토성

---

51) 이와 더불어 "풍납토성 내부에서 드러난 3중환호 취락의 연대는 결코 3세기 전반 이전으로 소급될 수는 없으며, 이는 풍납토성 축조의 상한연대임을 명심하여야 할 것이다(朴淳發, 앞 책, p.181)"라는 지적도 있다.

52) 이 점에 관해서는 林永珍도 앞 책, p.194에서 "구조적으로 보아 몽촌토성은 풍납토성보다 선행한다고 판단되기 때문에 풍납토성의 초축시기를 그렇게 올려 보기는 어렵다고 본다"라고 언급한 바 있다.

53) 金侖禹, 1993, 「河北慰禮城과 河南慰禮城考」, 『史學志』, 26, p.67.

54) 서울대학교 박물관, 2000, 『아차산성-시굴보고서』, pp.210~212.
위의 보고서에서는 아차산성을 신라가 축조한 북한산성으로 비정하였다.

성벽 발굴 결과 확인되었는지 여부와, '烝土築城'의 성격에 대한 논의가 필요할 것 같다.

넷째, 무기류로는 화살촉밖에 출토되지 않은 풍납동토성과는[56] 달리 몽촌토성에서는 저장공을 비롯하여 투겁창·창대끝쇠·말 재갈·화살촉과 같은 군사용 시설과 무기류들이 다량으로 출토되 었다.[57] 풍납동토성과 몽촌토성을 동일한 왕성으로 규정한다고 하 자. 그러면 이같은 출토 유물상의 차이를 어떻게 설명해야하는가 의 문제가 따른다. 구릉지에 소재한 몽촌토성의 군사적 성격이 풍 납동토성보다는 강했음을 뜻한다고 보아야할까. 그렇다고 하면 이는 북성과 남성간의 기능상의 차이를 상정할 수 있게 한다. 그러 나 풍납동토성에서도 銅弩와 같은 무기류가 출토되었을 뿐 아니 라 몽촌토성에서 출토된 군사용 시설과 무기들의 대부분은 이곳 을 점령한 고구려군의 것일 가능성이 높다. 게다가 풍납동토성은 폭 43m, 높이 11m에 성벽 바깥에는 해자까지 있다. 그러므로 풍 납동토성이 자연구릉을 이용하여 부분적으로만 판축한 몽촌토성 보다 군사 방어적 기능이 떨어진다기 보다는 오히려 우위에 있다 는 게 객관적인 분석일 것이다. 따라서 몽촌토성의 기능을 군사적 인 측면으로만 제한하려는 견해는 재고되어야 한다.

한성 공략시 고구려군은 북성을 7일만에 함락시킨 후 남성을 攻 略하였다. 풍납동토성과 몽촌토성을 북성과 남성으로 각각 비정 한다면, 불과 650m 남짓 至近 거리에서 7일간이나 공방전을 벌인

---

55) 『三國史記』 권25, 蓋鹵王 21년 조. "於是 盡發國人 烝土築城 卽於其內作宮室樓閣臺榭 無 不壯麗".
56) 국립문화재연구소, 앞 책, p.583.
57) 林永珍, 앞 책, p.61·64.

후 남성을 공격했다는 게 쉽게 납득이 되지 않는다. 백제왕이 남성인 몽촌토성에 거처하는 상황이라면 7일간에 걸쳐 풍납동토성만을 공격할 리 없다. 고구려군은 인접한 몽촌토성까지 한꺼번에 공격하게 마련이다. 설령 그렇지 않았더라도 至近 거리에 소재한 풍납동토성과 몽촌토성을 분리해서 공격하고, 그것도 풍납동토성 공격에만 무려 7일간이나 소요되었다는 것은 이해하기 힘들다. 이러한 측면에서 본다면 북성과 남성은 한강을 隔하고 있는 하북위례성과 하남위례성일 가능성도 배제하기 어렵다.

물론 백제군이 한강변을 철저히 봉쇄했다고 가정해 본다. 그러면 고구려군의 상륙이 용이하지 않으므로 강변에 소재한 풍납동토성 공격에만 7일이 소요될 수는 있다.

다섯째, 풍납동토성에서 '大夫'銘 土器가 출토된 적이 있다.[58] 이 토기의 銘文이 마치 왕성의 결정적 근거인 양 膾炙된 적도 있었다. 그러나 산성이나 고분에서 출토된 기와나 토기의 겉면에는 '夫'를 비롯하여 '大王'이나 '大干'과 같은 명문들이 확인되고 있다. 하남 이성산성·상주 청리 고분·부여 구아리 등지 출토 유물에서도 '夫'字 명문이 확인되었다. 발굴 현장에서 이처럼 '大'와 '夫'는 더러 확인되는 명문인 것이다. 이와 같은 점을 감안해서 '大夫' 명문의 성격을 재검토해 보는 게 좋을 것 같다.[59]

---

58) 申熙權, 2001, 「風納土城의 築造技法과 性格에 대하여」, 『風納土城의 發掘과 그 成果』, p.60.
59) 李道學, 2001, 「위례성은 어디에 있었을까」, 『한국고대사, 그 의문과 진실』, pp.189~190.

IV. 맺음말

 지금까지 검토해 본 바를 정리해 보았다. 한성 후기의 백제 왕성은 한강 남쪽 한강 북쪽 한강 남쪽으로 이동해 왔음이 확인되었다. 이때의 백제 王城은 北城과 南城으로 나누어졌다. 왕릉군인 석촌동 고분군을 기준으로 할 때 北城은 풍납동토성, 南城은 몽촌토성으로 비정할 수 있었다. 아울러 문헌 검토를 통해 北城인 풍납동토성이 위례성임이 분명해졌다. 그리고 蛇城을 지금은 毁失된 삼성동토성으로 비정하였다.

 도성의 정비와 관련해 鎭山으로서 負兒岳과, 東明廟가 소재한 곳으로 보이는 崇山인 검단산 같은 山岳의 역할을 살펴보았다. 그밖의 신앙유적으로서 孔巖과, 田獵地로서 검단산 일대를 지목하였다. 아울러 한성 후기 도성제의 정비와 관련해 몇 가지 의문점을 제시해 보았다. 일례로 현재까지의 발굴 결과 풍납동토성의 초축 시기가 몽촌토성보다 올라간다고 하였다. 그러나 구조적인 측면에서 볼 때 몽촌토성이 풍납동토성보다는 선행 양식이라는 점을 유의할 필요가 있을 것 같았다. 그밖에 '大夫'銘에 관해서도 재검토가 필요한 것으로 지적하였다.

〈百濟 漢城都邑期 都城制에 관한 몇 가지 檢討〉에 대하여

박 찬 규 (단국대학교 동양학연구소)

역사상 도성 문제는 국가의 중심부에 대한 고찰이라는 측면에서 예로부터 중요시되어 왔다. 이는 고대사에 있어서도 그대로 적용된다. 특히 백제사에 있어서는 크게 두 번의 도성 이전이 있어, 그에 따라 백제사를 구분하는 용어로까지 사용될 정도로 도성문제는 중요한 관심사이다. 그런데 이러한 중요성에도 불구하고 적어도 한성시대에 있어, 백제 도성의 구조는 말할 것도 없고 그 소재지에 대해서조차 여러 설이 난무하고 있는 형편이다.

한성시대 도성문제에 있어 핵심적인 사항은 왕성이 어느 곳에 있었는가 하는 점이다. 이 점에 대해서도 여러 견해가 있었지만 연전의 몽촌토성 발굴과 최근의 풍납동토성 발굴로 그 위치가 어느 정도 가닥을 잡아가는 추세가 아닌가 한다. 이러한 시점에서 백제 도성문제를 주제로 한 이번 부여문화재연구소의 학술대회는 시의 적절한 것이다. 아울러 이도학 선생님의 발표는 한성시대를 다루었다는 점에서 의미가 크다고 하겠다.

오늘 이선생님의 발표중 주요 내용은 우선, 근초고왕 26년(371)에 한강 남쪽의 한성에서 한강 북쪽의 한산으로 천도했다는 것이다. 따라서 한산과 한성은 별개의 지역인 것이 된다. 이후 늦어도 광개토왕의 백제 공격이 있게되는 396년 이전까지는 다시 한강 남쪽의 한성으로 천도가 이루어졌다고 한다. 이때 왕도인 한성은 북성과 남성으로 구성되었던 것이라 한다. 다음 고고학적인 측면에서 왕성의 조건은 왕릉군의 존재, 지배자의 위엄을 과시할 수 있는 축조, 위세품이나 궁성용품의 출토, 문헌기록과 부합되는 유적의 존재 등인데, 이러한 조건을 갖춘 유적으로는 풍납동 토성과 몽촌토성이 해당된다는 것이다. 또한 백제 왕성의 소재지 파악에 관건이 되는 것이 蛇城인데 이는 삼성동토성이 해당한다고 한다. 다음 도성의 구비조건 가운데 鎭山으로는 지금의 북한산인 負兒岳이 해당하고, 祠廟의 하나인 東明廟는 오늘날의 검단산인 崇山에 있었다고 한다. 그 외 신앙유적으로 國母廟 등은 도성 내에 있었을 것이며, 강서구에 소재한 孔巖도 신앙과 관련된 것으로 볼 수 있다고 한다. 왕실의 전렵지는 검단산 일대로 비정했다.

한편 한성 후기 도성제와 관련해서 해결해야 할 몇 가지 문제점도 제기했다. 풍납동토성이라는 호칭 문제라든지, 몽촌토성과 풍납동토성의 선후 관계에 대한 의문, 그리고 남한산과 아차산성에서의 발굴결과와 관련된 문제, 개로왕대 왕성 개축시 시행한 '烝土築城'의 증거 문제, 몽촌토성과 풍납동토성의 고고학적인 기능 차이, 개로왕대 한성 함락시 나타난 7일간이라는 기간에서 나타나는 문제, 풍납동토성에서 나온 토기의 '大夫' 명문의 해석문제 등이 그것이다.

이상이 오늘 발표의 주요 내용이었다. 토론자가 굳이 위의 내용을 장황하게 재론한 것은 이들 문제 하나 하나가 모두 한성과 관련하여 간과할 수 없는 중요한 내용들이고, 토론자로서도 대부분 동의하는 것들이기 때문이다. 더욱이 발표자는 발표문 3장에서 이미 토론자가 지적해야 할 큰 문제들을 제기해 놓고 있어 본 토론자의 부담을 한결 덜어 주었다. 따라서 위의 문제에 대해 세세히 검토한다는 것은 불필요한 일이기 때문에 피하기로 하고, 다만 부분적으로 달리 생각해 볼 수도 있는 점이라든지 또는 토론자로서 이해하기 어려운 몇 가지 점만을 말씀드리겠다.

첫째, 발표자께서는 백제 도성문제를 다루면서 근초고왕대에 천도한 한산을 오늘날의 북한산으로 비정했다. 이는『삼국유사』뿐만 아니라『세종실록지리지』에서도 확인된다는 것이다. 발표자의 저서를 참고하면 이를 구체적으로 북한산 내의 重興洞古城으로 언급했다.[54] 이렇게 보면 한산은 한강 남쪽의 한성에 대응되는 명칭으로 보인다. 그런데 발표자가 인용한『세종실록지리지』기록인 사료 k에서 보면 근초고왕은 南漢山에서 북한산으로 천도한 것으로 나온다. 문제는 여기서의 남한산을 어디로 보느냐 하는 점이다. 발표자의 견해에 따른다면 근초고왕대에 한성에서 한산으로 천도한 것이 되고, 한성은 몽촌토성이나 풍납동토성 또는 두 성을 포함한 개념이 되는데 이를 남한산으로 보아야 하는가 하는 문제이다.[55] 이는 발표자가 3장에서 거론한 문제 중 지금의 남한산에서도 백제 토기편들이 출토되었다는 점과 아울러 검토할 가능성은

---

54) 이도학, 1995,『백제 고대국가 연구』, p.271.

혹시 없겠는가 하는 생각에서 제기해 보는 것이다.

둘째, 발표자는 왕성의 조건을 검토하면서 풍납동토성과 몽촌토성을 동격의 북성과 남성으로 보고 이 둘을 포함한 단위를 왕성으로 보았다. 그렇다 하더라도 어차피 두 개의 성으로 구성되었다면 이들 사이에 차이가 없을 수는 없다고 본다. 더욱이 사료에 離宮城 또는 別宮이라는 호칭이 보이는 것을 고려한다면 더욱 그렇다. 즉 왕궁성과 이궁성의 구별은 분명히 존재했을 것이기 때문이다. 이에 대해서는 발표자도 이미 왕이 상주하는 곳을 남성으로, 이궁성을 북성으로 언급한 바 있다.[56] 그런데 최근의 풍납동토성 발굴성과라든지, 장수왕이 북성을 7일간이나 공격했다는 기록을 보면, 혹시 남성과 북성의 기능을 바꾸어 이해할 가능성은 없겠는가 하는 문제이다.

셋째, 祠廟의 하나인 東明廟가 오늘날의 黔丹山인 崇山에 있었다고 했는데, 그 근거로 왕성에서 정동쪽으로 해가 뜨는 방향이라는 점과 검단산 밑의 마을 이름에 '拜謁尾洞'이 있어 동명묘 배알을 암시한다는 점, 검단산의 '黔'이 '神'의 뜻이라는 점등을 들었다.[57] 그런데 이러한 근거는 검단산에 동명묘가 있었다는 적극적인 근거는 아니라는 점이다. 우선 동명묘 숭배가 존재했던 부여나 고구려에서 동명묘가 왕성의 정동쪽에 있었다는 확실한 자료가

---

55) 물론, 발표자는 이성산성 출토 목간의 '南漢城道使'라는 글귀를 분석하여 남한성의 존재를 확인한 바 있다. 아울러 이성산성의 축조시기가 6세기 중반을 넘기 어렵기 때문에 남한성을 백제와 연결짓기는 힘들다고 한 바 있다(앞 책, p.265).
56) 앞 책, p.280.
57) 앞 책, p.287.

확인되지 않았다. 아울러 검단산에서 동명묘 유적으로 볼 수 있는 제의처가 고고학적으로 확인되었는가 하는 점도 고려해야 한다. 또한 검단산이라는 산 이름과 배알미동이라는 마을 이름의 출현 시기에 대해서도 염두에 두어야 할 듯하다. 이 외에 혹시 검단산의 동명묘 존재를 알 수 있는 다른 자료가 있는지도 궁금하다.

넷째, 발표자는 도성의 구비 조건에서 백제 이래의 전렵지로 검단산 일대를 지목했다. 검단산은 발표자의 견해를 따른다면 당시에 숭산으로 불렸을 것이다. 그런데 사료상 전렵과 관련하여 숭산은 거론되지 않는 듯하다. 『삼국사기』에서 한성시대 백제의 전렵지로는 주로 漢山이나 橫岳 정도가 눈에 띈다. 그렇다면 한산 또는 횡악과 검단산과의 관계는 있는 것인지. 아니면 전렵지로서 검단산을 지목한 다른 근거는 무엇인지 궁금하다.

다섯째, 발표자는 개로왕대 왕성 개축시 시행한 '烝土築城'과 관련하여, 그러한 흔적이 풍납동토성 성벽 발굴 결과 확인되었는지 여부와 그 성격에 대한 논의가 필요하다고 했다. 이 문제제기는 풍납동토성의 성격을 규명하는데 중요한 관건이 된다는 점에서 타당하다. 그런데 발표자는 이미 증토축성 문제를 몽촌토성 개축과 관련시킨 바 있다.[58] 그렇다면 몽촌토성과 풍납동토성을 동격의 왕성으로 보고 이 두 성을 하나의 왕성 체계로 본다는 발표자의 견해에 따를 때, 몽촌토성과 함께 풍납동토성도 같은 시기에 증토축성된 것으로 보아야 하는지, 아니면 몽촌토성만의 경우로 보아

---

58) 앞 책, p.275.

야 하는지, 아니면 풍납동토성만의 경우로 보아야 하는지 하는 문제가 제기될 수 있다. 이에 대해서 혹시 생각하고 계신 바가 있으면 듣고 싶다. 물론 풍납동토성에 대한 발굴이 일부 구간에 그치고 있다는 한계성은 염두에 두어야 할 것이다.

여섯째, 3장에서 개로왕대 한성 함락시 고구려군의 공격과 관련하여 풍납동토성과 몽촌토성을 분리해서 공격하고, 풍납동토성 공격에만 7일간이나 소요되었다는 데에 발표자는 의문을 제기했다. 그러한 측면에서 본다면 북성과 남성은 한강을 격하고 있는 하북위례성과 하남 위례성일 가능성도 배제하기 어렵다는 문제를 제기했다. 이는 앞으로 연구자들이 고민해야 할 문제제기라는 점에서 중요한 지적이 아닐 수 없다. 특히 이 문제는 발표자가 이제까지 주장해 온 자설을 수정해야 하는 결과를 가져 올 수도 있는 사항이라는 점에서 의미심장한 것이다. 이에 대한 발표자의 추가적인 견해가 있다면 듣고 싶다. 이는 한성시대 도성제에 대한 연구 방향을 전환시킬 수도 있는 문제라고 생각되기 때문이다.

이상으로 이도학 선생님의 발표내용에 대해 의문이 가는 점 몇가지를 말씀드렸다. 이 과정에서 혹시 토론자가 발표 내용을 잘못 이해한 부분이 있다면 지적해 주시기를 바란다. 그러면 이것으로 토론을 마치고자 한다.

박찬규의 토론요지에 대한 이도학의 답변

　토론자께서는 본 발표문과는 상관없이 제가 과거에 발표했던 논저를 가지고서 질문을 하셨는데, 이점 이해할 수 없는 것으로 어리둥절하기까지 했습니다. 그러나 답변하겠습니다.

　첫 번째 질문에 대한 답변입니다. 『세종실록지리지』에서는 한강 이북의 양주땅을 북한산으로 지목을 했습니다. 여기서 북한산은 산 이름이 아니고 지명인 것입니다. 부산 · 양산 · 울산 한다고 해서 산이 아니고 지명인 것입니다. 북한산은 분명히 지명입니다. 『세종실록지리지』에서 남한산은 한강 이남지역을 가리키는 상대적인 호칭이 되기 때문에, 몽촌토성이라든지 풍납동토성을 포함하는 지명이라고 하는 것을 알 수 있습니다. 그래서 남한산은 지명일 뿐 산 이름과는 관련이 없다는 것을 말씀드리고 싶습니다.

　두 번째입니다. 北城인 풍납동토성에 있던 백제왕이 南城인 몽촌토성으로 피신해 왔다는 견해에 대해 앞서 신희권 선생님의 발표가 있었습니다. 백제왕이 상주하는 성은 북성인데 불가피하게 백제왕이 남성으로 옮겨왔다는 이야기입니다. 그런데 여기서 생각할 점은 고구려군대의 공격을 받아 백제왕이 피신했다면 풍납동토성에서 불과 650m 정도밖에 안 떨어져 있는 몽촌토성으로 과연 옮길 필요가 있었을까 하는 개연성의 문제가 따르게 됩니다. 고구려군대가 풍납동토성을 공격하면서 至近 거리에 위치한 몽촌토성까지 한꺼번에 공격했을 가능성이 너무나도 높은 것입니다. 그리고 개로왕이 이왕 도망가려면 적어도 4km 이상 떨어진 방어상 유리한 고지대인 산성으로 옮겨갈 것이지 굳이 몽촌토성을 택했을까하는 의문이 드는 것입니다. 신희권 선생님은 이성산성과 남한산성을 백제 때의 산성으로 지목했는데 그렇다면 방어상 유리한 거점을 이용하지 않은 채 굳이 해발 45m밖에 안 되는 몽촌토성으로 들어갔다는 게 쉽게 납득이 가지 않는군요. 더구나 풍납동토성을 고구려군대가 협공하는 상황에서 개로왕이 몽촌토성으로 피신한다는 것도 용이하지 않았다고 생각이 드는 것입니다. 이러한 점을 고려하면서 백제 개로왕이 거처하다가 생포된 남성을 몽촌토성으로 비정하는데 이견이 없다고 한다면 몽촌토성의 비중은 고고학적 성과만 가지고 일방적으로 그 성격을 판정하기는 어려운 점이 있다는 것도 충분히 감안해야 할 것 같습니다. 여기서 몽촌토성의 성격을 신희권 선생님은 방위성이라고 단정할 근거를 놓고 무기류 등이 많이 출토됐다고 하셨는데 몽촌토성에서 고구려토기들이 다량으로 출토된 바 있습니다. 이러한 점을 감안한다면 무기류라든지 군사적 성격의 저장공이라든지 이런 유구들의 국적이 과연 백제인지 뚜렷한 근거가 있어야 만이 설득력을 가질 수 있지 않을까 생각해봅니다.

    세 번째에 대한 답변입니다. 東明廟가 黔丹山에 소재했다는 근거로서 제가 검단산이 왕성의 정동쪽에 소재했다는 것과 '배알미동' 이라는 지명과 검단산의 '黔'이 '神'의 뜻이라는 점을 제시했다고 박찬규 선생님이 말씀하셨습니다. 하지만 저는 이와 관련해서 박찬규 선생님이 인용한 제 저서에서 더 많은 근거를 제시했습니다. 본 발표문과 제 저서에서 모두 알 수 있습니다만 저는 검단산은 백제 때 崇山이라고 불렀던 점을 주목하고 있습니다. 숭산은 문자 그대로 숭배하는 산인데, 사람들이 검단산을 숭산이라고 불렀을 때는 숭배할만한 대상이 이곳에 있었다는 뜻을 충분히 짐작하게 하는 것입니다. 그렇다고 할 때 동명묘의 제신인 동명은 日光感情出誕 說話의 주인공이기 때문에 태양숭배신앙과 관련이 있는게 분명합니다. 태양신은 동쪽에 존재할 수밖에 없는 것입니다. 그렇지 않다면 문자 그대로 동쪽의 광명을 뜻하는 동명왕을 제사지내는 동명묘가 서쪽에 있어야 됩니까, 남쪽에 있어야 됩니까, 아니면 북쪽에 있어야 됩니까? 그리고 이 근방은 제가 답사를 여러 번했습니다. 여기서 제단으로 추정되는 석축유구를 발견한 적이 있었습니다. 그리고 검단산 정상은 지금은 헬기장이 들어섰지만 그곳에서 토기편을 발견했습니다. 이곳에 건축물이 존재했다는 것을 알 수가 있었읍니다. 그렇다면 이곳이 바로 동명묘일 가능성이 높다는 생각을 하게 하는 것입니다. 그밖에 박선생님은 부여와 고구려의 동명묘가 동쪽에 소재한 것이 확인되어야만 설득력을 얻을 수 있다라고 말씀하셨습니다만 몇 가지 정황으로 볼 때 백제의 동명묘가 왕성의 정동쪽에 소재했음이 확실하며, 부여나 고구려의 동명묘도 역시 그러한 입지적 조건을 갖췄다고 보아야만 하지 않을까 생각합니다. 그러니까 백제 동명묘의 소재지는 부여나 고구려의 동명묘가 확인될 때까지 기다리는 게 능사가 아니라 부여·고구려·백제 이 세 나라의 문화가 동일시되기 때문에, 백제 동명묘의 소재지는 이제는 역으로 부여나 고구려의 동명묘를 찾는 데 일종의 단초 역할을 할 수 있다는 생각도 해보게 됩니다

네 번째입니다. 백제 당시에 숭산이라는 의미심장한 곳에 동명묘가 있었다고 보았는데, 이러한 검단산은 조선시대에는 사냥터로 쓰이게 되는 것입니다. 조선시대에는 사냥터에서 사냥한 짐승을 종묘에 바쳤습니다. 그리고 고구려에서도 사냥한 짐승을 가지고 하늘이라든지 또는 산천의 신에게 제사를 지냈다고 기록에 나와 있습니다. 그러니까 삼국시대 사냥한 장소는 신성시했으며 또 이러한 견해를 원용한다면, 백제에서도 사냥에서 잡은 짐승을 동명묘에 제물로 올리기 용이한 장소가 바로 검단산이있기 때문에 이 검단산 일대를 사냥터로 이용하지 않았나 이렇게 생각해 봤습니다.

다섯 번째입니다. "烝土築城"에 관해서는 『晉書』의 赫連勃勃傳을 보면 "흙을 쪄서 성을 쌓고 송곳이 1寸이라도 들어가면 성을 쌓은 자를 죽여 함께 성을 쌓았다"라고 했습니다. 저는 이 기록을 견고하게 축성한 의미로 받아 들여서 판축법을 뜻하는 것으로 간주한 바 있었습니다만, 사실은 저도 고고학적으로 증토축성이 어떤

축성을 뜻하는지 궁금했기 때문에 본 발표문에서 질문을 한 것인데, 박선생님께서 오히려 질문을 하시는군요. 어떤 사람은 증토축성에서 증토 즉, 흙을 찌는 것과 관련해서 벽돌성을 말한다고도 했습니다. 발굴경험이 많으신 분들에게 여쭤보고 싶습니다. 증토축성이 어떤 축성기법인가 여쭤보고 싶어서 의문사항으로 이야기한 것입니다. 참고로 『大正5年度 朝鮮古蹟調査報告書』에서는 개로왕대 烝土築城한 궁성으로서 풍납동토성을 지목한 바 있습니다. 그리고 증토축성에서 증토를 字典에서 찾아보면 烝이 "많다"라는 뜻이 있습니다. 온 백성을 烝人이라고 하는데 그렇다면 烝土＝많은 흙, 그리고 증토축성하면 "흙으로 성을 쌓다" 즉 토성축조 사실을 말한 것으로도 해석이 가능하지 않은가 생각해봅니다.

여섯 번째입니다. 박선생님께서는 북성을 풍납동토성으로 남성을 몽촌토성으로 비정한 제가 自說을 수정한 것이 아닌가 말씀하셨습니다. 하지만 이 문제도 오히려 제가 의문을 제기한 것의 하나로서 94쪽에 "백제군이 한강변을 철저히 봉쇄했다면"이라는 단서를 달아놨습니다. 저는 고구려군이 풍납동토성만을 공격하는데도 7일이 걸렸을 가능성을 여전히 남겨두면서 문제를 제기했을 뿐이고 자설을 수정한 것이 아니라는 것을 말씀드립니다. 이상입니다.

제 4 장

웅진 천도 배경과 사비도성 조성 과정

熊津 遷都 背景과 泗沘都城 造成 過程

朴 淳 發 (충남대학교 고고학과)

I. 머리말

백제사 및 백제고고학의 시기구분은 대체로 그 도성의 위치에 따라 漢城期(서기 3세기 중후엽~475), 熊津期(서기 475~538), 泗沘期(서기 538~660)로 구분하는데, 본고에서도 이러한 분기에 따른다. 잘 알려진 것처럼 웅진기의 시작은 고구려에 의한 한성의 함락 및 왕의 사살 등 개국이래 최대의 국난을 수습하기 위한 긴급한 웅진천도로부터 시작된다. 이에 이은 사비기는 도성으로서 웅진도가 가진 여러 문제를 해결하고 국가중흥을 도모하기 위한 계획적인 사비천도로 개막된다.

그러나, 웅진천도가 비록 응급적인 상황에서 단행된 것이기는 해도 웅진이라는 구체적인 위치 선정과 관련해서는 해명되어야 할 점이 없지 않다. 이와 관련하여 한성기 동안의 웅진지역에는 유력한 재지세력의 존재가 확인되지 않는 반면 천안, 청주, 논산, 부여 등으로 대표되는 웅진 외곽에는 토착세력이 분포하고 있어 결국 천도 당시로서는 일종의 공백지역을 도읍지로 선정하였다는 견해가 발표된 바(李南奭, 1997a) 있다. 이에는 주목되는 바가 많으며, 사비천도 역시 이러한 측면이 엿보여 본고에서 다룰 내용의 한 부분이기도 하다. 한편, 웅진도의 중요 근거 시설임에 틀림없는 熊津城에 대한 축조 기록이 전혀 확인되지 않음에도 불구하고 사비기인 聖王 4年(526)에 修葺 기사(『三國史記』百濟本紀 聖王 四年 五月條)가 있는 점으로 보아 천도 이전 군사적 시설은 갖추어져 있었을 것이라는 견해가 일찍이 제기된 바(安承周, 1982 : 19~20) 있다. 본고에서는 이처럼 아직 의문점이 남아 있는 熊津 定都의 구체적인 배경에 대해 살펴보고자 한다. 선행 연구(徐五善, 1997·李南奭 1997)들에서 웅진지역 및 그 주변지역 유적들에 대한 정리는 이루어졌으므로 여기서는 웅진성에 초점을 맞추어 축조시점 또는 성 내 유구 유물의 시기 비정 문제를 통해 접근하고자 한다.

사비로의 천도는 전술한 것처럼 오랜 동안의 계획에 입각한 것으로서 삼국사기 등 문헌사료로 보면 東城王代에 이미 천도 계획이 진행되고 있었으며(盧重國, 1978), 동성왕 23년(501) 加林城 축조는 사비천도를 위한 구체적인 사전조치(尹武炳, 1994)의 하나로 이해되고 있다. 나아가 최근에는 동성왕 8(486)년에 축조기사가 보이는 "牛頭城"을(『三國史記』百濟本紀 東城王八年 七月條) 扶蘇山城으로 비정하여 웅진기 이른 시점에 이미 사비도성의 축조가 이루어졌으며(沈正輔, 1996), 羅城 역시 동성왕 23(501)년에 축조되었을 것으로 보는 주장(沈正輔, 2001)도 있다. 사비도성의 축조 시점 문제에 대해서는 필자의 견해를 밝힌 바(朴淳發, 1996・2000) 있지만, 현재로서는 역시 천도 무렵인 538년경을 전후한 5세기 전반경에 완성되었을 것으로 보는 입장(田中俊明, 1990・尹武炳, 1994)이 일반적이다. 한편, 사비도성의 축조 시점 문제와는 별개로 천도이전의 사비지역의 상황에 대해서는 그 동안 논의가 거의 없었다. 이와 관련하여 필자는 천도 이전 사비지역은 생활여건이 좋지 않은 저습지의 분포가 많아 토착 선주세력이 없었던 공백지역이었을 것이며, 따라서 泗沘新都 조성 과정은 그때까지 개발이 이루어지지 않았던 지역에 대한 대규모 신도시 개발의 성격을 띠었을 것이라는 견해를 제시한 바(朴淳發, 2000) 있다. 여기서는 최근까지 확인된 고고학자료를 바탕으로 이 문제에 접근해 보고자 한다.

II. 漢城期의 熊津과 遷都 背景

熊津이라는 지명에서도 잘 나타나듯 지금의 공주는 금강을 건너 차령 이북으로 통하는 渡津으로서의 기능이 있었을 것이나, 현재까지 알려진 고고학자료로 보는 한 그 흔적이 뚜렷하지 않다. 청동기시대이래 유적의 분포는 지금의 공주시내를 벗어난 외곽지역에서만 확인되기 때문이다. 그런데, 일찍이 공산성 추정왕궁지 주변 조사과정에서 출토된 銅鏡이 있어 주목된다. 이 거울은 백제시대

토광유구 내에서 출토되어 백제 동경으로 보고되었으나(安承周·李南奭 1987), 〈도면 3〉에서 보는 것처럼 前漢鏡式의 虺龍文鏡임이 틀림없어 재검토의 여지가 있다. 이에 대해서 필자는 기원전 1세기경의 거울로 파악하고 당시 對 中國 郡縣 교역로상의 공주의 위상을 반영하고 있는 것으로 이해한 바(朴淳發, 2001a) 있다.

당초의 보고내용을 보면 동경이 출토된 유구는 1.1×0.9m의 크기로 깊이는 1.76m 가량 되는 비교적 깊은 구덩이였는데 바닥에서 20㎝ 높이의 벽면 하단에는 약 5㎝씩 움푹 파인 부분이 마치 테를 두른 모습을 하고 있었다고 한다. 내부의 토층상태는 표토로부터 0.9m, 1.5m 지점을 경계로 각각 달라서 맨 위는 적갈색 황토이고 그 다음 1.5m 지점까지는 사질 황토, 그리고 바닥으로부터 약 20㎝ 가량은 불에 그을린 듯한 회흑색 사질토로 되어 있었다. 동경이 출토된 지점은 바닥면에 가까운 지표하 1.6m인데, 벽면 하단의 약 5㎝ 부분이 사방으로 돌아가면서 움푹 파져 테 모양을 이루고 있다는 보고서의 설명(安承周·李南奭, 1987 : 85)으로 보아 본래 이 지점을 경계로 또 다른 선행 유구가 있었으나 시간의 경과와 함께 퇴적이 이루어지고 이것이 백제시대 다시 굴토되면서 그 벽면상에 위치하게 된 선행 유구 부분이 움푹 파인 모습으로 드러난 것으로 이해된다. 그렇다면 선행유구의 규모는 평면형태나 백제시대 굴광과 겹친 방향에 따라 다르겠으나 적어도 최소폭은 백제 굴광 하단 단변 길이(보고서 게재 실측도 계측 결과는 약 63㎝ 가량임)보다 컸을 것이다. 이러한 추정규모와 함께 동경과 같은 층에서 출토된 방추차나 격자타날 된 회색 연질 호편 등의 공반유물의 내용으로 미루어 이 유구는 토광(목관)묘였을 가능성이 매우 높다.

아무튼, 공산성 출토 훼룡문경은 익산 平章里 蟠螭文鏡(全榮來, 1987)에 이어 마한지역에서는 두 번째 알려진 전한경으로서 중요하며, 나아가 이 일대가 원삼국 전기단계의 마한지역과 중국 군현 사이의 교섭에 있어 하나의 거점이 되었음을 시사하는 것으로 볼 수 있다.

이러한 이 지역의 위상이 그 이후 어떻게 전개되었는지를 보여주는 자료는 확실치 않으나, 인접한 分江·楮石里 고분군(李南奭, 1997b)에서 횡혈식석실묘가 등장하는 무렵인 대략 5세기 전반경에는 공주일대가 백제의 간접지배 영역으로 편입되었을 것(朴淳發, 2001b)으로 이해된다.

한편, 한성기 백제의 영역화 과정은 대체로 토착 수장을 통한 간접지배 단계를 거친 후 보다 직접적인 지방지배로 나아가고 있었던 것으로 이해된다. 그러한 지배방식과 관련되는 것이 王族이나 고급관료를 특정 지역의 王 또는 侯로 봉하는 이른바 王·侯制이다. 익산 전주 지역의 경우를 보면, 간접지배단계의 토착 수장의 무덤으로 이해되는 입점리 1호분과 거의 같은 시점에 인접한 전주 봉동의 "배매산성"에는 한성양식의 토기를 출토하는 木柵城에 이어 웅진기 이후 토축성이 연속되고 있다. 산성은 군사적인 거점임은 물론인데, 주목되는 것은 이 지역은 바로『南齊書』百濟傳에 王을 봉한 것으로 나오는 "阿錯"으로 비정될 수 있다는 점이다(朴淳發, 2001c). 이로써 당시 왕 후제가 실시된 지역에는 일정한 군사적 거점도 존재하고 있었음을 짐작할 수 있으며, 나아가 간접지배 이후의 지방 지배의 실상이 어떠하였는지를 엿볼 수 있다. 한성기 동안의 남방경영과 관련된 산성의 또 다른 예로는 충북 음성군 삼성면과 경기도 안성군 일죽면의 경계지점에 위치한 망이산성(檀國大學校 中央博物館, 1996)이 있다. 토축성인 이 산성은 羅末麗初 時期 산성과 일부 겹쳐진 것으로 추정되는데, 출토 토기로 보아 한성 II기의 비교적 이른 시기에 해당된다.

이처럼 인접한 익산, 전주지역에서 지방지배가 전개되던 과정을 참고하면 공주지역에도 대략 5세기 전반대로 비정되는 분강 · 저석리 횡혈식석실분 등장 이후 그리 멀지 않은 시점에 보다 직접적인 지배방식으로의 전환 가능성은 충분히 예상된다. 전술한 원삼국시대의 전한경의 존재에서 잘 나타나듯 지금의 공주는 고대 교통로상의 중요한 渡津에 해당되므로 이 단계에 군사적인 거점이 설치되었을 가능성은 배제하기 어렵다.

이러한 관점에서 비록 필자의 논지와는 다르나 천도 이전 공산성에 군사적인 시설이 이미 존재하였을 것이라는 안승주의 견해는 주목된다. 아래에서 보는 바와 같이 실제 공산성내에서 출토된 토기들에 한성기말로 추정되는 예들이 없지 않은데, 〈도면 2〉에 제시된 것들이 그것이다.

이 가운데 옹관으로 轉用된 長卵形土器는 공산성 내에서 가장 높은 지점인 표고 110m 고지일원에 위치하고 있는 이른바 外城 제 5지역 성벽 아래에서 출토된 것으로서 이 지점 토축성의 축조상한 시기를 비정하는 데에 매우 중요한 자료인데, 이 토기의 편년적 위치를 크게 잡아 대략 5세기 후반~6세기 초경으로 본 바(朴淳發, 1996)가 있다. 장란형토기의 기형변화 양상은 자세하지 않으나 □脣部의 형태가 이와 거의 같은 장란형토기가 삼족기와 공반된 논산 定止里 44호 주거지 출토품(도면 1의 21, 28)을 참고하여 5세기 후반대로 잠정하고자 한다. 그리고 공산성이 금강에 면하고 있는 拱北樓와 挽河樓(蓮池) 사이의 구릉상에 위치한 5호 저장공 출토 直口短頸壺 및 뚜껑, 백제시대 池塘 내부에서 출토된 삼족기, 통일신라시대 건물지에서 채집된 삼족기 등도 5세기 중후반경의 한성양식 토기로 판단되는데, 특히 〈도면 2〉의 2, 6과 같은 둥근어깨 삼족기 및 무개삼족기는 본 예를 제외하고는 몽촌토성, 풍납토성, 신금성 등 모두 한성기 유적에서만 확인된다(姜元杓, 2001).

현재의 공주시 일원은 일찍이 고대 교통로상에 위치한 중요한 도진이었으며, 이 지역에 백제의 영향력이 미치기 시작하는 시점은 대략 5세기 초·전반경으로 보인다. 이 시점에 해당하는 유적으로는 분강·저석리를 들 수 있는데, 〈도면 1〉에서 보는 것처럼 여기서는 직구단경호(도면 1의 14), 승문+횡침선으로 처리된 深鉢形土器(도면 1의 17), 廣口長頸壺(도면 1의 12), 平底菱形廣口小壺(도면 1의 6) 등 한성기에만 확인되는 기종들의 존재로써 뒷받침된다. 이후 단계에 해당하는 일련의 한성양식 토기들이 위에서 본 것처럼 공산성 내에서 출토되는데, 입지적인 정황으로 보아 關防시설과 관련된 흔적으로 이해하여도 좋을 것이다. 공산성 산정부의 이른바 외성의 축조 시기는 축조구지표면에서 출토된 장란형토기 자체로써는 특정하기 어려우나 상한이 5세기 후반경까지 올라갈 가능성이 있는 점과 관방시설에서 흔히 보이는 저장공에서 한성기 토기가 출토되는 점등으로 미루어 한성기 말경에 축조되었을 가능성을 배제하기는 어렵다.

이상의 내용들은 아직 분명하지 않은 많은 추정을 포함하고 있으나, 冒頭에서 본 것처럼 현재의 공산성이 분명한 웅진성의 초축 기사가 웅진기에는 전혀 보이지 않은 채 사비기인 526년의 수즙기 사가 나타나는 점이나 이렇다할 선주세력의 존재가 고고학적으로 확인되지 않아 일종의 공백지역으로까지 추정될 정도임에도 이곳에 定都하게 된 배경에는 한성기에 진행된 금강이남지역으로의 지배확산과 더불어 늦어도 한성기 말경에는 공산성에 군사적인 거점이 마련되어 있었던 데에 있지 않을까 한다.

Ⅲ. 遷都 以前 泗沘와 新都 造成 過程

천도 이전 사비지역의 지역 위상을 살펴본 다음 신도 조성과정에 대해 검토해보기로 한다. 이를 위해서는 우선 청동기시대이래 현재의 부여시가지 일원에서 확인된 유적, 유물을 살펴보는 것이 필요하다.

청동기시대 유물로는 추정왕궁지 주변 조사 지점인 부소산남록의 석축 아래 부분의 탐색트렌치에서 출토된 토기(尹武炳, 1985) 및 定林寺 석탑 동편의 탐색트렌치 출토 토기 및 석기 등(尹武炳, 1981)을 들 수 있다. 구체적인 유구는 확인되지 않았으나 토기의 형태로 보아 송국리유형에 해당하는 것으로 이해된다. 송국리유형 단계는 벼농사로 대표되는 집약도가 비교적 높은 농경을 생계기반으로 하는 정착마을들이 대략 2~4㎞ 간격으로 조밀하게 분포하여 이후 전통적인 농촌 취락의 터전이 되었던 것으로 판단된다. 그러므로 이 단계 취락의 분포는 곧 당시까지의 비교우위적인 농경조건의 공간적 분포 양상을 잘 반영하고 있는 것으로 보아도 좋다. 그런데, 당시의 취락 그 자체는 발굴조사 등 굴토조사를 통하지 않으면 정확한 분포를 알 수 없는 것이 문제이다.

한편, 송국리유형 단계의 정착 취락 주변에는 일정한 묘역을 구성한 분묘군이 존재하거나 지상에서 쉽게 인지할 수 있는 지석묘가 조영되어 있어 이들 분묘의 존재를 통해 그 피장자들의 취락 분포를 어느 정도 추정 가능하다.

이러한 점을 염두에 두고 부여군 지역의 분묘 유적의 분포를 살펴보기로 하자. 부여군 지역에서 알려진 지석묘는 〈표 1〉에서 보듯 현재 69기가 남아 있으나 당초에는 80여기를 넘었던 것으로 추정되며, 이를 지금의 자연마을 단위로 뭉쳐보면 모두 29개의 군으로 구분 가능하다(도면 3에서는 모두 31개소가 분포되어 있으나 그 가운데 蓮花里나 九鳳里 등 細形銅劍期 유적 2개소를 제외하면 송국리유형 단계의 유적은 대체로 29개소 정도로 볼 수 있다.)

그런데, 분묘의 밀집도상으로 보면 각 지점간 얼마산 차이가 있는데, 개별 지석묘의 규모 및 밀집도를 기준으로 하여 대체로 다음과 같은 3가지의 유형으로 구분 가능하다.

첫째 유형은 규모상 거의 차이가 없는 다수의 지석묘가 군집하고 있는 것이고, 둘째 유형은 1~3기 가량의 지석묘가 3㎞ 내외의 거리를 두고 분산되어 있는 경우이며, 셋째 유형은 수십톤에 달하는 거대한 지석묘가 밀집군내에 혼재하거나 독립되어 있는 경우이다. 첫째 유형은 대체로 부계씨족이 세대공동체로 분화되는 과도기 단계의 혈연집단들의 공동묘역으로서 지석묘가 조성되었음을 나타내주는 것으로서 나머지 두 유형보다 시기적으로 얼마간 앞섰던 초기 단계로 이해되며, 둘째 유형은 정착농경의 심화에 따라 지석묘 밀집군 형태로 존재하는 모(母)집단으로부터 분기된 자촌(子村)적 성격의 새로운 지역집단의 묘역으로서, 그 피장자들은 대체로 부계씨족에서 분화된 각 세대공동체의 장(長)으로 추정할 수 있다. 그리고 셋째 유형은 지석묘사회의 마지막 단계에 해당되는 것으로서 세대공동체간에 우열이 생기고 그 결과 유력한 세대공동체 가장(家長)의 주도하에 일정한 지역이 통합된 농경공동체(農耕共同體)의 장이 나타나던 무렵의 지석묘들로 볼 수 있다(朴淳發, 2001d).

남면 송암리 호암마을(8기), 충화면 현미리(당초 11기), 구룡면 태양리(7기) 등이 앞의 첫째유형에 해당될 것이며, 규모가 거대한 초촌면 산직리나 옥산면 안서리 등은 셋째유형에 포함될 수 있다. 지석묘의 밀집도가 높은 현미리, 송암리, 태양리 등은 지금도 그러하거니와 특히 선사인들에게는 가장 알맞은 농경조건을 갖춘 곳이었음은 미루어 알 수 있다. 이곳에는 부여지역에서 상대적으로 이른 시기에 형성된 농경마을들이 입지하고 있었을 것이며, 이러한 역사가 긴 모촌(母村)격의 중심마을을 기반으로 여기서 갈라져 나간 주변의 자촌(子村)적 마을들이 생겼을 것이다.

이상 살핀 점을 염두에 두고 〈도면 4〉를 보면 현재의 부여시가지 일원에는 지석묘 등 분묘군의 존재가 확인되지 않고 있다. 다만 전술하였듯이 부소산 남록에서 확인된 송국리유형 토기의 존재로 보아 적어도 그 무렵 취락이 있었을 가능성은 있으나 그 경우 인접한 佳增里나 송국리 등 중심취락에서 파생된 소규모 취락이었을

<표 1> 현 부여군 지역 청동기시대 분묘유적 일람표

번호	소 재 지	내 용	비 고	출 전(出典)
1	은산면 가곡리(佳谷里)	지석묘 1기	당초 3기	李殷昌, 1968 · 忠南大學校 博物館, 1998
2	가곡리	지석묘 1기		忠南大學校 博物館, 1998
3	규암면 신성리(新城里)	지석묘 1기		忠南大學校 博物館, 1998
4	금암리(金岩里)	지석묘 1기		忠南大學校 博物館, 1998
5	함양리(咸陽里)	지석묘 2기		忠南大學校 博物館, 1998
6	은산면 경둔리(敬屯里)	지석묘 1기	개석 이동	百濟文化開發研究院, 1989
7	규암면 나복리(羅福里)	지석묘 2기		金元龍, 1965
8	구룡면 태양리(太陽里)	지석묘 7기		百濟文化開發研究院, 1989
9	구봉리(九鳳里)	석관묘 1기	세형동검기	李康承, 1987
10	부여읍 저석리(楮石里)	지석묘 1기		忠南大學校 博物館, 1998
11	가증리(佳增里)	석관묘 7기		有光敎一, 1957
12	남면 내곡리(內谷里)	지석묘 4기	당초 6~7기	忠南大學校 博物館, 1998
13	송암리(松岩里)	지석묘 3기		忠南大學校 博物館, 1998
14	송암리 호암	지석묘 8기	일부 이동	忠南大學校 博物館, 1998
15	장암면 합곡리(閤谷里)	지석묘 2기		忠南大學校 博物館, 1998
16	장하리(長蝦里)	지석묘 4기		忠南大學校 博物館, 1998
17	초촌면 송국리(松菊里) 52지구 묘역내	석관묘 3기, 토광묘 6기 옹관묘 1기	묘역 이외 지점 확인 옹관묘 4기	金永培 · 安承周, 1975 國立中央博物館, 1979 國立公州博物館, 1993
18	연화리(蓮花里)	석관묘 1기	세형동검기	金載元, 1964
19	산직리(山直里)	지석묘 2기		金武龍, 1962 · 扶餘文化財研究所, 1993
20	석성면 석성리(石城里)	지석묘 4기		金武龍, 1962
21	충화면 지석(支石) 2리	지석묘 3기		文化財管理局, 1977
22	지석 3리	지석묘 2기		文化財管理局, 1977
23	가화리(可化里)	지석묘 2기		忠南大學校 博物館, 1998
24	현미리(玄眉里)	지석묘 3기	당초 11기	忠南大學校 博物館, 1998
25	양화면 오량리(五良里) 용머리	지석묘 3기	당초 7기	忠南大學校 博物館, 1998
26	오량리 대수골	지석묘 1기		忠南大學校 博物館, 1998
27	세도면 동사리(東寺里)	지석묘 2기		忠南大學校 博物館, 1998
28	귀덕리(歸德里)	지서묘 1기		扶餘文化財研究所, 1993
29	가회리(佳會里)	지석묘 3기		扶餘文化財硏究所, 1993
30	내산면 온해리(溫蟹里)	지석묘 2기	위치 이동	百濟文化開發研究院, 1989 忠南大學校 博物館, 1998
31	옥산면 안서리(安西里)	지석묘 1기		忠南大學校 博物館, 1998

것으로 보아야 할 것이다. 이는 결국 泗沘定都 이전 부여시가지 일 대는 상대적으로 농경에 불리한 지역이었음을 반증하는 것으로 볼 수 있다. 이러한 양상은 아직 청동기시대인 細形銅劍期 前期 및 初期鐵器時代에 해당하는 세형동검기 후기에도 그대로 이어지는 데, 蓮花里나 九鳳里 단계의 유적과 合松里(李健茂, 1990) 단계의 유적이 부여시가지 일원에서는 확인된 바 없으며, 원삼국시대 역 시 마찬가지이다.

국도 4호선 선형변경 및 확포장공사와 관련하여 조사된 軍守里 지점에서 드러난 바(忠南大學校 百濟硏究所, 2000)와 같이 현재 부여시가지 일원의 논지역은 사비천도 이전에는 사람의 손길이 잘 미치지 않던 늪지였으며, 천도 이후 비로소 作畓하여 경작지화 하였던 것으로 드러나 전술한 유적 분포양상과 부합되고 있다. 이 러한 모습은 역시 국도 4호선 확포장 구간에 포함되어 조사된 바 있는 佳塔里 지점(충청매장문화재연구원, 2001)에서도 그러하였는 데, 이곳에서도 사비기 이전의 선행 유구 없이 사비천도 이후의 논 과 건물지 등이 확인되었다. 그러나, 동나성 염창리 지점 성벽 절 개조사시에 드러난 성벽축조 구지표상의 유구 및 유물(朴淳發 · 成 正鏞, 2000)의 존재로 보아 왕포천 상류일원의 구릉지에는 천도 이 전 선행 취락이 있었을 가능성이 있다.

그러면, 이제 泗沘 新都의 조성과정에 대해 살펴보기로 하자. 이 와 관련해 중요한 문제 가운데 하나가 사비도성의 축조시점이지 만 이에 대해서는 冒頭에서 정리한 것처럼 천도시점인 538년 이전 에 부소산성이나 나성과 같은 중요 기반시설은 완성되어 있었을 것으로 보는 것이 지배적이다.

한편, 도성내의 공간구획과 함께 王宮, 寺院 등 시설물 역시 대체로 천도 이전에 마무리되었을 것으로 보이는데, 이와 관련해 정림사지 조성을 위한 성토퇴적에서 출토된 삼족기(尹武炳, 1981 · 도면 27의 4 ; 도 1의 26 참조)가 주목된다. 〈도면 1〉에서 보는 것처럼 한성II기-웅진기의 중서부지방 토기의 변화를 통해 보면 이 삼족기는 5세기 전반경에 비정 가능하다. 정림사지의 축조 시점과 관련하여 대략 천도 직후 무렵이었을 것이라는 견해가 제시된 바(尹武炳, 1981) 있다. 그런데, 정림사지 석탑 동편 축토층 출토 삼족기는 2002년도에 실시된 동나성 염창리 산록지점의 성벽 절개조사시 築城 성토층 내에 혼입된 삼족기(朴淳發 외, 2002)와 거의 같은 단계의 것으로 보인다. 동나성은 사비도성의 방어기능을 위한 필수적인 시설이므로 그것이 완성되지 않은 채 천도가 단행되었을 것으로 보기는 어렵다. 그렇다면, 동나성 축성토내 혼입된 삼족기는 적어도 538년 이전으로 볼 수 있으며, 이와 형식적으로 거의 같은 정림사 축토층 삼족기 역시 538년 이전의 것으로 보아도 좋을 것이다. 이러한 추정이 가능하다면 정림사 조성은 이미 천도 이전에 시작되었을 가능성이 높다. 전술하였듯이 부여시가지 일원에서 선주 취락의 존재를 상정하기 어려운 점을 감안한다면 축토층 출토 삼족기는 축조과정과 무관하지는 않을 것이기 때문이다.

이러한 도성 내부의 토지구획이나 시설물 조성과정과 관련하여 주목되는 점 가운데 하나는 최근 궁남지 주변 조사를 통해 확인된 저습지 통과 도로(국립부여문화재연구소, 2001)의 존재이다. 이 도로는 동서방향이며 노폭은 8~9m 가량 되어 추정왕궁지의 연지 동편에서 확인된 바 있는 남북대로의 노폭 8.9m와 거의 같으면서 방향 또한 직교되고 있어 도성내 토지구획 기본계획의 일환으로 조성되었을 가능성이 매우 높다. 그러나 노면의 상태나 도로 양측의 배수구의 처리 방식이 추정왕궁지 주변 남북도로의 경우에 비해 매우 簡陋하여 본격적인 간선도로망이라기보다 주변 저지대 개발과정에 사용된 도로였을 것으로 추정된다. 도성내 저지대를 형성하고 있던 저습지를 개발함에 있어 가장 먼저 취하였을 조치는 배수로 설치를 통해 일정한 부분을 배수하는 것이었으며, 이 과정에서 도성내 전체 토지구획 기본계획에 맞춰 배수로와 함께 도로를 구획하였을 것으로 여겨진다.

이처럼 사비도의 조성과정은 그때까지 개발이 거의 진행되지 않았던 지역에 대한 대대적인 토목공사를 수반하는 것이었으며, 이 과정에서 다수의 저습지는 새로운 경작지로 개발되었던 것으로 보인다. 이러한 사실은 궁남지 동서 도로 주변의 저지대에서 농경과 관련 있을 것으로 판단되는 수로 및 논이 확인된 점(국립부여문화재연구소, 2000)으로 뒷받침되는데, 이 지점의 논들은 모두 사비기 이전에는 인공의 흔적이 전혀 없었음은 군수리 지점(忠南大學校 百濟硏究所, 2000), 전술한 가탑리 지점(충청매장문화재연구원, 2001) 등에서도 확인되었다.

지금까지 살펴본 천도 이전 사비지역의 모습과 도성 조성 과정을 종합해 보면 사비 천도가 가지는 의미와 천도를 단행하였던 의도의 일단이 파악될 수 있을 것이다. 천도전 사비지역은 개발이 어려운 저습지가 곳곳에 점재하여 선주 취락이 거의 없던 곳으로 이해된다. 따라서 이곳에 새로운 도성을 조성하기 위해서는 대규모 토목공사가 필요하였으며, 이렇게 조성된 신도시에는 도성이 필수적으로 갖추어야 할 정치, 군사적인 시설과 함께 신도성의 경제적 토대가 될 새로운 농경지를 저습지 개발을 통해 확보함으로써 왕실 재정은 물론이고 나아가 국가의 경제적 기반을 다지는 일대 전기로 삼았던 것이 아닐까 한다.

IV. 맺음말

지금까지 백제가 웅진에 도읍을 옮기고 다시 사비로 천도한 과정을 그 배경적 요인을 중심으로 살펴보았다. 물론, 웅진천도의 이면에는 한성의 함락이라는 긴급한 군사적 상황이 가장 큰 요인임을 두말한 필요 없으나 하필 웅진에 定都하였는가라는 문제는 그리 단순하지만은 않으며, 이후 사비로의 천도는 잦은 홍수 피해나 도시공간의 협소와 같은 웅진도가 내포하고 있던 여러 문제를 해결하기 위한 장기적인 계획에 따른 결과임은 역시 잘 알려진 바와 같으나 이 때에도 왜 사비가 그 후보지로 선정되었는가? 라는 문제 및 신도 조성과정에 대해서는 자세하지 않은 점이 상존하였다. 이와 관련해 본고에서 논의된 내용을 요약하여 이 문제에 대한 나름의 결론을 맺고자 한다.

웅진지역은 한성 II기에는 이미 백제 중앙의 영역으로 편입되었으며, 分江·楮石里 고분군이나 山義里 고분군으로 대표되는 금강이남의 현 공주군 지역은 대체로 5세기 전~중엽경의 간접지배 단계에 있었으며, 한성기 말경인 5세기 후반경에는 보다 직접적인 중앙지배의 관철과 관련한 군사적 거점이 지금의 공산성에 마련되어 있었을 가능성이 높다. 그러한 한성기 동안의 기반이 이곳에 정도하게 된 구체적인 배경이 되었을 것으로 이해된다.

한편, 현재의 부여시가지 일원을 중심으로 한 사비지역은 저습지의 분포가 많아 대규모 개발이 이루어질 수 없었던 청동기시대는 물론이고 그 이후 웅진기까지도 이렇다할 선주 취락의 존재가 상정되기 어렵기 때문에 당시로서는 거의 쓸모 없이 방치된 곳이었음을 알 수 있다. 따라서 이 지역에 신도성을 조성하는 데에는 저습지 개발을 통한 새로운 농경지 확보라는 경제적 효용성의 측면도 내포되어 있었을 것으로 볼 수 있다. 이는 웅진천도 이후 크게 위축된 백제왕실의 위상강화 및 나아가 국가 중흥을 도모하기 위한 경제적 기반을 구축하는 것이기도 하였을 것이다.

- 본고에 사용된 도면 작성을 위해 董寶璟, 山本孝文, 강태정 등 諸氏가 수고하였다. 감사를 표하는 바이다. -

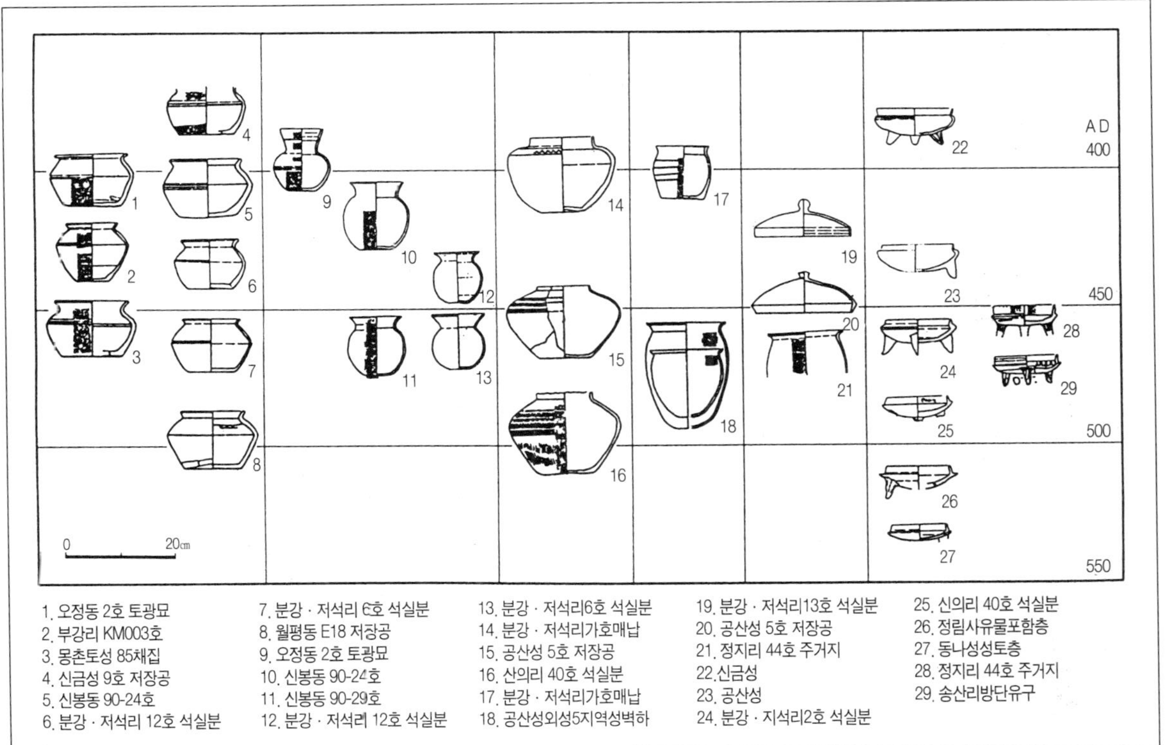

1. 오정동 2호 토광묘
2. 부강리 KM003호
3. 몽촌토성 85채집
4. 신금성 9호 저장공
5. 신봉동 90-24호
6. 분강 · 저석리 12호 석실분
7. 분강 · 저석리 6호 석실분
8. 월평동 E18 저장공
9. 오정동 2호 토광묘
10. 신봉동 90-24호
11. 신봉동 90-29호
12. 분강 · 저석리 12호 석실분
13. 분강 · 저석리6호 석실분
14. 분강 · 저석리가호매납
15. 공산성 5호 저장공
16. 산의리 40호 석실분
17. 분강 · 저석리가호매납
18. 공산성외성5지역성벽하
19. 분강 · 저석리13호 석실분
20. 공산성 5호 저장공
21. 정지리 44호 주거지
22. 신금성
23. 공산성
24. 분강 · 지석리2호 석실분
25. 신의리 40호 석실분
26. 정림사유물포함층
27. 동나성성토층
28. 정지리 44호 주거지
29. 송산리방단유구

〈도면 1〉 漢城 Ⅱ期 - 熊津期 中西部地域 土器編年案

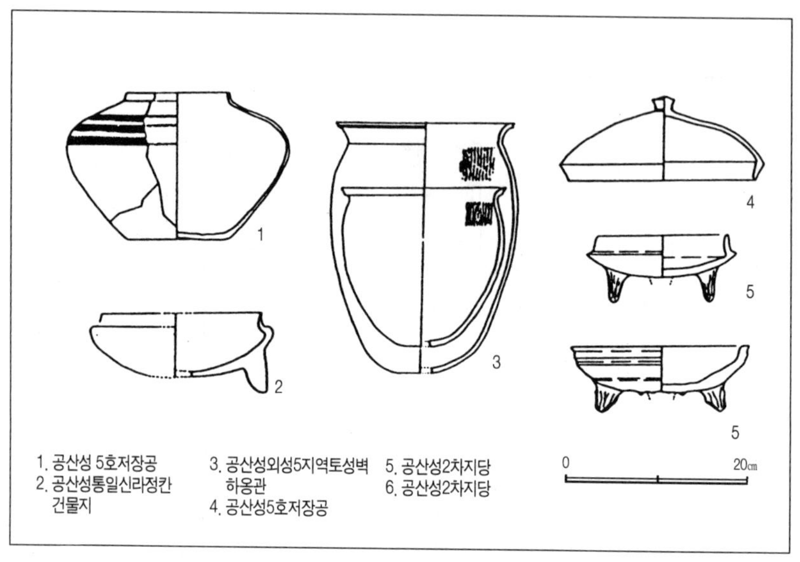

〈도면 2〉 公山城 出土 漢城期末 出土 各種

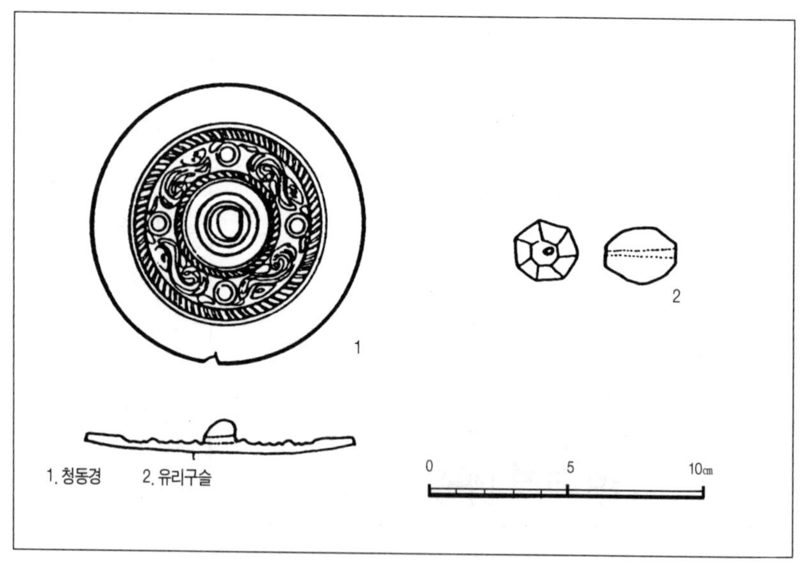

〈도면 3〉 公山城 出土 原三國時代 遺物

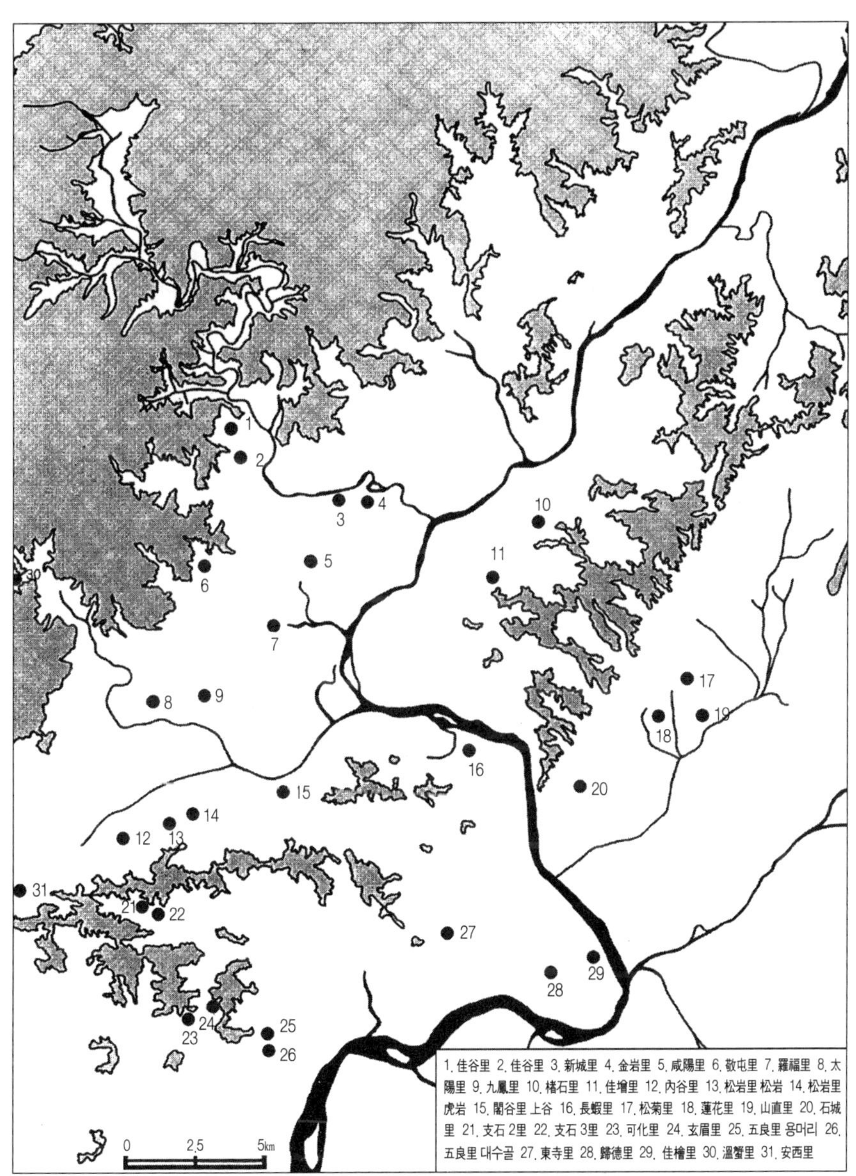

〈도면 4〉 扶餘郡 地域 靑銅器時代 墳墓 分布圖

參考文獻

姜元杓, 2001,「百濟 三足土器의 擴散과 消滅過程 硏究」, 高麗大學校 大學院 碩士學位論文.

국립부여문화재연구소, 2000,「扶餘 宮南池 發掘調査 지도위원회의자료」.

―――――――――, 2001,「扶餘 宮南池 發掘調査 지도위원회의자료」.

盧重國, 1978,「百濟王室의 南遷과 支配勢力의 變遷」,『韓國史論』4, 서울大學校國史學科.

檀國大學校 中央博物館, 1996,『망이산성 발굴 보고서(1)』.

朴淳發, 1996,「百濟都城의 變遷과 特徵」,『重山鄭德基博士華甲紀念韓國史學論叢』.

―――, 2000,「泗沘都城의 構造에 대하여」,『百濟硏究』31.

―――, 2001a,「馬韓 對外交涉의 變遷과 百濟의 登場」,『百濟硏究』33.

―――, 2001b,「4-5세기 한국 고대사와 고고학의 몇 가지 문제」,『韓國古代史硏究』24.

―――, 2001c,「榮山江流域における前方後圓墳の意義」,『朝鮮學報』179.

―――, 2001d,『漢城百濟의 誕生』, 書景文化社.

朴淳發·成正鏞, 2000,『百濟泗沘羅城 II』, 忠南大學校 百濟硏究所.

朴淳發·董寶璟·山本孝文, 2002,『百濟泗沘羅城 III』, 忠南大學校 百濟硏究所.

徐五善, 1997,「遷都以前의 熊津地域文化」,『百濟文化』26.

沈正輔, 1996,「百濟 泗沘都城의 築造時期에 대한 一考察」,『東北아시아

의 古代都城』, 東亞大學校 開校50周年紀念 國際學術大會 發表論文集.

――――, 2001, 「古代 扶餘의 歷史考古學的 檢討」, 『부여의 어제와 오늘, 그리고 내일』, 제 1회 한국전통문화학교 문화재관리학술세미나 발표문집.

安承周, 1982, 『公山城』, 公州師範大學 百濟文化研究所.

安承周·李南奭, 1987, 『公山城 百濟推定王宮址發掘調査報告書』, 公州師範大學 博物館.

尹武炳, 1981, 『定林寺址發掘調査報告書』, 忠南大學校 博物館.

――――, 1985, 『扶餘官北里百濟遺蹟發掘報告(I)』, 忠南大學校 博物館.

――――, 1994, 「百濟王都 泗沘城 研究」, 『學術院論文集』 33, 人文社會科學篇.

李健茂, 1990, 「扶餘 合松里遺蹟出土 一括遺物」, 『考古學誌』 2.

李南奭, 1997a, 「熊津地域 百濟遺蹟의 存在 意味」, 『百濟文化』 26.

――――, 1997b, 『分江·楮石里 古墳群』, 公州大學校 博物館.

全榮來, 1987, 「錦江流域 青銅器文化圈 新資料」, 『馬韓·百濟文化』 10.

忠南大學校 百濟研究所, 2000, 『扶餘 東羅城·西羅城 發掘調査 略報告』.

충청매장문화재연구원, 2001, 「扶餘 佳塔里·旺浦里 遺蹟 현장설명회 자료」.

田中俊明, 1990, 「王都로서의 泗沘城에 대한 豫備的 考察」, 『百濟研究』 21.

|토론문|

〈熊津 遷都 背景과 泗沘都城 造成 過程〉을 읽고

李 炳 鎬 (국립중앙박물관)

　본 발표문은 크게 웅진천도 배경과 사비도성의 조성과정을 나누어서 서술하고 있는데, 토론문도 이에 맞추어서 작성하였습니다. 먼저, 熊津 遷都와 관련된 내용입니다. 발표자께서는 웅진천도 배경에 대해 다음과 같은 구도를 상정하시는 것 같습니다. 현재의 공주시 일원에는 청동기시대 이래로 뚜렷한 유적이나 유물이 확인되지 않지만, 기원전 1세기에 해당하는 공산성 출토 훼룡문경으로 보아 이 일대가 중국교역의 중심지였으며, 5세기 전반을 상한으로 하는 분강·저석리의 횡혈식석실분으로 보아 이 시기에 백제 중앙의 간접지배지역으로 편입되었고, 공산성 출토 한성II기 토기들로 보아 천도 이전에 공산성을 중심으로 한 군사거점이 마련되는데, 이는 전주의 배매산성이나 안성 망이산성 등과 같은 王·侯制의 흔적일 것이라는 것입니다.

이에 대해 먼저 공산성 출토 훼룡문경을 기원전 1세기의 漢鏡으로 볼 수 있는가에 대한 의문입니다. 이 훼룡문경은 녹색의 녹이 있고, 銅質이 조악하며, 문양도 전형적인 훼룡문경과 비교할 때 변형된 것으로 보입니다. 공반된 격자타날의 암회색 연질호편이나 방추차는 원삼국시대의 유물보다는 백제시대의 유물일 가능성이 있습니다. 원삼국시대의 무덤에서 방추차가 출토된 예가 있는지 궁금합니다. 遺構와 관련해서도 생토면이 풍화암반층으로 깊이도 매우 깊은 점을 본다면 유구의 중복 가능성은 없어 보이며, 원삼국시대 토광(목관)묘로 보기에는 너무 깊지 않은가 생각됩니다. 따라서 이 동경은 漢鏡이라기 보다는 倣製鏡일 가능성이 높다고 생각되며, 이 동경을 漢鏡으로 파악하고 공주지역의 對중국교역 중심지로서의 성격을 강조하고자 할 때, 발표문에서 제시한 것처럼 현 공주 시가지 부근에는 이와 관련될만한 유적·유물이 거의 확인되지 않는 난점이 있습니다.

다음, 분강·저석리유적의 횡혈식석실분의 성격에 대한 것입니다. 공주지역의 원삼국시대 유적은 공주를 중심으로 천안 방면의 정안면·의당면 일대, 연기 방면의 장기면 일대, 부여 방면의 이인면 일대 등 공주 주변의 평야 지역에 분포합니다. 결국 이 세력들이 4~5세기에 지역집단으로 성장하였을 것이며, 천도 이후에는 도성의 경제적 기반이자 외곽 방어의 보조 역할을 담당하였을 것으로 생각됩니다. 또한 웅진시기의 유적분포를 보면 주변의 능선상에 취락이 형성되고, 몇 개의 군을 이루면서 분묘군이 배치되어 있습니다. 이것은 475년 이후 짧은 기간 동안 도성민이 정착한 현상을 반영하는 것으로 생각할 수 있습니다. 따라서 분강·저석리 유적의 횡혈식석실분을, 공산성을 중심으로 한 공주지역의 간접 지배양상으로 파악하기보다는, 공주와 부여의 경계지점이라는 지리적 위치를 감안하여, 공주 외곽에서 성장하였던 소규모 집단들에 대한 지배양상의 하나로 보는 것이 보다 설득력이 있지 않을까 생각됩니다. 나아가 이 유적은 천안 용원리나 청원 주성리, 익산 입점리, 원주 법천리 등의 그것과는 질적으로 차이가 있습니다. 따라서 백제 중앙의 영향력이 상대적으로 적었을 것으로 생각되는데, 그렇다면 간접지배의 주체나 내용이 무엇인지 궁금합니다.

다음, 공산성의 축조시점과 관련된 것입니다. 발표자께서는 공산성의 外城에서 출토된 옹관으로 전용된 장란형토기를 5세기 후반으로, 기타 저장공 등에서 출토된 토기 중 5세기 중후반으로 편년되는 한성기 토기가 포함되었다는 점을 근거로 그 축조시점을 한성기말로 비정, 공주지역의 군사거점으로서의 성격을 부각시키고 있습니다. 하지만, 웅진으로 천도하면서 지배집단 뿐만 아니라 다수의 기술공인과 토기를 비롯한 생활도구도 포함되었을 것이며, 공산성 일대에 그 잔재가 남아 있는 것은 정황적으로 보아 당연한 결과로 생각됩니다. 따라서 좀더 조사가 진행되어야 하겠습니다만, 현재까지의 자료로는 공산성 외성 조사에서 출토된 옹관의 5세기 후반의 어느 시점을 初築 시기로 보아야 하지 않을까 합니다.[59)]

---

59) 최근 서정석은 『三國史記』 문주왕 3년(477)조와 동성왕 11년(489)조의 "重修宮室" 기록에 주목하여, 이 시점부터 "熊津城 修葺" 기록이 나오는 성왕4년(526)조의 어느 시기였을 것으로 추정한 바 있어 참고됩니다.

결론부분의 공산성과 王·侯制를 연결시키는 부분도, 『宋書』의 458년, 472년의 사례가 있기는 하지만 王·侯制가 본격 시행된 것은 『南齊書』에 나타난 동성왕대(490년대)라고 생각되고 있습니다. 王侯制와 檐魯의 관계는 별개로 하더라도, 왕후제의 실시는 신진세력의 중앙진출로 확대된 지배세력을 왕권을 정점으로 서열화하고 점차 직접지배방식으로 통치한 점은 인정되는 부분입니다. 하지만, 공주 지역은 익산, 논산, 청주, 천안지역에 비해 상대적으로 선행 유적이 거의 없다는 것은 발표자께서도 인정하시는 바입니다. 따라서 왕후제가 실시된 지역도 이들 지역을 포함하여, 영산강유역의 전남·북 일대에서 찾는 것이 보다 설득력을 갖는다 하겠습니다. 나아가 위의 분강·저석리유적과 관련지어 말씀드린 바와 같이, 공주로의 遷都 背景에는 원삼국시대 이래로 상대적으로 소규모의 지역집단들이 외곽에서 성장했음에도 힘의 공백지로 남아 있었고, 다시 그 외곽에 익산, 논산, 청주, 천안 등 상대적으로 큰 재지세력들이 포진한 공주시내가 선택된 것이 아닌가 생각됩니다. 여기에는 공주가 갖는 지리적인 이점이나 군사·경세직 이점, 전통 관념 등이 고려되었음은 물론이며, 웅진천도 초기 신진세력의 중앙정계로의 진출도 공주 외곽의 이들 재지세력과 관련시켜 보아야 하지 않을까 생각됩니다.

다음은 泗沘都城의 造成 과정과 관련된 내용입니다. 발표자께서는 수 편의 논문을 통해, 대략 527년을 전후한 시점부터 사비도성의 축조가 시작되었고, 천도 시점인 538년에는 부소산성이나 나성, 왕궁, 사원 등이 정비되었다고 보았습니다. 본 발표문에서는 사비도성의 개발이 저습지라는 지형적 특성으로 인해 오랫동안 공지로 남아 있었고, 新都의 조영은 그러한 저습지 개발을 통해 경제적인 이득까지를 도모하는 방향으로 이루어졌음을 강조하셨습니다. 부여읍 일대의 저습지 개발이 도성개발의 관건이었음은 십분 동의합니다만, 세세한 부분에서 의견을 달리한 점이 있어 몇 가지 질문을 드리고자 합니다.

먼저 정림사지의 初築 시점에 대한 부분입니다. 발표자께서는 정림사지 석탑 동편 축토층 출토 三足器를 6세기 전반, 적어도 천도 이전으로 볼 수 있다는 점에서 사원의 조성도 천도 이전부터 시작되었을 가능성을 말씀하셨습니다. 정림사지는 부여시가지의 중심부에 위치해 있고, 사비도성의 도성구획과 관련된다는 점에서 매우 주목되는 유적입니다. 하지만 정림사지가 처음 발굴될 당시 北魏 永寧寺 출토 陶俑과 유사한 것이 발굴되어 그 편년과 계통문제, 정림사지 석탑의 축조시기 등 정림사의 축조시기에 논란이 있었던 점을 상기할 필요가 있습니다. 왜냐하면 정림사지 출토 도용은 분명 北魏 계통이기는 하지만, 이것은 중국의 南北朝時代를 이분법적 · 단절적으로 오해한 것에서 비롯되었다고 봅니다. 중국 남북조간에도 끊임없는 인적 · 물적교류가 있었고, 따라서 북위 계통의 불상이 들어왔다고 해도 南朝를 통해서 들어왔을 가능성을 배제할 수 없기 때문입니다. 최근 陵山里寺址에서도 이와 유사한 陶俑이 출토된 바 있어 과연 이 소조불상들을 천도 이전까지 소급시킬 수 있을지 의문이 듭니다. 또한 고대사원과 같은 기와건물의 축조는 인근의 동남리유적의 東回廊址 하층에서 발견된 高床

建物址와 같이 초기부터 기와건물로 축조되었다고 단정하기에는 어려움이 있습니다.[60] 특히 정림사지에서 출토된 수막새의 문양을 보면 공주 대통사지나 정지산유적에서 출토된 기와들과는 다른 형태가 주류를 이루고 있어, 필자는 그 중심연대를 6세기 중후반으로 보고 있습니다. 따라서 정림사지 석탑의 동쪽 성토층에서 발굴된 三足器만을 가지고 정림사지의 초축 상한을 천도 이전으로 소급시키기보다는 건물이나 석탑의 증·개축이나 재건축의 문제 등을 아울러 고려해야하지 않을까 생각됩니다.

다음은 宮南池 등 부여읍 남쪽의 저습지 개발에 대한 해석의 문제입니다. 수전개발이나 배수로의 설치 등은 사비도성의 개발에서 대단히 중요한 것이지만, 천도 이전에 나성 내부의 저습지 개발이 완료되어 경작지로 활용되었다기보다는, 경작지 뿐만 아니라 생활공간의 순차적인 확대·발전과정으로 보는 것이 어떨까 합니다. 궁남지의 축조시기는 단정할 수는 없지만, 木簡 등의 출토 유물로 보아 6세기 중후반 정도가 상한으로 생각되며, 소영목적도 농경지의 확보, 홍수조절과 같은 경제적인 측면뿐 아니라 도성 내 苑池의 조성과 같은 도성사적 의미를 가지기 때문입니다. 저는 사비도성의 저습지 개발과정을 도성 내외 기와건물의 축조상황과 결부시켜, 천도를 전후한 시기에는 부여시가지의 비교적 높은 지역에 건물이 축조되다가, 6세기 중후반이 되면서 점차 생활공간이 넓어져 궁남지 일대까지 확대되고, 7세기대가 되면 왕흥사나 외리

---

60) 清州 雲泉洞史蹟碑의 "壽拱 2년(686) 丙戌年에 草家도 손질하지 못하여 겨우 經典을 비에 젖지 않게 하였다…(이후 기와 건물을 축조함)"는 기록도 참고됩니다.

유적과 같이 백마강 서쪽 대안으로까지 확대되었을 가능성을 제시한 바 있습니다.

  아울러 현재 부여읍 남쪽의 水田 개발이 중요한 것이었음에도 '왕실재정은 물론이고 국가의 경제적 기반을 다지는 일대 전기'가 될 정도였는지에 대해서도 의문이 듭니다. 왜냐하면 발표문에서도 지적한 바와 같이 현미리, 송암리, 태양리와 같은 九龍川 일대, 나아가 나성의 외부에는 청동기시대이래 오늘날에 이르기까지 보다 넓고, 좋은 농경조건을 갖춘 지역이 분포하기 때문입니다. 궁남지 일대의 수전 개발이 농업생산력 발전에 일정 정도 기여하였음은 부정할 수 없지만, 사비시기 국가재정이나 귀족의 경제적 기반은 지방에서의 收取가 보다 중요한 것이었음은 물론이며, 부여 일원에만 한정시켜 보더라도 나성 내부뿐 아니라 외곽의 環狀으로 둘러 쌓인 산성 분포지역까지-이를 畿內, 확대된 都城, 필자는 郊外로 파악한 바 있습니다만-가 도성의 보다 중요한 경제적 · 군사적 根據地였을 것으로 생각된다는 점에서 도성의 水田 개발 양상에 대해서도 좀더 지역적 범위를 넓혀 보아야 하지 않을까 생각됩니다.

이병호의 토론요지에 대한 박순발의 답변

오늘 지적하신 내용들이 어떤 경우는 제가 표현을 좀 잘못해서 약간 초점이 맞지 않아서 빚어진 오해의 부분도 있고, 또 어떤 부분은 추정의 성격이 강한 부분에 대한 확실성을 확보해 보자는 부분도 있는 것 같습니다. 그런 점에서 질문에 감사를 드립니다. 질문하신 차례대로 제 견해를 말씀드리겠습니다.

첫번째 虺龍文鏡 문제인데, 제가 이것을 漢式鏡이라는 말을 했습니다. 이 경우 지적하신 것처럼 銅質이 조악하다 해서 이게 소위 본래적으로 한반도 현지에서 만든 倣製鏡이 아닌가 그렇게 보신 것 같은데 그 경우라도 상관없습니다. 적어도 백제때 이런 倣製鏡이 나왔다거나 한국에 이런 倣製鏡은 어디에도 없습니다. 그래서 그 문제는 본질적으로 이것이 꼭 중국제 내지는 군현제라야 된다 이런 것이 아닙니다. 그러나 상대적으로 생각해 보십시오. 한양대에서 조사한 미사리 출토 방제경이 비교가 안될 정도로 조악하고요, 영천 어은동 출토품을 비롯하여 훼룡문경 내지는 그와 밀접한 방제경하고 비교를 해보면 그보다 훨씬 더 정교한 것은 사실입니다. 제가 그 부분에 대해서 자세히 연구를 한 것도 없고 변변한 논문도 없습니다만, 제가 실물을 가서 비교해 보기론 이런 정도를 가지고 倣製鏡이다 아니다 판단하는 것 자체는 저로서는 용이하지 않다고 생각하고요, 이게 설사 倣製鏡이라고 하더라도 삼국시대와는 관계없다는 점을 말씀드리므로 해서 첫번째 문제는 답이 되지 않을까 생각합니다.

두 번째는 분강리·저석리 유적의 위상, 그 유적의 고분에 나타난 것으로 봐서는 피장자의 위상이 한성지역이라든가 최근에 발굴된 용원리, 입점리, 법천리 등과 비교할 수 있겠느냐 하는 것인데, 저는 꼭 비교되어야 한다고 생각하진 않습니다. 다만 횡혈식석실분 자체에 대해서는 토론자께서도 말씀하셨다시피 그 문제를 가지고서 백제의 지방지배방식의 어떤 변화를 읽어내는 것이 대단히 어려운 문제이긴 합니다. 그러나 분명한 것은 그것이 시간적·공간적 변화를 따라서 거의 한성으로부터 동심원대로 계속 내려가고 (퍼져가고) 있다는 점이고, 어느 정도 시간이 지나면 그것이 소멸된다고 하는 사실입니다. 그것은 뭔가 우리가 그 과정에 대해 분명히 잡아내지는 못한다 하더라도 미루어보아 백제의 영역확산문제와 관련이 있다는 점에 대해서는 큰 문제가 없지 않겠는가 제 생각은 적어도 그렇습니다. 그렇기 때문에 분강·저석리유적의 횡혈식석실분을 얘기하는 것과 그것을 5세기 전반기 정도라고 하는 것 - 서울과 가까운 지역은 4세기후반으로 나타나기 시작하지요 - 자체는 그런 과정 속에서 이 지역 유적이 어느 단계가 되면 그랬지 않았을까… 그렇기 때문에 큰 문제는 없다고 저는 생각합니다.

　　세 번째는 공산성 축조시점 문제인데, 이것도 사실 연관된 문제입니다. 공산성이 5세기 후반정도에 축조됐을 가능성이 있지 않을까 - 제가 이렇게 명시적으로 표현한 것이 어디 있는지 모르겠습니다만 - 적어도 저는 그것이 현재의 외성지역에 나타나는 토성이 됐든 아니면 목책수준이 됐든 아니면 이것도 저것도 아니고 공산성 5호 저장공 같은 것이 나온 지점이 靈隱寺에서 동쪽 고지대에 있는 것이니까, 부분적인 무엇이 됐든 그러한 거점이 있을 정도면 (공산성 축조가)가능한 것이 아닐까 하는 이야기이기 때문에 이 정도는 큰 문제가 없다고 생각합니다. 다만 토론자 말씀처럼 공산성이 5세기 후반에 축조되서 계속 사용됐다 해도 문제는 똑같습니다. 제 생각은 똑같습니다. 다만 천도 이후에 한 것을 천도 이전으로 올려 볼 가능성, 그 점은 제가 아까 말씀드렸다시피 현재 토기를 가지고 하는 편년으로서는 그 시기에 대해 자신 있게 말씀드릴 수는 없습니다. 앞서도 말씀드렸다시피 문헌기록과 이것이 시로 맞지 않으니까 문헌기록의 기년을 조정하는 방법이 있겠고 여러 가지 방법이 있겠지만 현재 있는 자료를 가지고 종합적으로 이해해 보자라는 그런 얘기였습니다. 마찬가지로 王 · 侯制 문제인데 "공산성지역이 王 · 侯制 대상이다" 이렇게 보지는 않습니다. 王 · 侯制와 관련해서 아시다시피 한성기 개로왕 말기(472년)는 토기 편년에 보이는 것으로서 인증할 수 있고, 그 다음에 본격적으로 이름까지 나오는 것은 동성왕 때 『南齊書』의 기록에 의한 것이겠습니다만 그 하나의 대상이 꼭 공주였다 이렇게 보지는 않습니다. 그런 지방지배의 과정에서 나타나는 양상 중에 하나가 군사 거점확보라는 것을 최근 배매산성 등의 경우를 봐서 가능성이 있다라고 보고, 그렇다면 공주지역이 어느 단계를 지나면서, 중요한 곳이었으니까 그럴 가능성이 있다라고 봅니다.

　네번째로 사비도성과 관련하여 정림사 초축시점입니다. 이것은 사실 보고서를 집필하신 윤무병 선생님께서 정림사와 관련해서 구체적으로 축조시점을 말씀하시지는 않았지만 정황적으로 봐서 '천도 무렵'이라고 대체로 말씀하셨는데, 최근에 제가 정림사지 석탑의 동쪽지역에 동서트렌치를 넣는 과정에서 삼족기들이 나왔습니다. 그 삼족기들 가운데서 보고서에 명기된 것이 127페이지 도면 1의 26번 도면입니다. 이거 하나만 확실히 거기서 나왔다 이렇게 되어있지만 나머지 비슷한 것도 있습니다. 연대를 10년 단위로 정확히 찍어라 하면 저는 자신 없습니다만, 다음 단계인 사비기 말기라든지 혹은 6세기 후반대라든지 7세기 초 이런 때하고는 분명히 양상을 달리한 모습이 보이기 때문에 나름대로 계보를 다른 기종들하고 Cross - dating하면서 보니까 이것을 역시 웅진기로 볼 수 있다고 판단이 섰습니다. 정림사의 동편 축조토 지반에 그것이 들어갔으니 그것이 삼족기연대 이상으로 못 올라간다는 이야기가 되겠습니다만 그러나 삼족기의 정확한 연대를 알 수 없더라도 웅진기라고 본다면, 정림사의 축토과정이 웅진기일 가능성이 있지 않을까 이런 정도의 이야기였습니다. 그것과 관련해서 陶俑을 말씀하셨는데, 사실은 저도 지금까지 토론자께서 말씀하신 것처럼 陶俑에 대해서 상당히 오해하는 게 있었습니다. 정림사지발굴조사보고서에서는 출토 도용에 대해서 528년도에 죽은 洛陽北魏의 元邵墓에서 나온 것과 똑같다고 인용하고 있는데, 연대를 비정할 목적으로 한 것은 아니고 계통을 이야기하면서 이른바 농관(籠冠)이라고 하는 것이 북조계라고 말하고 있는 것입니다. 백제가 남조 유적이 아니고 북조의 영향을 받았다는 것이 지금도 중요한 근거 자료가 있습니다만은 토론자께서도 말씀하셨듯이 그것은 북조만의 전유물이 아니며, 농관이라는 것은 시녀·하녀들이 쓰고 있는 것이어서 그것은 고위신분 또는 그 보다 위에 신분들의 시녀들의 소유물에도 나옵니다. 남조에서도 나오는데요, 사실 제가 개인적으로 작년에 중국 남경시박물관에 가봤더니만 보고서에는 안나오는 영산대묘라는 것이 있는데 영산대묘라는 것이 누구의 무덤인가에 대해서는 -견해가 아직 명확하지는 않습니다만-陳文帝(재위 559~566)가 아닌가 추정하고 있습니다. 거기 출토품에도 똑같은 농관이 있습니다. 똑같은 것이 있기 때문에 이게 북조계다 남조계다 말하는 것이 어렵고, 중국에서도 이해하는 것이 수와 가까워진 단계에 가면 남·북의 구분이 거의 없습니다. 정림사에서 나온 것을 가지고 북조계다 하는 것을 가당치 않다고 토론자가 말씀하신 것에 전적으로 동의를 합니다. 그리고 정림사 도용의 출토상황을 보면 이렇습니다. 정림사지발굴보고서에 의하면 회랑서남모서리 그러니까 중문에서 남쪽코너 기단 따라서 내부에 퍼져 있다 했는데, 그것을 저는 축조 이전의 것으로 보지 않습니다. 왜냐하면 거기에 많은 기와들이 같이 둘이 있었습니다. 그것은 어느 단계에서 쓰다만 이른바 폐와무지죠. 쓰레기를 묻어버리고 절을 다시 세우는 이런 과정에서 들어간 것인데, 문제는 이러한 俑같은 것이 절에

쓰이는 것인지를 잘 모르겠습니다. 그런데 아마도 절에서 불상 등을 만드는 수공업전문가들이 함께 만들었거나 아니면 우리가 모르는 절의 소행이었거나, 그런 것들이 나중에 폐기된 것이기 때문에 그것의 연대가 정림사 축조연대 문제와 관련된다고 보지 않고, 그런 논지를 생각해 본적이 없었습니다. 그렇기 때문에 저는 陶俑이 어느 시기인지 계통이 어디인지를 가지고 정림사 축조문제를 말하기는 어렵다는 겁니다.

마지막으로 宮南池 축조시기를 6세기라고 하셨는데, 사실 제가 갖고 있는 의문중의 하나는 궁남지가 과연 구체적으로 어디에 있느냐 하는 것입니다. 물론 우리가 대체로 궁남지라고 하면 현재의 위치로 알지만, 바로 거기에 궁남지가 없다는 것은 최근 조사에서 밝혀진 바가 있습니다. 조사에서 보면 水田이 나오고, 목간 나온 곳이 수로였으므로 궁남지는 적어도 더 북쪽 아니면 더 남쪽으로 있어야 될 겁니다. 궁남지가 武王때 만들어졌다는 것을 문제삼는 것이 아닙니다. 현재 궁남지라고 인식해 온 일대를 파보니 전부 저지대였고, 그 저지대에 가설용 도로라 할 수 있는 동·서도로도 있고 수레바퀴 자국도 있고 그리고 주변에 수전이 있었습니다. 아마 보고서가 나오면 좀더 소상히 알려지겠습니다만, 그런 것들이 궁남지를 만들 때 만들어진 것은 아니죠. 그런 점으로 볼 때 도성의 개발과정이라는 것은 저습지 개발이었고 그 과정에서 실제로 서나성 구역에-정식보고서는 아직 발간을 못하고 약보고서가 있습니다만- 주택을 짓고 도로구획을 하면서 저습지는 바로 논을 만들고 이런 것을 말씀 드렸는데, 그것이 얼마나 국가에 도움이 되었겠느

냐 하는 문제는-사실 제가 말씀드릴 계제는 아닙니다만-구룡지역
등 다른 지역에 농경지가 많다고 해서 논이 추가로 더 생기는 것을
국가가 마다할 리는 없었을 것입니다. 특히 국가 주도로 도성 내부
가 개발이 된다면-땅에 대해서 국가가 언제부터 어느 정도 소유권
을 행사했느냐하는 것은 토지제도사 전반의 문제입니다만-적어도
직접 국가에서 토목공사로서 추진을 하는 것이 국가 재정적인 의
미를 갖지 않느냐 하는 생각에서 말씀드린 것입니다.

제 5 장

웅진도성의 구조와 방어체제에 대하여

熊津都城의 構造와 防禦體制에 대하여

沈 正 輔 (한밭大學校)

I. 머리말

公州 公山城은 475년에 문주왕이 熊津으로 都邑을 옮긴[61] 이후 5
대에 걸쳐 63년 간 熊津時代를 전개한 王城으로 주목받게 되었다.
그리하여 63년 동안 백제의 정치·경제·사회·문화의 중심지가
되었으며, 泗沘遷都 이후에도 別都로서의 역할을 수행하고 있다.
泗沘時代의 웅진성을 別都로 볼 수 있는 것은 660년 백제 멸망 시
에 의자왕이 太子 孝 등 측근들을 거느리고 웅진성으로 가서 지키
고 있음[62]에서 확인할 수 있으며, 이와 같은 熊津都城[63]의 중요성

---

61) 『三國史記』,「百濟本紀」文周王 元年 冬10月條「移都於熊津」.
62) 『三國史記』,「百濟本紀」義慈王 20년조에는 의자왕이 태자 孝를 데리고 북쪽 변경으로 달
   아났다고만 기술하고 있으나,「新羅本紀」太宗武烈王 7년조에는 7월 13일에 의자왕이 측
   근들을 데리고 밤에 도망가서 웅진성을 지켰다고 하고, 18일에 의자왕이 태자 및 熊津方
   의 領軍들을 거느리고 웅진성으로부터 와서 항복하였다고 하여, 의자왕이 泗沘都城을 버
   리고 熊津城으로 가서 지키고 있었음을 밝히고 있다.

에 대하여『舊唐書』및『新唐書』에는 '왕이 거주하는 곳으로 東·西 2城이 있다.'고 표현하고 있어 더욱 확연하다 하겠다.

이 熊津都城에 대하여는 여러 연구자들에 의하여 관심의 대상이 되어 왔으나 아직도 築城時期를 비롯하여 都城의 構造 및 王宮의 位置問題에 있어서 일치를 보지 못하고 있는 실정이다. 그리하여 본 발표문에서는 熊津都城의 構造와 防禦體制에 대하여 살펴보면서 築造時期 및 王宮의 位置問題에 대해서도 언급해보고자 한다.

II. 熊津遷都의 背景

1. 熊津遷都의 歷史的 背景

『三國史記』에 의하면 蓋鹵王 21년인 475년 9월에 고구려 長壽王이 3만군을 이끌고 백제의 王都 漢城을 공격하여 달아나는 개로왕을 시해하는 사건이 일어났다. 장수왕의 對百濟 공략에 대하여 「고구려본기」에는 '9월에 왕이 군사 3만을 거느리고 백제를 침공하여 王이 도읍한 漢城을 함락시켜 그 왕 扶餘慶을 살해하고 男女 8천명을 포로로 하여 돌아왔다.[64]' 고 간단하게 서술하고 있다. 그러나 「백제본기[65]」에는 비교적 상세하게 수록되어 있는데, 이를 살펴보면 장수왕이 백제를 침공하기 위하여 얼마나 치밀하게 준

---

63) 여기에서는 웅진시대 도읍지의 王城이란 의미에서 熊津都城이란 용어를 사용하기로 한다.
64)『三國史記』,「高句麗本紀」長壽王 63年 春2月條.
65)『三國史記』,「百濟本紀」蓋鹵王 21年 秋9月條.

비하였나를 알 수 있다.

⑴ 장수왕은 비밀리에 백제를 치기 위하여 間諜을 수행할 자를 구함에, 승려 道琳이 응모하였는데, 道琳이 자청한 이유는 蓋鹵王이 장기와 바둑을 좋아한다 는 틈새를 이용하려는 것이었고, 결국 개로왕이 이 음모에 말려들어 도림을 上客으로 모시고 늦게 만난 것을 한탄할 정도였다 하니, 政事에 소홀했을 것으로 추정되며,

⑵ 蓋鹵王이 道琳의 꾐에 빠져 國人을 모두 징발하여 흙을 쪄서 城을 쌓고, 그 안에는 웅장하고 화려하게 宮室, 樓閣, 臺榭(高樓)를 짓고, 郁里河에서 큰돌을 채취하여 槨을 만들어 父骨을 장사지내고, (郁里)河를 따라 제방을 쌓는데 蛇城의 동쪽에서 崇山 북쪽에 이르는 토목공사를 대대적으로 전개함으로서, 國庫는 텅비고 백성들은 곤궁하게 되자 道琳은 고구려로 도망하게 되었다.

이와 같이 長壽王은 百濟를 침공하기 위하여 치밀한 계획을 세웠던 것인데, 장수왕이 이렇듯 백제 침공에 심혈을 기울이고 있있던 것은, 百濟가 先王인 廣開土王의 침략으로 심각한 타격을 입었음에도 불구하고 빠르게 회복국면을 맞이하고 있을 뿐만 아니라 倭와 긴밀한 관계를 맺고 高句麗와 유대관계를 맺고 있는 北魏에 사신을 보내어 고구려를 음해하는 데다 故國原王 전사에 대한 舊怨[66]이 해소되지 않았기 때문이라고 하겠다.

그리하여, 장수왕은 北魏 顯祖의 조서가 있음에도 前日의 舊怨

---

66) 『三國史記』, 「百濟本紀」 蓋鹵王 18年條. '臣與高句麗, 源出扶餘, 先世之時, 篤崇舊款. 其祖釗, 輕廢鄰好, 親率士衆, 凌踐臣境. 臣祖須, 整旅電邁, 應機馳擊, 矢石暫交, 梟斬釗首. 自爾已來, 莫敢南顧.'

을 들어 北魏에서 백제로 파견하는 使臣 邵安 등을 통과시키지 않고 있다[67]. 그리고 道琳을 백제에 보내 혼란에 빠뜨린 후 對盧 齊于·再曾桀婁·古尒萬年 등으로 군사를 거느리고 4길로 나누어 공격하게 하였다. 이들 고구려군은 먼저 北城을 공격하여 7일만에 함락시키고 이어 南城을 공격하여 달아나는 개로왕을 묶어 阿且城 밑으로 보내 사살하였다[68].

文周는 고구려군이 포위하기 직전에 木刕滿致·祖彌桀取 등과 함께 빠져나가 신라에 급히 원군을 청하여 돌아 왔으나 이미 고구려군은 퇴각하였고, 개로왕은 시해를 당한 상태였다[69]. 그러므로 문주는 드디어 즉위하여 그 해 겨울 10월에 都邑을 熊津으로 옮기게 되었다.

이와 같이 文周王의 웅진천도는 고구려 長壽王의 치밀한 계획하에 단행된 공격에 의하여 漢城이 유린당한 뒤에 있었던 백제의 苦肉之策이라 하겠다.

2. 熊津都城의 築造時期

이때 문주왕이 천도를 단행하였던 웅진은 오늘날의 공주이다. 공주지역은 북으로 車嶺과 錦江이 2중으로 자연방어선을 이루고

---

67) 『三國史記』, 「百濟本紀」 蓋鹵王 18年條 '又詔璉護送(邵)安等. 安等至高句麗, 璉稱昔與餘慶有讎, 不令東過, 安等於是皆還'.

68) 고구려군이 굳이 蓋鹵王을 阿且城 밑으로 보내어 사살하게 된 것은 阿且城에 주둔하고 있던 백제군의 사기를 떨어뜨려 戰意를 상실케 하려는 고도의 전술에서 나온 것이라 하겠다.

69) 『三國史記』, 「百濟本紀」 蓋鹵王 21年 秋9月條 및 「新羅本紀」 慈悲麻立干 17年 7月條. 그러나 「百濟本紀」 文周王 卽位年條에는 文周가 新羅 救援兵 1萬을 얻어 가지고 돌아왔기 때문에 고구려군이 물러갔다고 하고 있다.

있고, 동으로는 鷄龍山이 막아서고 있어 천험의 방어요새였다. 실로 당시 백제의 최대 현안문제는 고구려의 위협에 대처하는 것이었으며 또한 새로운 도읍을 정하는 것도 중요한 문제였을 것이다. 고구려의 세력을 일단 자연지세를 통해 방어할 수 있고, 한 국가의 도읍으로서 교통이 편리한 지역으로서는, 차령·금강·계룡산을 통한 방어가 가능하고 錦江을 交通路로 이용할 수 있는 熊津이 당시로서는 가장 적합한 지역이었던 것이다[70]. 특히 웅진도성을 錦江邊에 위치한 공산성에 자리하게 된 것은 漢城時代의 風納土城이나 泗沘時代의 泗沘都城과 같이 江을 이용한 用水·運送·防禦의 효과를 최대한 높이고자 하는 의도에서 단행한 것이라 하겠다.

그러나 이러한 자연적인 利點만을 노리고 熊津으로 천도하였다고는 보기 힘들다. 웅진에는 천도 이전에 이미 王城으로 사용할 만한 城郭이 축조되어 있었을 것으로 추측되는 것이다.

이에 대하여 安承周는 비교적 타당성 있는 견해를 제시하고 있어 주목된다. '첫째, 당시 고구려의 남침으로 인한 황급한 상황에서 新都를 擇定함에 있어 현실적으로 방어시설이 갖추어져 있지 않은 지역을 선택할 수 있었을까 하는 의문이다. 생각건대, 당시 웅진은 백제 중부지역의 주요 거점도시였고 따라서 웅진성과 같은 군사적 시설이 갖추어져 있는 지역이 새로운 도읍으로 선택될 수 있었던 것이 아닌가 한다. 둘째, 천도 이후 많은 築城記事에도 불구하고 웅진성에 대한 축성기록이 없다는 점이다. 만일 웅진성의 축조가 천도 이후였다고 한다면, 그 작업은 주변의 어떠한 성곽보다 중대한 사업이 되었을 것이고 따라서 기록에 남는 것이 자연

---

70) 兪元載, 1986, 「熊津都城의 防備體制에 대하여」, 『忠南史學』 1.

스럽다.'고 하여, 웅진성의 始築은 이미 천도 이전에 이루어졌다고 보고 있다[71]

이에 대하여, 兪元載는 '오늘날의 2,660m에 이르는 포곡식의 웅진성은 수차례의 수·개축에 의한 것이었으며, 천도 이전의 웅진성은 보다 작은 규모의 것이었다고 판단된다. 백제에서 5세기 이전에 거의 3㎞에 이르는 포곡식의 산성을 축조한다는 것은 축성발달사상 생각키 어려우며, 더구나 지방성으로서는 더욱 생각하기 어려운 실정이기 때문이다. 천도 이전에는 광복루가 위치한 산봉우리를 중심으로 하여 오늘날 남아 있는 토성벽으로 형성된 테뫼식의 토성이 존재하였을 가능성을 배제할 수 없다. 오늘날 웅진성의 동쪽에 석성과 토성으로 이루어져 있는 것은 이러한 시기적인 차이를 보여주는 유구가 아닐까 한다. 천도 후 포곡식으로 확장된 것이라고 판단된다. 이때 이들과 관련된 것이 바로 쌍수정광장 내에서 발견된 천도 이전의 굴건식 건물지와 동문지 부근의 성벽 조사시에 발견된 목책의 유적인 것으로 사료된다. 천도가 이루어진 후 이러한 기존의 웅진성에 대한 개축·확장작업이 있었던 것 같다[72].'고 하여, 웅진천도 이전에 광복루가 위치하고 있는 산봉우리를 중심으로 한 테뫼식산성을 천도 후 포곡식산성으로 확장한 것으로 파악하고 있다.

成周鐸은 熊津城의 築造年代에 대하여, '이제까지의 조사에서 뚜렷하게 밝혀진 것은 熊津城은 包谷型山城이라고 하는 점이다.

---

71) 安承周, 1982, 『公山城』, 公州師範大學 百濟文化研究所.
　　安承周·李南奭, 1990, 『公山城 城址發掘調査報告書』, 公州大學校博物館.
　　李南奭, 1995, 「公山城」, 『公州文化遺蹟』, pp.480~481.
72) 兪元載, 1995, 『熊津百濟史研究』, pp.126~127.

축조시대는 百濟가 이 곳으로 천도한 후 안정기에 들어선 東城王時代로 추정되고 있으나 山城이나 宮城의 修築紀錄만 있을 뿐 初築紀錄은 없기 때문에 이미 초기 漢城時代에 축조된 것을 천도 후 修築 사용하였다고도 볼 수 있을 것 같다[73].' 고 하여, 포곡식의 웅진성을 천도 이전인 初期 漢城時代에 축조했을 가능성을 제시하였는데 이 論旨는 1996년 發表文[74]에서도 계속 이어지고 있으며, 다만 土城의 축조시기에 대하여 '토성 성체하에서 발굴조사된 옹관묘의 존재는 토성의 축조연대가 3~4세기 이후에 이루어진 것임을 시사해 주고 있다[75].' 고 하여, 좀 더 압축된 견해를 덧붙이고 있다. 그러나 이 발표문이 단행본으로 출간되는 시점에서는, 공산성 동쪽 외성벽 아래에서 발견된 옹관묘의 제작연대를 5세기~6세기로 보고 공산성 성벽은 그 이후에 축성되었고, 그 때 축성된 것은 광복루 주변의 테뫼식산성 뿐[76]이라고 하여 기존의 견해를 수정하고 있다.

朴淳發은 '築城時期는 城壁 축조시 다짐토에 혼입된 土器 등의 遺物로서 어느 정도 比定 可能한데, 城의 東南部 外城의 경우는 城壁 築造以前에 묻힌 甕棺이 출토되어 그 시기를 비교적 분명히 할 수 있는데, 옹관의 製作年代로 보아 5세기 후반~6세기 初 정도로

---

73) 成周鐸, 1984, 「百濟城址研究-都城址를 中心으로-」, 東國大學校大學院 博士學位論文, p.80.

74) '조사된 유적 가운데 半地下式 建物址나 堀建式 柱孔을 사용한 건물지는 백제가 웅진으로 남천하기 이전에 이루어진 것으로 판단된다. 웅진성은 백제가 웅진으로 남천하기 이전에 이미 축조되어 있었고, 따라서 성안에도 성곽 이외에 성안의 부속시설이 있었을 것이며 이들 건물지가 ㄱ와 관련된 것이 아닌가 한다.' (成周鐸, 1996, 「百濟 熊津城研究 再齣」, 『百濟의 中央과 地方』, 忠淸南道 開道 100周年紀念 第8回 百濟研究 國際學術大會 發表文, pp.197~198)고 하여, 웅진성이 남천 이전에 축조된 것으로 파악하고 있다.

75) 成周鐸, 1996, 上揭文, p.201 · 203.

76) 成周鐸, 1997, 「百濟 熊津城研究 再齣」, 『百濟의 中央과 地方』, 忠南大學校 百濟研究所, pp.298~299, pp.300~301.

생각된다. 이러한 考古學的 年代는 문헌기록에 의해 推論한 앞의 年代와도 대체로 符合된다[77].' 고 하여, 축성시기를 5世紀後半~6世紀初로 추정하고 있다.

徐程錫은 공산성의 始築時期에 대하여, 甕棺墓 조성 이후 聖王 4년(526) 사이에 축성이 이루어진 것으로 좁혀볼 수 있다고 전제하고, 外城壁 하단에서 출토된 옹관은 美沙里나 斗井洞, 表井里에서 후행하는 형식이 분명한 만큼 대체로 4세기 말에서 5세기 전반에 해당하는 것[78]이라고 하고는, '熊津城의 축조 시기에 대해서는 종래에 遷都 이전으로 보는 견해도 있었지만 遷都 이후 좀 더 구체적으로는 文周王 3년이나 東城王 11년으로 생각된다[79].' 고 하여, 遷都 이후 5세기 후반으로 추정하고 있다.

그러나, 조사된 유적 가운데 堀建式 柱孔을 사용한 건물지나 半地下式 建物址는 백제가 웅진으로 남천하기 이전에 이루어진 성안의 부속시설로 파악되고 있으며[80], 이 건물지가 광복루를 중심으로 한 테뫼식산성 밖에 시설되어 있어 이 건물지를 포용한 웅진성이 천도 이전에 축조되었을 가능성이 크다고 하겠다.

이와 관련하여, 文周王 3년 2월에 築城에 대한 기사는 없이 宮室을 重修[81]하였다고 하고 있으니 이는 이미 王이 居處할 궁실이 어떠한 형태든지 있었던 것을 짐작할 수 있으며, 이 궁실은 성벽으로

---

77) 朴淳發, 1996, 「百濟都城研究」, 『百濟歷史再現團地造成 調査研究報告書』, p.167.

78) 徐程錫, 2001, 「百濟城郭研究-熊津·泗沘 時代를 中心으로-」, pp.45~46.

79) 徐程錫, 2001, 前揭文, p.254.

80) 安承周, 1988, 「百濟 都城(熊津城)에 對하여」, 『百濟의 國家發展과 城郭』, 第四回 百濟研究國際學術大會 發表要旨文, p.62.
　　安承周·李南奭, 1990, 『公山城 城址發掘調査報告書』, 公州大學校博物館, p.15.
　　成周鐸, 1996, 上揭文, pp.197~198.

81) 『三國史記』, 「百濟本紀」 文周王 3年 春2月條.

둘려진 웅진성 내에 建立되었을 것으로 판단되기 때문이다.

考古學的으로 중앙과 지역 주요 수장간에 위세품의 분여 또는 교환을 통해 관계를 맺어 간접지배가 이루어지는 시기는 대체로 4세기 전반대에 해당하며, 다음 단계가 백제토기가 고분군 매납토기의 기조를 이루게 되면서 금공품과 장식대도 등 각종 위세품이 집단 단위로 집중적으로 분여되는데, 특히 용원리나 입점리에서 고분군 조영 중간 또는 마지막 단계의 토착 수장에게 각종 위세품이 집중 분여되는 것은 토착 수장의 권한과 자율성 증대보다 이들을 중앙 지배층 체계 속에 편입하여 지역에 대한 보다 강력한 지배를 실현하는 도구로 삼으려는 의도였던 것으로, 그 시기는 4세기 중후반대에 해당한다[82]고 하여 주목된다. 즉 4세기 중후반대에 이르러서는 지방의 토착 수장이 중앙 지배층 체계 속에 편입되는 시기로 파악할 수 있는 것이다.

이에 대하여, 朴賢淑은 백제의 왕권은 4세기에 독자적 기반을 가진 지방세력을 중앙으로 흡수하는 장치로서 部를 설치하였다[83]고 보고 있으며, 金起燮은 모든 城이 大小 또는 중요도에 따라 主從관계가 이루어지는데 이 주종관계가 중앙과의 보다 분명한 연결 속에서 組織化하고 體系化되었을 때, 각 지역의 행정과 군사를 주도하는 主城을 22개로 정리한 것이 22檐魯라고 추정하고, 主城이 각각 중앙과 긴밀히 연락하며 역할을 증대시킬수록 部는 점점 그 빛을 잃을 수밖에 없는데 그 시기를 蓋鹵王代로 보고 있다[84]. 兪元載는

---

82) 成正鏞, 2001, 「4~5세기 백제의 지방통치」, 『4~5세기 한국 고대사와 고고학의 만남』, p.76.

83) 朴賢淑, 1990, 「百濟 初期의 地方統治體制 研究」, 『百濟文化』 20.

84) 金起燮, 1998, 「百濟 前期의 部에 관한 試論」, 『百濟의 地方統治』, 韓國上古史學會.

이 檐魯를 王城을 제외한 '地方의 治城[85]' 이라고 표현하고 있다.

또한, 22담로에는 子弟와 宗族을 나누어 담당케 하는데, 개로왕 4년에 行冠軍將軍右賢王 餘紀 등 11명에 대한 官爵을 宋에 요구하여 성사시키고 있는데 그 11명 중 8명이 扶餘氏라는 사실에서 당시 왕족의 다수가 정치·군사의 전면에 포진하였음을 알 수 있으며[86], 封地로 거명된 지명을 唐津, 論山, 公州, 完州, 沃溝, 金提 등 公州 근방의 충남·전북지역에 비정[87]하고 있어, 당시 熊津은 百濟王室과 밀접한 관계에 있었다고 추정된다. 따라서 이러한 배경 하에서 文周王은 고구려군에 의하여 都城이 유린되고 國王이 피살된 경황 중에도 都邑을 熊津으로 옮겨 위기를 수습할 수 있었을 것으로 보인다.

Ⅲ. 熊津都城의 構造

1. 城壁[88]

熊津城은 標高 110m의 公山에 自然地形을 이용하여 築造된 包

---

85) 또한, 마한 54개국의 정복과 그 故土에 대한 지배로부터 비롯되었으며, 백제 全時期를 통하여 시행되었다고 하고 있다.(兪元載, 1998, 〈『梁書』, 「百濟傳」의 檐魯〉《百濟의 地方 統治》)

86) 金起燮, 1998, 上揭文, pp.92~93.

87) 千寬宇, 1979, 「馬韓諸國의 位置試論」, 『東洋學』 9.
　　金起燮, 1998, 上揭文.

88) 安承周, 1988, 前揭文.
　　安承周·李南奭, 1990, 前揭書.
　　李南奭, 1995, 前揭文.

谷式山城으로 성 둘레는 2,660m인데, 이 중에서 1,925m는 石城이고 나머지 735m는 土城이다. 웅진성은 백제시대에 축성된 이래 여러 차례의 改修를 거듭하였기 때문에 백제 본래의 축성내용을 파악하는데는 어려움이 있다. 또한, 성벽에 대한 조사에서 石城은 조사가 이루어지지 않았으며, 土築部에 한정되었기 때문에 石城의 初築 遺構는 확인이 불가능한 상태이다. 발굴조사된 土築部는 웅진성 동남쪽에 해당하며, 東門址에서 분기되어 길이 288m의 內城과 467m의 外城으로 구분되어 있다.

內城의 A피트 유구는 初築과 후대에 補築한 遺構로 구분된다. 初築城은 城外端에 城基石을 두고 흙 다짐을 한 후 그 위에 築石으로 城體를 구성하고 있는데 성내면은 생토면상에 수직의 축석을 230㎝ 높이까지 올리고 있다. 이 초창의 성은 다짐 흙을 고려한 저면의 너비는 12.8m, 높이는 6m 범위이며 상단의 축석에서는 너비 6.8m에 높이는 약 2.5m 정도이다. 이 初築城上에 이루어진 보축은 성체상에 축석을 다시 하고 성 전면에 흙을 덮은 형식인 바, 城上面은 이로서 3.5m 너비로 좁혀지고 있다.

내성 B피트의 구조는 城體의 內面은 일정 높이까지 성기석을 설치하였으며 城體 內部는 괴석과 함께 흙 다짐한 후 성 外面은 돌을 비늘처럼 덮은 형식이다. B피트 유적의 성곽은 저면 너비가 성축을 기준하면 7m이나 표면을 덮은 토축으로는 10m 가까이 되며 높이는 외면에서 정상까지 4.1m, 내면에서는 1.8m이다. 이 B피트의 南端에서는 城下端에 석축으로 水路를 시설한 水口가 확인되었다.

外城地域의 조사중 1지역에서는 城郭의 橫·縱의 형태가 조사되었다. 성곽은 외곽 下端에 城基石을 놓고 그 위에 판축기법에 의하여 흙다짐하여 성체를 구성하고 있다. 이 성곽은 저변 너비 5.6m, 높이 2.1m로 계측되며 이 初築의 성곽상에 후대에 보축의 흔적을 남기고 있으나 이들 대부분 유실된 상태이다. 1지역의 Tr.1區間 城壁外端에서 城郭과 관련된 木柱孔이 확인되었는데, 대체로 3개로 이루어진 柱孔과 補助木이 1群을 이루면서 180㎝～190㎝ 간격으로 배치된 것으로 보인다.

2지역의 성곽은 흙다짐으로 基底部를 조성한 후 外壁 下端에 基石을 놓고 약 10m 너비의 구간을 흙다짐 한 후 성외면을 片築式으로 수직되게 축석하고 있다. 이 석축의 높이는 1.8m이며, 후면의 석재 채움은 4.7m의 너비이다.

3지역에서 城의 遺址는 下層에 흙다짐한 것과 그 위에 瓦片 섞인 다짐층으로 구분되는데 下層은 初築의 성곽으로 보이는 바 두께 110㎝에 너비 약 7m가 계측된다.

4지역은 조사 전 夾築의 형태로 土壘가 가장 뚜렷하게 남아 있던 곳이다. 즉 조사 전 성내에서 城高가 1.8m 정도로 실측된다. 初築城은 外廓下端에 성기석을 두고 내면은 판축법으로 構築하였는데, 너비는 8m, 높이는 외곽에서 3.7m로 계측된다. 補築遺構는 초축성체상에 흙을 덮어 다진 형식인 바 표면에 많은 석재를 덮고 있다.

5지역은 初築城의 遺構만 남기고 있다. 축조기법은 4지역과 동일하며 현재 저변 너비는 8m, 외벽 높이는 3.5m, 내벽 높이는 0.8m를 유지하고 있다. 한편 이곳에서는 성 구축시 외곽 생토면에 너비 30㎝, 깊이 50㎝의 트렌치형 호를 파고 이 곳부터 흙다짐하고 있어 성의 유실을 방지하기 위한 배려의 흔적도 보이고 있다. 한편 外廓基石의 內側 바로 아래에서 合口形 甕棺이 파괴된 채 1基가 수습되었다.

이상에서 확인할 수 있는 것은 土城의 外城과 內城의 남벽은 백제시대에 축조된 것으로 初築時에 2중으로 축조된 것이며, 연결지점은 외성의 조사구역 중 3지역에서 이루어진 것으로 확인되었는데, 조선시대에 內城 동벽을 축조하면서 東門址로 연결하면서 외성의 기능은 상실되는 것으로 파악된다. 이 것은 外城上에 축조된 挽阿樓址는 조선시대 건물지로서 外城 上面을 整地하고 축조한 것임이 밝혀졌고, 내성의 동벽에 시설된 水口도 내성의 존재만 고려하였을 뿐 외성과의 관련은 보이지 않는 것이라 하겠다.

백제시대 熊津城의 축조기법은 石築과 土築을 倂用하였는 바, 土築의 경우 外壁基底에 基石을 놓고 版築 또는 흙다짐으로 구축하였으며, 石築의 경우는 基底部를 황토를 다져 조성한 후 外壁 下端에 基石을 놓고 약 10m 너비의 구간을 흙다짐 한 후 성외면을 片築式으로 수직되게 築石하고 있다. 이 때 후면의 석재 채움은 4.7m의 너비이다. 이러한 축성법은 지형에 따라 계곡이나 경사가 급한 곳은 주로 석축의 방법을 사용하였고, 경사가 비교적 완만한 곳에는 토축의 방법을 이용한 것으로 나타났다.

이와 같은 축성법은 泗沘都城과 月坪洞山城에서도 확인된 바 있는데, 웅진성에서 그 사례가 확인된 것이라 하겠다. 그 외 石城部分은 조사가 이루어지지 못하여 확인하지 못한 점이 아쉽지만 城內의 遺構로 미루어 볼 때 백제시대의 성벽을 修·改築하여 사용하였을 것으로 판단된다.

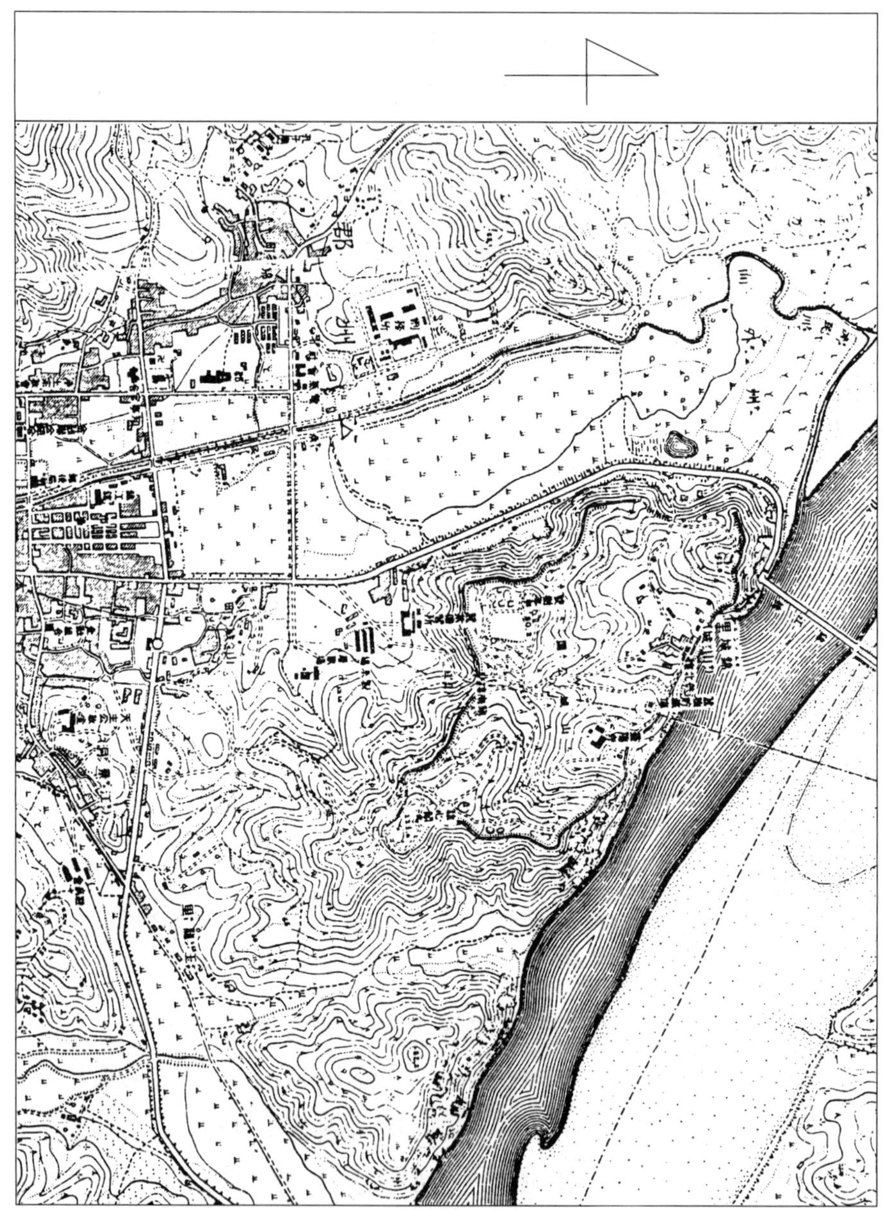

〈도면 1〉 熊津城 附近圖(1928年) 1/10,000

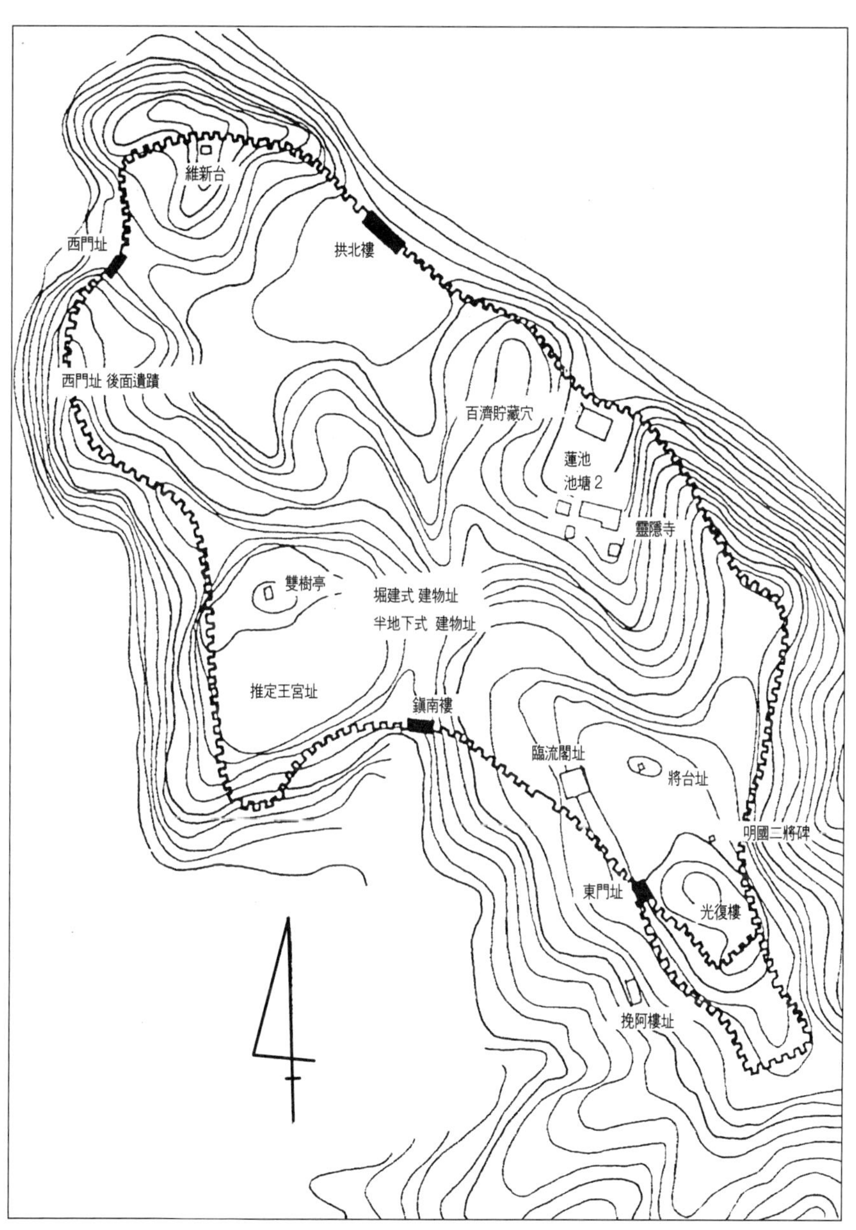

〈도면 2〉 熊津城 百濟遺構 現況圖

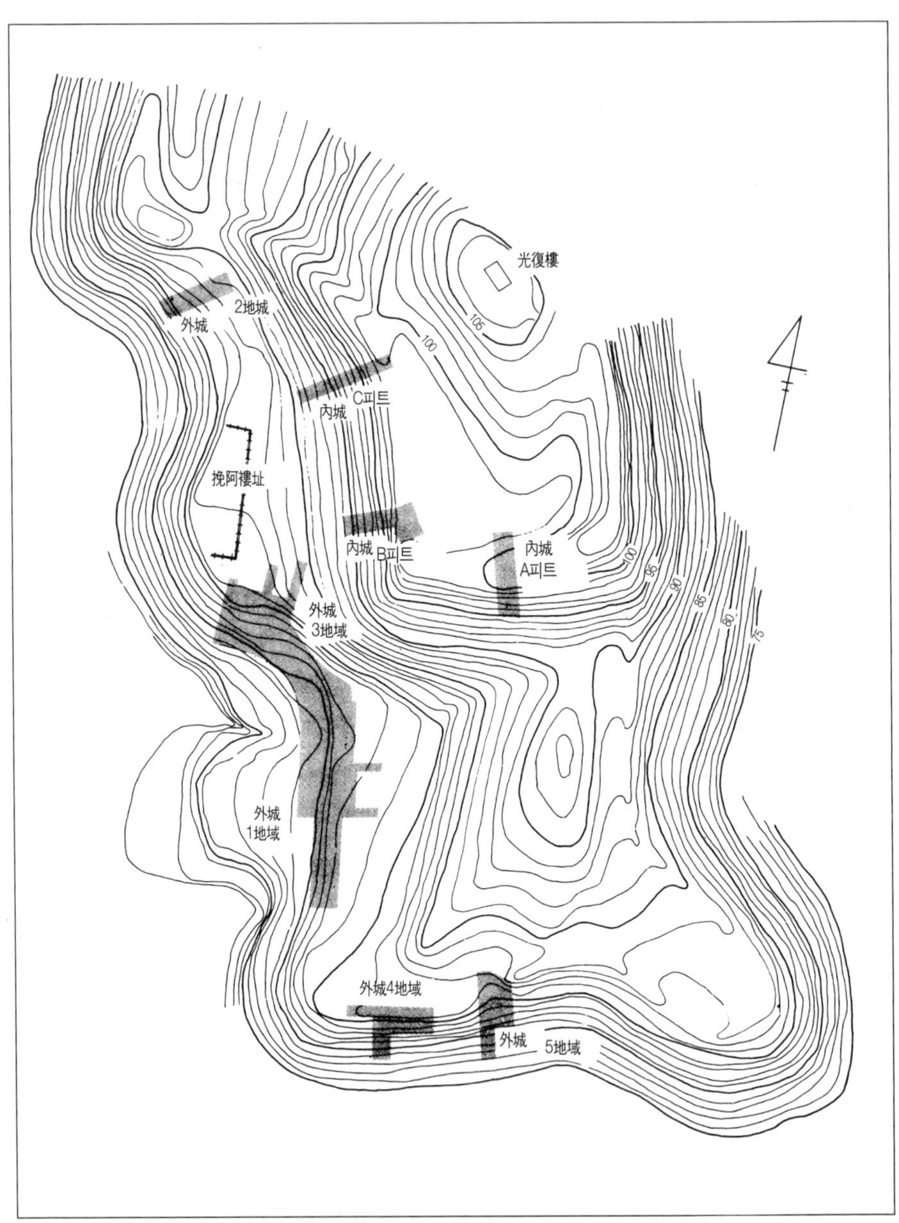

〈도면 3〉 土城 調査地域 區分圖

2. 城內 施設

1) 推定王宮址[89]

웅진시대 추정왕궁지는 熊津城內 동서로 갈라져 있는 2개의 산정 중 서쪽 정상에 위치하는 곳이다. 이곳은 표고 85m로 6,800㎡의 넓이를 지닌 광장이 조성되어 있던 곳으로 광장의 주변을 살펴보면, 남쪽과 서쪽방향은 8~20m 거리를 두고 웅진성의 남쪽 성이 지나고 있으며, 성과 광장 사이에는 성의 內壕가 깊게 조성되어 있고, 광장 북쪽은 쌍수정 건물이 광장보다 약 7m 높은 대지에 자리하고 있으며, 동쪽으로는 성내의 얕은 중앙 계곡에로 경사를 이루고 있다. 이 지역에 대한 발굴조사 결과 백제시대 유적으로는 半地下式 建物址와 堀建式建物址 각 1동과 積心石 사용의 건물지 2동, 그리고 蓮池, 木槨庫 등이 조사되었다.

半地下式 建物址는 수혈 규모가 동서 길이 8.3m, 남북 너비 4.8m, 깊이 0.7~1m로 남북의 수혈 외곽에 1.6m~1.8m 간격으로 4개씩의 木柱孔이 배치되어 있었으며, 기와는 사용하지 않았던 깃으로 추정하고 있다.

堀建式 建物址는 광장의 동북부 지역에 위치하고 있는데, 동-서 35m, 남-북 20m의 범위에 약 100여개의 柱孔이 노출되었다. 이들 주공은 대체로 生土面을 파고 조성하였는바, 형태는 방형, 혹은 원형이나 깊이 및 크기는 일정하지 않다. 이중에서 가장 북단에 위치한 8間 규모의 건물지 만이 확인되는 바, 건물은 전면 18m, 측면

---

89) 安承周, 1988, 前揭文.

安承周·李南奭, 1992, 『公山城 建物址』.

李南奭, 1995, 前揭文.

5m 규모로 계측되었다. 이 건물지의 주공은 2.4m×5m의 간격으로 생토를 방형으로 파서 만든 것인데 깊이는 현 지표에서 80㎝ 가량 되며 특히 柱孔의 동·서 열에 맞추어 "홈"을 두고 있다. 그런데 조사시 주공 내에서나 홈 안에서도 와류가 전혀 발견되지 않았고, 또한 이 굴건식 주공이나 홈을 메운 후 그 위에 백제시대 積心石을 설치한 것으로 보아 이 굴건식 주공 사용의 건물은 혹시 백제가 남천하기 이전에 이미 조성되었던 것이 아닌가 한다.

積心石 사용의 건물지는 2동이 조사되었는데, 먼저 광장의 동쪽 부분에 위치한 10間 규모의 건물지는 동-서 2칸, 남-북 5칸의 西向建物로 건물의 규모는 정면 5칸은 주칸거리 4m~6m로 총 24m이며, 측면은 주칸거리 4m~4.8m로 총 9.6m로 大形의 장방형을 이루고 있다. 적심석 형태는 먼저 적심석을 놓기 위해 지름 2m 정도의 구덩이를 파고 그 안에 할석을 채워 구성하였다.

한편 積心石 사용의 건물지 중 다른 하나는 광장 중앙의 북부에 위치하는데, 이는 堀建式 建物址 위에 重層으로 겹쳐 있었다. 이 건물지는 서쪽 부분에서 적심석의 흔적마저 남기지 않을 만큼 삭토되어 있었으나 남북으로 길게 낸 배수로에 의해 동-서 6칸, 남-북 4칸의 건물로 추정되었다. 건물의 규모는 정면 6칸은 주칸거리 3.7m~4.1m로 불규칙하나 총 길이는 24m이며, 측면은 주칸거리 3.5m로 일정하게 확인되고 있어 총 길이는 14m이다. 이 건물은 중앙 광장에 위치하고 있을 뿐만 아니라 규모로 미루어 이 지역에 조영된 건물들의 중심적인 위치에 있었던 것으로 파악된다.

蓮池는 조사지역의 남쪽 중앙에 위치하였는데, 바닥은 너비 40㎝~50㎝, 두께 7㎝~10㎝ 정도의 板石形 割石으로 깔았고, 護岸

壁石은 不定形 割石으로 연지의 안쪽으로 면을 맞추면서 위로 올라 갈수록 약간씩 밖으로 뉘어 쌓았다. 그리고 호안벽석과 그 뒷면인 생토벽면 사이의 1m 너비 공간은 점토로 채웠는데 이는 아마도 누수방지를 위한 조치인 듯하다. 연지 규모는 상면직경 7.30m, 바닥직경 4.78m, 높이 3.00m로 대접 모양을 하였다.

木槨庫는 광장의 서쪽 북단에 위치하고 있는데 암반형의 지면을 가로 4.2m, 세로 4.4m에 깊이 2.9m의 구덩이를 파고 그 안에 북쪽으로 치우쳐 가로 1.4m, 세로 3.1m 크기의 장방형 목곽을 설치한 것이다. 본래 이 목곽 높이는 거의 지표면에까지 이르렀던 것으로 보인다. 조사당시 바닥은 암반형 생토면을 그대로 이용한 듯하나 약 0.5㎝두께로 모래가 깔려 있었으며 그 위에 검푸른 부식토가 木片 및 백제시대 瓦片과 함께 섞여서 일정한 층위를 이루고 있었다. 기와를 사용한 보호각이 있었던 것으로 파악되었다.

이상에서 살펴 본 추정왕궁지에서 출토·수습된 유물은 백제시대에서 조선시대에 이르기까지 비교적 다양한 편인데, 기형별로 보면 수막새기와, 평기와, 토기류 및 청동성이 있는네, 이 가운데 수막새기와는 50여점의 연화문수막새기와와 20여점의 파상문 수막새 기와가 수습되었는데, 토기류는 壺·瓶·벼루·三足土器·器臺 등의 여러 가지 기형이 수습되었다. 이외에 특수한 유물로 청동에 鍍金을 한 鳳凰形 香爐가 있는데 비록 표면에 腐蝕이 심하고 출토지점이 불분명하지만 이 건물지의 중요성을 나타내는 것으로 판단된다.

熊津都城의 王宮址의 위치에 대해서는 대체로 두 가지 설이 대두되고 있다고 하겠다. 하나는 발굴조사에 따른 웅진성 내 쌍수정

광장 부근으로 보는 견해이고, 다른 하나는 熊津城의 남쪽 舊 버스 터미널에서부터 土城址 앞에 이르는 구간을 후보지로 보는 견해[90]이다.

熊津城에 대한 고고학적인 연구성과에 의하면 웅진도읍기의 王宮址는 공산성 내의 오늘날 쌍수정광장 부근으로 추정되고 있다[91]. 유원재는 『三國史記』 東城王 8년 및 13년조의 기록에 주목하여 이러한 연구성과에 뜻을 함께 하고 있다[92].

동성왕 8년 冬10월조 기사는 王宮 남쪽에서 大閱兵式을 거행했다는 내용이며, 동성왕 13년夏6월조 기사는 熊川 물이 불어 王都의 200여 家가 떠내려가고 물에 잠겼다는 것이다. 熊津都城 내의 민가 200여 家가 떠내려갔다면 웅진도성내의 평지 거의 전역이 침수된 대홍수였을 것이다. 그러나 이때 왕궁에 대한 피해의 언급은 없는 것은 적어도 웅진도읍기의 왕궁의 위치는 이때의 침수에서 벗어날 수 있었던 고지일 가능성이 높은 것이다.

한편, 1928년도에 제작된 1/10,000 공주지도에 의하면 공산성 서남쪽은 논으로 표시되어 있다. 그만큼 지대가 낮은 곳임을 파악할 수 있는 것이라 하겠다. 또한 공산성 南麓에서 王宮의 존재를 상정할 만한 시설물의 흔적이 전혀 확인되지 않는다는 점[93]도 웅진도읍기의 王宮址는 공산성 내에 있을 가능성이 크다고 하겠다.

---

90) 이에 대한 연구자 정리는 徐程錫, 2001, 前揭文 참조.
91) 安承周, 1988, 前揭文.
92) 兪元載, 1997, 『熊津百濟史研究』, 도서출판 주류성.
93) 李勳, 1998, 「公州 山城洞 住宅敷地 調査」, 『各地試掘調査報告書』.
　　公州大博物館 · 徐程錫, 2001, 前揭文.

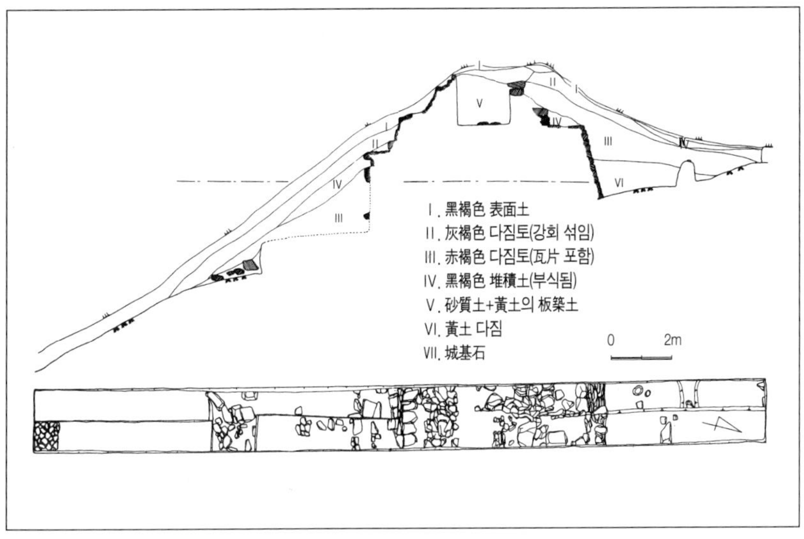

〈도면 4〉 內城 A피트 城壁 斷面 및 平面圖

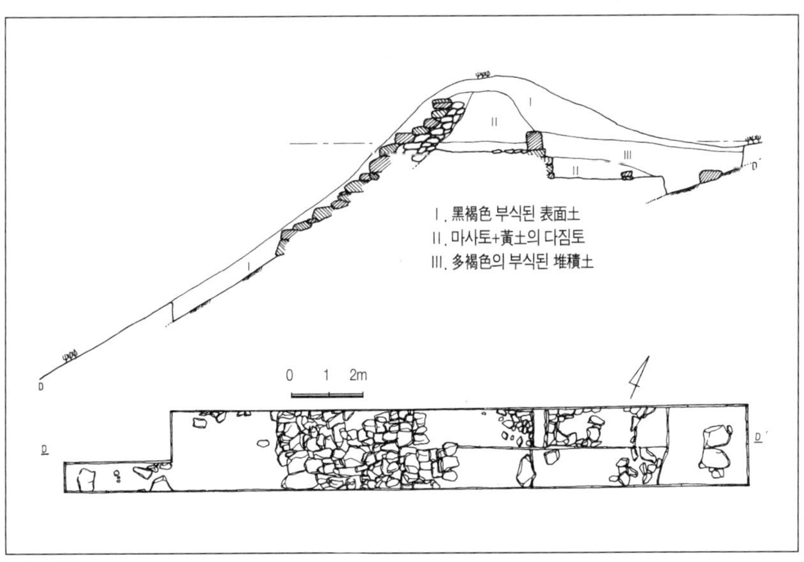

〈도면 5〉 內城 B피트 城壁 斷面 및 平面圖

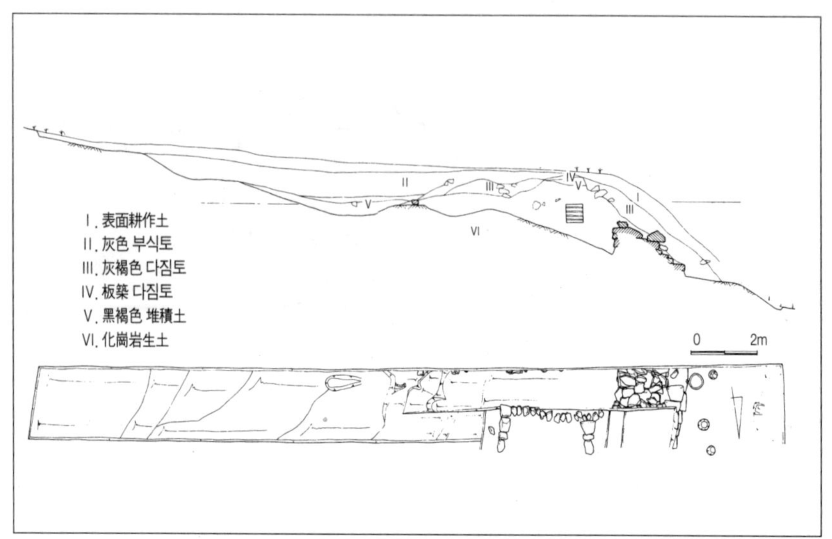

〈도면 6〉 外城 Tr.1 城壁 斷面 및 平面圖

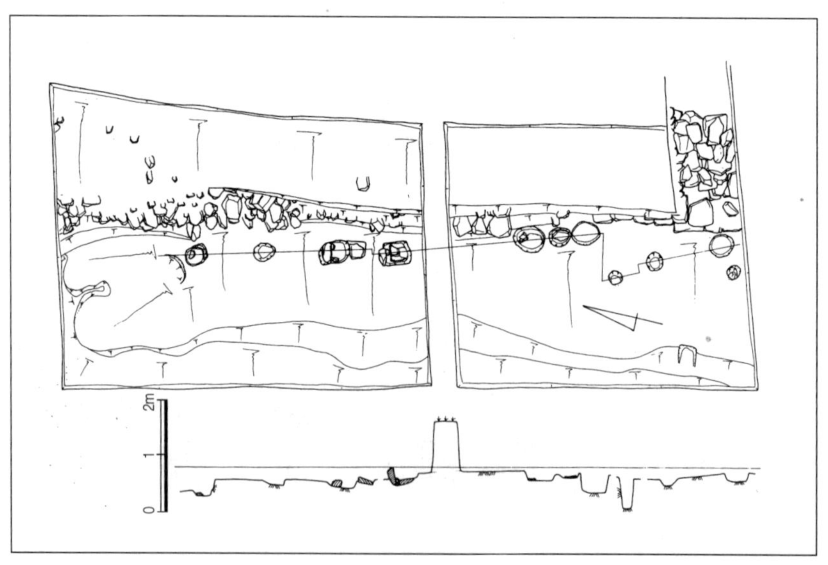

〈도면 7〉 外城 Tr.1 1地域 木柱孔列圖

2) 臨流閣址[94]

임류각지는 웅진성의 남문인 진남루와 동문지의 중간지대로 남쪽 성곽에서 약 35m 북쪽에 위치하고 있는 바, 먼저 山中腹 서향된 사면을 파내서 대지를 평평하게 정지한 후 정방형의 고층건물을 세웠던 것으로 추측된다. 규모는 南側間 5칸, 東側間 6칸으로 초석간의 거리는 南側間은 2.1m, 東側間은 1.8m로 시설하였으나 4변의 길이가 같은 정방형의 건물을 이루고 있다. 또한 생토 위에 놓여진 초석은 모두 같은 레벨이며 그랭이 형식의 고식수법을 지니고 있다. 한편 대지 지반이 약한 서쪽 초석 주위에는 굴건식 원형 柱孔이 무질서하게 뚫려 있었는데 이것은 고층루를 건립할 때 補助木을 세웠던 것으로 추정된다.

이곳에서 출토된 유물은 그리 많지 않지만 백제시대 것으로 8葉 蓮花紋 瓦當 1점이 있으며, 그 외로는 細瓣蓮花紋 瓦當 3점, 청자 화분 1점 및 白磁 등이 있다.

이와 같은 조사결과와 함께 주목되는 것은 『삼국사기』 동성왕 22년조에 '봄에 궁궐 동쪽에 임류각을 세우는데 높이가 5丈이며, 또한 연못을 파고 진기한 새를 길렀다(春起臨流閣於宮東 高五丈 又穿池養奇禽)', '5월에 왕이 좌우측근들과 더불어 임류각에서 연회를 베푸는데 밤이 새도록 즐겼다(五月 王與左右宴臨流閣終夜極歡)' 라는 기사가 있다. 즉 임류각은 왕궁 동쪽에 있고 높이가 5丈에 달하는 高樓였다는 것과 왕과 귀족들의 연회장소임을 나타내고 있다.

臨流閣은 이름에서 알 수 있듯이 '흐르는 물에 가까이 있는 樓

---

94) 安承周, 1988, 前揭文.
　　安承周 · 李南奭, 1992, 前揭書.
　　李南奭, 1995, 前揭文.

閣' 이라는 뜻으로 임류각지는 錦江과 인접해 위치하여야 할 것이다[95]. 또한 임류각과 떼어서 생각할 수 없는 것이 연못을 파고 진귀한 짐승들을 길렀다고 하였으니, 이 또한 연못에 물을 끌어 올 수 있는 지형이어야 할 것 같다.

이와 관련된 遺構가 영은사 앞의 연못이다. 연못의 크기는 북측 護岸石의 길이가 15.3m, 남측 호안석의 길이가 21m, 동서 길이 12m, 깊이 9.1m인 바 현재의 지표상에 의하면 깊이가 12.4m이다. 호안석축은 모두 단을 두어 쌓았는데 전체적인 모습은 위가 넓고 아래가 좁은 형태이다. 사용된 석재는 모두가 채석된 돌로 정연하게 쌓았다. 북측 호안석과 금강과의 거리는 약 13m에 이르고 있다. 한편 외부의 시설로는 배수로와 축대석이 설치되어 있다.

兪元載는 이 연못을 『삼국사기』 동성왕조의 기록에 보이고 있는 임류각과 함께 등장하는 연못과 관계가 있다고 판단하고 있다[96]. 즉 臨流閣에서 연못과 진귀한 짐승들을 관망하면서 즐길 수 있던 곳으로 이해하고 있다.

그러나 조사자[97]는 『輿地圖書』의 기록을 들어 조선시대의 所築으로 보고 있다. 『여지도서』는 조선중기 이후의 공산성 조영에 대한 다양한 기록을 남기고 있는데 이 池塘을 이해할 수 있는 내용이 있다. 즉 『輿地圖書』 忠淸道 公州 城池條에 의하면

---

95) 泗沘 時代에는 武王 때 宮南池를 조성하고 義慈王 때 望海樓와 望海亭을 건립하는데, 이 망해루와 망해정은 花枝山 정상부에 건립되어 멀리서 바라본다는 뜻으로 붙여진 이름이며, 新羅 文武王 때 안압지를 조영하고 서쪽 護岸에 別宮 臨海殿을 건립하는데, 이 임해전은 바로 안압지 護岸 위에 건립하였기 때문에 붙여진 이름으로 파악된다.

96) 兪元載, 1997, 上揭書.

97) 安承周 · 李南奭, 1992, 前揭書.
　　李南奭, 1995, 前揭文.
　　李南奭 · 李勳, 1999, 『公山城 池塘』, 公州大學校博物館.

雙樹山城 古名公山城 在州北三里 甲子适變 仁廟駐蹕于雙樹下故
因名 雙樹山城 城周圍 以丈計之 則一千八百二十三丈 以布尺計之 則
五千四百六十九尺 以步計之 則二千四百四步 高三丈九尺三步半
垛八百五堞 池四方周回六十四丈深二丈 旱則水乾 東北間水口門外
鑿一池 築外城 長三十五丈五十二尺四十四步 高六丈十八尺八步半
垛三十堞 左邊翼城長 二十五丈三十七尺三十一步 高二丈三尺二步半
垛三十堞 右邊翼城與左邊翼城同石築 暗門一 池周回五十丈深七尺

이라 하고 있다. 즉 본래 둘레 64丈, 깊이 2丈의 연못이 있었는데 가
물면 물이 마른다고 하여, 東北間 水口門 밖에 1개소의 연못을 파고
外城을 축조하였는데 이 연못의 둘레는 50丈이며, 깊이는 7尺이라고
기록하고 있다. 이 기록에 의하면 水口門 밖에 새로 굴착한 둘레 50
丈 규모의 연못이 현재 挽河樓 앞의 연못에 해당함을 알 수 있다.

한편, 調査報告書에 池塘 2로 표기된 연못이 靈隱寺 앞에서 조
사되었다. 池塘 2의 유구는 上下 두 단계로 구분되는데, 하단의 유
구는 地表下 6m~7m, 성곽에서는 정확하게 3.8m~4m 깊이의
바닥에 있는 연못이다. 이 유구는 남쪽으로 확대가 예상되지만 현
재 영은사가 위치하고 있어 조사가 불가능한 상태이다. 護岸의 築
石은 380~400㎝ 높이로 드러나는데 바닥에 보다 깊게 들어 갈 수
있어 높이는 현재 드러난 것 보다 클 것으로 보인다. 割石形 塊石
으로 축석한 것인데 단은 없고, 수직의 벽체이나 위로 올라 갈수록
좁혀진 형태로 축석하였다. 노출시킬 수 있는 범위는 東西間으로
11m이다. 그러나 이도 좌우로 확대될 수 있는 것으로 이 구역 계
곡의 너비가 25m로 미루어 축석의 길이도 동일하였을 것으로 보

인다. 재축의 흔적은 발견하기 어렵다.

북쪽 護岸石에 남겨진 出水口는 모두 8군데이다. 축석의 상단에서 아래로 300㎝ 정도의 위치, 제토된 범위의 바닥에서 80㎝ 높이에 4개가, 그리고 바닥면에 붙어서 4개가 각각 1.4m 간격으로 시설되어있다. 이들의 위치는 바닥이 완전히 제토되지 않은 관계로 본래 지당의 바닥에서 얼마 정도의 높이에 위치하는가를 확실히 알 수 없고, 나아가 출수구의 숫자도 미조사 지역에서 더 드러날 것으로 볼 수 있는 것이다.

수구의 축조형태는 벽면에 구멍을 뚫은 형상이며, 4개의 석재를 결구하면서 상하단에 큰 석재를 걸친 형태이다. 높이는 20㎝ 전후이고 너비는 40㎝도인데 상단의 서쪽에 있는 것은 좌우에 2단 축석이 이루어졌고, 높이도 30㎝정도에 가깝다.

지당의 바닥부에 있는 배수로 형태의 유구는 동남에서 서북으로 약 9m 길이로 시설된 것이다. 남북단에 배수로 호안석을 축석하여 만든 것인데 너비는 바닥 160㎝ 정도, 상면 210㎝ 정도이고 깊이는 차이가 있지만 가장 깊은 곳이 60㎝ 정도가 계측된다.

이 池塘 2에서 수습된 유물은 百濟時代 토기나 기와가 일색인 점은 이 池塘 2의 사용시기가 백제시대라는 것으로, 백제 멸망 후 그 기능이 정지되고, 이어 佛舍가 조영되었다고 볼 수 있다고 하고 있다.

따라서 이 池塘 2가 백제시대에 축조된 연못이고 再築의 흔적이 없다면 臨流閣과 관련된 연못이 바로 이 池塘 2일 것으로 파악된다[98]. 이 池塘 2의 규모는 『輿地圖書』에 四方 둘레 64丈, 깊이 2丈으로 나타나고 있어 평면이 正方形에 가까움을 알 수 있으며 그 규모면에 있어서도 조선시대에 水口門 밖에 새로 굴착한 둘레 50丈,

깊이 7尺보다 큼을 알 수 있다. 조선시대에 水口門 밖에 연못을 조
성하는 공사는 많은 석재를 필요로 하였을 것으로 당시 護岸石 築
造에 사용된 石材는 바로 이 池塘 2에서 유출시켰을 것이며, 그
Plan도 池塘 2에서 연유하였을 것으로 파악된다. 조선시대에 조성
된 연못에서는 그 사례를 찾기 힘들지만 백제시대 城郭遺蹟에서
는 하동 고소성에서 그 사례를 찾을 수 있기 때문이다[99]. 한편 심봉
근은 이 平面方形의 을 백제의 한 특징으로 보고 있기도 하다[100].
임류각은 바로 이 池塘 2에 인접하여 건립되었을 것으로 현재의
靈隱寺 자리에 있었을 것으로 판단된다.

IV. 熊津都城의 防禦體制

문주왕이 즉위하여 10월에 웅진으로 천도하고 바로 시행한 것이
즉위 2년 2월에 大豆山城을 수축하고 漢北 民戶들을 옮긴 것이다.
이것은 한성지역에 남아 있던 백성들을 안전하게 보호하려는 意
圖[101]도 있었겠지만, 백제 건국이후 계속하여 北方을 담당하여 방

---

98) 필자는 현 挽河樓 앞의 연못을 백제시대 所築으로 이해하였으나(沈正輔, 2001, 「百濟 石
築山城의 築造技法과 性格에 대하여」, 『韓國上古史學報』 第35號, 韓國上古史學會), 여기
에서 수정하게 되었다.

99) 姑蘇城의 집수지는 동문지에서 북쪽으로 30m 정도 떨어진 지점에서 확인되었는데, 平面
方形으로 四方에 護岸石을 階段狀으로 축조하고 바닥에는 암키와를 한 벌 깔아 놓은 상
태이다. 上部가 넓고 下部가 좁은 형태로 마치 將軍塚을 뒤집어 놓은 듯한 逆臺狀을 띠고
있다. 집수구의 규모는 상단부에서 가로 17m, 세로 17m, 깊이 3m 정도이다(沈奉謹, 2000,
『河東 姑蘇城址 試掘調査報告書』)

100) 沈奉謹, 2000, 「韓國都城의 園池序說」, 『丹雪李蘭暎博士 停年紀念論叢』, pp.352~353.

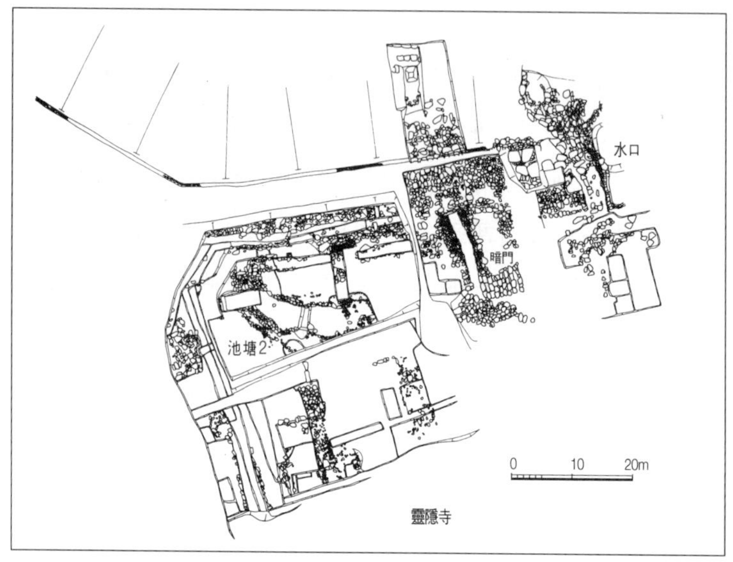

〈도면 8〉 池塘 2 附近 遺構 平面圖

〈사진 1〉 池塘 2 북쪽 護岸石

〈사진 2〉 池塘 2의 2차 調査後全景

비하였던 夫餘系 유민들로 하여금 고구려를 방어토록 하려는 것이다. 이는 解仇를 兵官佐平으로 임명한 것으로 미루어 짐작할 수 있다. 이 解仇가 文周王을 시해하고, 三斤王 2년에는 恩率 燕信과 함께 大豆城에 웅거하여 반란을 일으키는데, 이것은 해구의 본거지가 大豆山城임을 짐작할 수 있는 것이다.

三斤王을 이어 즉위한 東城王은 泗沘로 천도할 목적으로 즉위 8년에 牛頭城을 축조하고, 12년에는 15세 이상의 北部人들을 징발하여 沙峴城과 耳山城을 축조하여 고구려에 대비하였다. 이들 두 城은 고구려에서 熊津으로의 진격로상에 위치할 것으로 짐작된다.

東城王 20년 7월에는 沙井城을 쌓고 扞率 毗陁로 하여금 지키게

---

101) 兪元載, 1997, 前揭書.

하고 있다. 沙井城은 대전시 중구에 위치하고 있어, 신라의 공격로 상에 해당되기 때문에 新羅에 대비하기 위하여 축성한 것으로 판단된다. 이 것은 同王 23년 7월에 炭峴에 木柵을 설치하고 新羅에 대비하고 있는 것으로 뒷받침된다 하겠다. 또한 같은 해 8월에는 加林城을 축조하고 衛士佐平 苩加로 하여금 지키게 하고 있는데, 이는 바다를 건너 水路를 이용하여 침공하는 적을 막고 南方을 안정시키고자 하는 의도도 내포되어 있겠지만 宮城 수비를 책임지는 衛士佐平을 파견하고 있는 것으로 보아 泗泚 遷都의 목적이 더 강하다는 것을 파악할 수 있다.

武寧王은 고구려에 대한 적극적인 공세를 펼쳐 漢江流域을 다시 회복하고 있으며, 同王 7년 5월에 축조한 長嶺城은 고구려에 예속된 말갈에 대비하기 위한 것이고, 高木城 남쪽에 2개의 목책을 세우고 있는데, 이 高木城은 이미 한성시대 溫祚王 22년에 세운 城으로 고구려에 대비하고 있음을 알 수 있다. 武寧王 23년 2월에는 王이 漢城으로 행차하여 佐平 因友와 達率 沙烏 등에게 명하여 15세 이상의 漢北 州郡民을 징발하여 雙峴城을 축조하고 있는데, 이 雙峴城도 이미 阿莘王 7년 3월에 축조한 성으로 熊津 遷都 이후 퇴락한 것을 이때 다시 수축하고 있는 것이라 하겠다.

聖王은 즉위 4년(526) 10월에 熊津城을 수축하고 沙井柵을 세우고 있는데, 이러한 조치는 新羅 法興王이 즉위 12년(525) 2월에 大阿湌 伊登으로 沙伐州(尙州) 軍主로 삼고 백제 쪽으로 세력을 뻗쳐오는 데에 대한 대비책이라 하겠다.

이상 熊津期 築城記錄을 중심으로 살펴보았는데, 고구려에 대해서는 오히려 漢城을 회복하여 근심을 덜고 있는데 반하여, 신라에 대해서는 泗沘 遷都 이전까지 대비책을 강구하고 있어 聖王 16년의 泗沘 遷都는 신라의 공격시 補給路를 길게 하려는 목적도 내포되어 있었음을 짐작할 수 있다.

兪元載는 公州管內 山城 分布를 중심으로 公州로의 진입로를 6개 路線으로 선정하고 있다. 이에 대체로 공감하는 바다. 그러나 신라에 대비하기 위하여 고심한 가장 중요한 노선을 누락시키고 있다. 즉 大田에서 儒城을 거쳐 공주에 이르는 통로를 간과하고 있는 것이다. 이 통로는 文武王答書에 나타나는 소위 '熊津道'로 이 '熊津道'는 「百濟本紀」나 『新·舊唐書』 및 『資治通鑑』 등 史書에는 '新羅讓道'와 '新羅運糧之路'로 기록되고 있어, 新羅에서 熊津에 주둔중인 唐軍에게 軍糧을 보급하기 위한 통로임을 알 수 있다. 이는 文武王答書에 '1만 漢兵이 4년간 신라의 것을 먹고 입어 劉仁願 이하 兵士 이상이 皮骨은 비록 중국 땅에서 났으나 血肉은 모두 신라의 것이다.' 라고 하여 더욱 확실하다고 하겠다.

또한 熊津城에 주둔하고 있던 劉仁軌의 요청으로 熊津道를 개통시키기 위한 첫 번째 시도라고 볼 수 있는 甕山城戰鬪에는 泗沘城에 주둔중이던 劉仁願軍도 참여하고 있다.

이와 같이 '熊津道'의 개통과 관련된 전투가 大田附近에 분포된 甕山城, 雨述城, 眞峴城, 支羅城 등 4城柵, 內斯只城 등에서 이루어지고 있는 것은, 바로 '熊津道'가 報恩·沃川方面에서 大田-儒城을 거쳐 公州(熊津)에 이르는 通路임을 명백히 밝혀 주는 것으로 신라에서 熊津都城에 이르는 최단코-스라 할 수 있는 것이다. 眞峴城을 함락시키고 웅진도를 개통시키는 전투에서는 沙井城도 함께 함락당하고 있어, 동성왕과 성왕대에 축조된 沙井城이 바로 신라에 대비하기 위한 사전 조치였음을 알 수 있다 하겠다.

V. 맺음말

이상 살펴 본 바를 정리하면 다음과 같다.

첫째, 文周王의 熊津 遷都는 고구려 長壽王의 치밀한 계획하에 단행된 공격에 의하여 漢城이 유린당한 뒤에 있었던 백제의 苦肉之策이라 하겠다.

둘째, 熊津城의 축조시기는 조사된 유적 가운데 堀建式 柱孔을 사용한 건물지나 半地下式 建物址는 백제가 웅진으로 남천하기 이전에 이루어진 성안의 부속시설로 파악되고 있으며, 이 건물지가 광복루를 중심으로 한 테뫼식산성 밖에 시설되어 있어 이 건물지를 포용한 웅진성이 천도 이전에 축조되었을 가능성이 크다고 하겠다. 이와 관련하여, 文周王 3년 2월에 城郭의 築造 및 修築에 대한 기사는 없이 宮室을 重修하였다고 하고 있으니 이는 이미 王이 居處할 궁실이 어떠한 형태든지 있었던 것을 짐작할 수 있으며, 이 궁실은 성벽으로 둘려진 웅진성 내에 建立되었을 것으로 판단되기 때문이다.

셋째, 熊津城의 축조기법은 外壁基底에 基石을 놓고 版築 또는 흙다짐으로 구축하는 방법과 基底部를 조성한 후 外壁 下端에 基石을 놓고 흙다짐 한 후 성외면을 片築式으로 수직되게 築石하는 방법으로, 이와 같은 축성법은 泗沘都城과 月坪洞山城에서도 확인된 바 있는데, 웅진성에서 그 선례가 확인된 것이라 하겠다. 그 외 石城部分도 城內의 遺構로 미루어 볼 때 백제시대의 성벽을 修 · 改築하여 사용하였을 것으로 판단된다.

넷째, 웅진도읍기의 王宮은 웅진성 내에 위치하는 것으로 파악하였다.

다섯째, 臨流閣과 관련된 연못은 池塘 2일 것으로 파악되며, 임류각도 현재 靈隱寺가 위치하고 있는 자리로 추정된다.

여섯째, 公州로의 진입로를 6개 路線으로 선정한 兪元載의 견해에 대체로 공감하는 바이나, 신라에 대비하기 위하여 고심한 가장 중요한 노선은 大田에서 儒城을 거쳐 공주에 이르는 통로라 하겠다. 이 通路上에 있는 沙井城을 동성왕과 성왕대에 계속하여 축조하고 있는 것은 바로 신라에 대비하기 위한 사전 조치였음을 알 수 있다 하겠다.

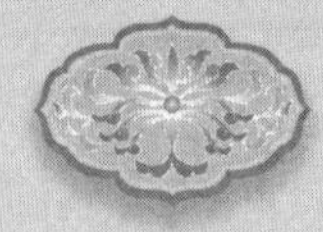

〈熊津都城의 構造와 防禦體制에 대하여〉를 읽고서

崔 孟 植 (國立慶州文化財硏究所)

　　백제는 처음 건국한 이래 首都를 慰禮城, 漢城(漢山)을 거쳐 熊津城과 泗沘城으로 옮긴 것으로 기록되어 있다[102]. 처음 수도였던 慰禮城에서부터 漢城時期를 거치는 동안 국가의 기틀이 점차 잡

---

102) 『三國史記』, 「百濟本紀」.
　① 始祖溫祖王條……溫祖都河南慰禮城……
　　二年春正月王謂群臣曰靺鞨連我北境其人勇而多詐宜繕兵積穀爲拒守之計
　　三年秋九月靺鞨侵北境王帥勁兵……八年春二月靺鞨賊三千來圍慰禮城王閉城門不出
　　十年冬十月靺鞨寇北境
　　十一年夏四月樂浪使靺鞨襲破甁山柵殺掠一百餘人
　　十三年……夏五月王謂臣下曰國家東有樂浪北有靺鞨侵軼疆境少有寧日……必將遷國
　　予昨出巡觀漢水之南土壤膏腴宜都於彼以圖久安之計秋七月就漢山下立柵移慰禮城民
　　戶……九月立城闕
　　十四年春正月遷都
　　十四年春正月遷都……秋七月築城漢江西北分漢城民十五年春正月作新宮室十七年樂
　　浪來侵焚慰禮城
　② 文周王條
　　(元年)文周王……蓋鹵在位二十一年高句麗來侵圍漢城……麗兵雖退城破王死……冬
　　十月移都於熊津三年春二月重修宮室
　③ 聖王條
　　十六年春移都於泗沘(一名所夫里)國號南扶餘

혀지면서 그 역량 역시 비례하여 커지게 되었던 것은 쉽게 짐작할 수 있겠다. 특히 고대국가에 있어서 수도의 위치는 國政을 수행하는 데에 있어서 국가의 존립을 좌우할 수 있을 만큼 큰 영향을 미치게 되었을 가능성도 생각해 봄직하다.

內治에서의 정치적, 지정학적, 군사적, 경제적인 측면은 국정에 절대적인 영향력을 발휘할 수 있는 것이지만, 대외적인 면에서도 외세가 영향을 끼칠 수 있는 蓋然性에서는 차이가 없으리라 믿는다. 이러한 면에서 백제가 초창기에 외세인 말갈, 낙랑과 고구려의 침략을 자주 받으면서 遷都를 할 수밖에 없었던 점은 충분히 수긍이 가고도 남는다 할 수 있다. 또 백제가 중기 이후에는 신라까지 가세한 외세에 의하여 한강유역을 포기하게 되었던 점은, 역시 기록과 함께 지금까지의 연구 결과에 의하면 대체적으로 의견의 일치를 보이고 있다고 여겨진다.

위의 견해는, 지금까지 수많은 학자들의 심혈로 이룩한 대체적인 내용이 아닌가 여겨진다. 심교수님께서는 백제도성을 비롯한 성곽 분야를 중심으로 20여년 이상에 걸친 오랜 연구조사에 한 우물을 파온 분으로 인식하고 있다. 이러한 점등을 고려하면 질의자는 필자로부터 배운다는 입장에서 평소에 가지고 있는 몇 가지 愚問을 던져 가르침을 받고자 한다.

첫째, 필자는 公山城 내 유적중의 하나인 掘建式建物址를 발굴자의 의견을 개진하면서 熊津城으로 遷都하기 이전에 조성되었을 것으로 보고 있습니다. 이 건물지의 성격으로는 성안의 부속시설로 파악하고 있고, 테뫼식산성 밖에 위치하고 있다는 점을 들었습니다. 또 테뫼식산성을 에워싼 포곡산성인 熊津城을 遷都 이전에 構築하고 테뫼식산성을 늦게 조성한 것으로 보고 계십니다. 포곡식산성에 대한 테뫼식산성이 늦게 축조되었다는 구체적인 축조방법이나 출토유물, 또는 테뫼식산성과 가장자리의 웅진성과의 관계를 읽을 수 있는 토층조사 등을 통하여 확인된 사례 등 선후관계를 파악할 수 있는 근거가 있는지 알고 싶습니다.

둘째, 위의 掘建式建物址에서는 발굴보고서에서 밝힌 바와 같이, 뚜렷한 유물이 거의 없는 것으로 알고 있습니다. 그렇지만 이러한 중요한 건물지와 성벽이 이미 존재했다면 발굴당시 동 유적에서 유물이 거의 확인되지 않았다 하더라도 당시 적지 않은 종류나 양이 존재했을 것이 아닌가 하는 점은 짐작하기 그리 어렵지 않다고 봅니다. 특히 공산성에서 가장 많은 출토량을 보이는 백제계 유물중 토기, 평기와, 수막새는 저의 좁은 안목으로 보아, 부소산성이나 사비시대에 해당하는 유물의 양식 등 그 특성을 비교해 보면 그 차이점을 거의 찾아보기 힘듭니다. 천도 이전부터 성벽이 축성되고 건물지가 자리했다면 시기의 시간적인 隔間이 적지 않은 것으로 인식됩니다. 이 점에 대해서 좋은 가르침이 있으시기를 부탁합니다.

셋째, 마지막으로 필자께서는 熊津城에 대해서만 주로 다루었기 때문에 蓋然性 있는 질의가 되겠습니다. 百濟都城이라는 큰 題目 下에서 이 글은 그 연장선에 있기 때문에 서로 분리될 수 없는 문제라고 생각됩니다. 필자는 웅진성 王宮의 위치는 발굴결과 등을 들어 성내에 위치하고 있을 것으로 판단하십니다. 이에 반해 필자께서는 평소 泗沘城의 경우는, 왕궁이 扶蘇山城 밖에 위치한 것으로 인식한 것으로 알고 있습니다. 발굴결과 도면에 의하면, 百濟道路는 부소산성 南麓 가까운 부분에서부터 남으로 이어지고 있습니다. 또 이 부분은 부소산성 백제 南門址에서 조금만 내려가면 백제의 남북도로와 접하고 있습니다. 남북도로의 북단에서 경사진 면까지는 길어야 30m내외로 계측되고 있는데, 이 좁은 공간에 왕궁이 가능할 수 있을까요? 아니면 현 왕궁지의 좌우 다른 곳에 위치하고 있다고 여기시는지요? 부소산성내의 출토유물 다양성과 무기류, 金銅類와 질적인 면에서의 비교에서 어떻게 설명할 수 있는지 많은 가르침을 부탁드립니다. 고맙습니다.

최맹식의 토론요지에 대한 심정보의 답변

일단 光復樓를 중심으로 한 테뫼식산성은 고려를 하지 않았고요, 웅진을 선택해서 급히 천도를 했지만 당시에도 아마 성벽이 있었을 것 같습니다. 실제로 백제시기 성벽이 있었다고 하니까, 제가 한번 문제 제기를 하고 싶은 것은 공산성의 성벽을 정비부터 할 것이 아니라 조선시대 때 축조한 부분에 대해서도 절개조사를 해서 백제 시대 초축 성벽과 수축한 부분, 조선시대 수축한 부분 이러한 것의 성격이 파악된 다음에 정비를 하는 것이 좋지 않을까 하는 점에서 웅진성에 대한 조사는 좀더 필요하지 않을까 생각이 됩니다.

그리고 掘建式建物址에서 유물이 거의 발견되지 않았다고 하는 점은 실제로는 어쩌면 연대가 더 올라가는 유적이 아닐까 생각이 되고요, 그런데 한가지 유의할 점은 정지산유적의 大壁建物址 등을 보면 그 건물을 조성하기 이전에 선행하는 유구가 있었거든요, 그것이 있었는데 유구를 깎아서 폐기시킨 다음에 제사유적을 다시 축조하고 있습니다. 그래서 어쩌면 이런 중요한 시설에 있어서,

송산리고분군도 왕릉을 조성하기 위해서 그러한 과정을 거치지 않았는가 추론이 필요하지 않을까 생각도 듭니다만, 대체로 공주에서 웅진기에 상응하는 유적이 잘 나타나지 않는 것에 대해서 우리가 좀더 전향적으로 검토할 필요가 있지 않을까 생각합니다.

 사비도성은 계속 발굴조사가 진행되어 오고 있습니다만, 특히 왕궁지 지역하고 백제도로 발굴할 때는 저도 참여했었습니다. 국립부여문화재연구소 앞에서 蓮池가 나왔을 때 저희들은 그것이 왕궁의 후원이 아니었을까 생각했습니다. 그런데 『翰苑』에 보면 '백제 왕성의 가장 북쪽은 석축으로 되어 있다'라는 기사가 있는데 북쪽 끝단이 발굴조사를 통해서 확인이 되었습니다. 실제로 석축이 쭉 나타났죠. 끝단은 저희가 확인을 했기 때문에 앞으로 범위를 넓혀가면서 발굴조사하면 왕궁지 규모가 드러나지 않을까 생각되는데 저는 왕궁지 남쪽 끝단이 대체로 대전·공주에서 부여로 들어오는 큰 도로변 거기까지가 아닐까 생각합니다. 대체로 레벨상으로 단이 떨어지거든요. 거기에서 북쪽으로 왕궁지가 형성되는데 중국의 왕궁같이 길게 남북상으로 되어있는 것이 아니라, 백제에서 사비도성의 왕궁지는 횡으로(동서로) 배치되어 있지 않았을까 생각합니다. 왜냐하면 동쪽으로 부여여고에 팔각으로 된 우물이 나타났고, 교육청에서도 또한 초석이 많이 발견되고, 아까 최맹식 선생님께서 말씀하셨지만 부여초등학교에서도 초석이 많이 발견되었고, 다시 아까 말씀드린 도로 북단에서 - 저희가 처음 조사할 때가 '78년도인 것 같습니다만 - 그때 방형 또는 원형 초석을 120점인가를 발견했습니다. 백제의 대형 원형 또는 방형 초석이 120여

개가 발견된다는 것은 백제 왕궁이 그쪽 지역에 있을 가능성이 지금 현재로서는 가장 크다고 생각됩니다.

　참고로 삼국시대 때 도성의 규모가 어땠을까 하는 것이 상당히 궁금합니다. 다행히 삼국사기를 보면 백제도성의 규모에 대해서 언급한 것이 나와 있습니다. 제가 잠깐 소개해 드리면 '검소하나 누추하지 않고 화려하나 사치스럽지 않다' 이 내용으로 간단명료하게 설명이 됩니다. 도성을 너무 크게 생각하면 오히려 오류를 낳지 않을까 생각합니다. 이상입니다.

제 6 장

백제도성과 주변국도성과의 비교

백제도성과 주변국 도성과의 비교

車 勇 杰 (충북대학교)

Ⅰ. 백제 도성의 계열 Plan

한성(漢城)·웅진(熊津)·사비(泗沘)도성은 백제가 차례로 도읍을 삼은 곳이다. 이들에게서 나타나는 공통된 요소가 있다면 그것은 곧 백제 도성이 가지는 계열(系列) Plan이라 할 수 있을 것이다.

문헌에 의하면 처음 도읍을 정할 때 '한수의 남쪽(漢水之南)'이란 위치, 그리고 이어서 그곳의 전략적 형세〔惟此河南之地 北帶漢水 東據高岳 南望沃澤 西阻大海 作都於斯 不亦宜乎〕를 언급하고 있다. 이러한 표현은 웅진과 사비에서는 나타나지 않고 있다. 그러나, 오늘날 확인할 수 있는 백제도성들의 위치선정은 '강물의 남쪽'이란 점과 사방의 형세에서 일치하고 있다. 따라서 백제 도성의 가장 큰 특징의 하나는 바로 이런 점에 있었다고 볼 수 있다.

처음의 위치를 알 수 없는 위례성(慰禮城)으로부터 시조인 온조(溫祚) 13년에 천도로부터 시작된 도성의 입지는 토양고수(土壤膏腴)라는 경제적 유리함이 첨가되어 오래도록 안전함을 도모한 계책[圖久安之計]으로 간주되었다. 이러한 위치의 선정은 북쪽과 동쪽에 자주 침입하는 적대세력이 있었던 당시의 환경[國家 東有樂浪 北有靺鞨 侵軼疆境 少有寧日]과 밀접히 관련되어 있었으며, 지리적인 상황으로 보아 마땅한 위치의 선택이었다고 생각된다.

백제가 한(漢)의 군현이 사라진 후에도 시종 북쪽의 고구려와 동쪽의 신라와 정립(鼎立)된 형세를 이루었던 점과 일치하였던 때문이기도 하였다. 이 때 가장 큰 관방으로 삼은 지리적 조건은 곧 강물과 산악지대였다고 여겨진다.

백제의 초기 도성이 고유한, 혹은 부여-고구려 계통의 도성과 연계되는 것인지, 아니면 중국의 영향을 받은 것인지는 아직 분명하게 밝혀진 바가 없다.[103]

부여의 한 도읍지였다고 여겨지는 동단산(東團山)의 경우는 강변에 솟은 산과 그 언저리를 에워싼 성벽으로 되어 있으며, 고구려의 초기 도성은 하고성자(下古城子)와 그 배후 산 위의 오녀산성(五女山城)이거나, 집안 국내성(國內城)과 산성자산성(山城子山城)으로 알려져 있다. 이미 이 시기 고구려는 한식(漢式)의 평지방형성(平地方形城)과 산성(山城)을 복합적으로 수용하였다고 여겨

---

103) 井上秀雄, 1976, 「朝鮮ノ都城」(上田正昭 編, 『日本古代文化ノ探究・都城』, 社會思想社, 東京)에서는 韓國의 都城을 山城으로부터 發展한 都城과 中國 都城制의 影響에 의한 都城으로 크게 구분하였다. 三國의 都城은 韓國 固有의 山城으로부터 發展・變形된 것으로서 이 系統이 主流이고, 中國風의 都城은 新羅의 慶州・高句麗의 平壤에 그 痕迹이 보이는 정도이고 百濟의 泗沘에도 存在 可能性이 있다고 하였다. 具體的으로 中國風이라는 것은 羅城과 條坊制를 들었다.

진다.

중국계통의 성곽은 일제시기에 일본인이 조사하기 시작하였다. 중국의 여러 도시에 남은 성곽의 조사는 1940년에 나온 Ishiwari Heizo의 「支那城郭의 槪要」가 널리 알려져 있다. 그에 의하면, 중국의 성곽은 천원지방(天圓地方)의 우주론적 사고에 의해 평면 방형(方形)을 기본으로 하며, 황하(黃河) 이북에서의 이러한 전형(典型)이 점차 남쪽으로 가면서 원형(圓形) 쪽으로 바뀐다고 하였다.[104] 백제의 초기 도성은 이전에 존재한 성곽들과의 비교에서 계통이 밝혀질 수 있다. 이전에 있었거나 동시대에 해당되는 것으로 우리는 부여와 고구려 및 신라의 초기 도성들과 낙랑(樂浪) 등의 한(漢) 군현(郡縣)의 존재를 언급하지 않을 수 없다. 왜냐하면 이들이 가장 가까이 존재한 국가나 정치단위로서 일정한 교류가 있었기 때문이다. 더 나아가 백제가 존속한 시기(BC 18—AD 660)에 문화의 교류가 이루어진 중국의 왕조들을 참작하여야 할 것이다. 한(漢)과 그 이전의 중국에서의 도성도 참고가 될 수 있다. 그보다 후한(後漢)·삼국의 오(吳)와 위(魏), 서진(西晉)과 동진(東晉)에 이은 남조(南朝)의 송(宋) 제(齊) 양(梁) 진(陳), 북위(北魏)를 비롯한 북조(北朝)의 왕조들과 가까이는 수(隋)와 당(唐)까지도 논의의 대상이 될 수 있다. 이들 중국에서의 도성 발전은 일정한 단계별 발전과정에 대한 이해가 있는 바이므로 이를 요약하여 비교할 수 있을 것이다.

---

104) Benjamin E. Wallacker, Ronald G. Knapp, Arthur J. Van Alstyne, Richard J. Smith ed. 1979, 『Chinese Walled Cities—A Collection of Maps from Shina Jokaku no Gaiyo』(The Chinese University Press of Hong Kong)

II. 전형(典型)과 변형(變形)

도성의 plan 자체를 일정한 기준을 정하고, 이 기준을 전형으로 인식하고, 이와 유사한 것이거나 다른 것을 변형으로 이해하려는 경향이 있다. 이러한 생각은 이미 宮崎市定이 중국 도시의 성곽에 대하여 논의한 데에서 나타나 있다[105]. 그는 城에는 두른다는 의미가 없고, 郭에는 방어의 의미가 없다고 보고, 城主郭從式에서 城從郭主式으로 변화하여 제1식 위주가 된다고 보았다. 그리고 대략 다음과 같이 성곽을 형식별로 구분하였다.

제1 城壁式 - 民居를 方形으로 에워싼 것이며, 주변은 농경지로서 성벽은 최초인 동시에 최후의 방어선, 전국시대 韓의 宜陽.

제2 內郭外城(郛)式 - 정확한 예를 들기 곤란하며 다음의 두 變式이 있다. 齊의 臨淄.

城主郭從式 - 郭은 일시적 방어를 위한 것이고, 주력진지가 내성인 것. - 古式

城從郭主式 - 주력진지는 郭에 있고, 內城의 방비는 형식적인 것에 그치는 것. - 新式, 齊의 即墨, 魏의 大梁城.

제3 山城式 - 위에 종묘와 사직, 왕궁이 있고, 사람들이 성 아래에 散居하며, 가장 오래된 형식이다.

이러한 형식 사이의 선후관계에 대하여 산성식→성주곽종식→성종곽주식→성벽식으로 진화되어 현재에 이르며, 이중 삼중의 성벽을 가진 것은 같은 것의 중복으로 보고 있다. 다만 궁성을 중

---

105) 宮崎市定, 1933, 「中國城郭ノ起源異說」, 『歷史卜地理』 32-3, (『アジア史研究』 1, 1975再錄).

심으로 하는 도시는 후세까지 제2식이 전존되었다고 보고 있다. 이러한 紙上考古學으로부터, 이후 점차 조사가 진행되어 보다 구체적 논의가 진행될 수 있게 된 것은 그리 오랜 기간이 지난 것이 아니다.

도시의 발전 과정에서 세계사적 발전과정의 典型에 대하여도 Greece 및 Roma의 예를 들어 山城式이 선행하며, 도시 전체를 에워싸는 성벽이 그 다음의 경험적 대응에서 성립한 것으로 이해하고 있다. 이러한 경향은 矢守一彦에 이르러 韓國 都城 전체의 검토로 이어졌다.[106] 당시 고구려의 도성과 낙랑의 군현 치소에 대한 조사와 함께 池內宏[107], 關野貞[108] 등의 도시와 도성에 관련한 일련의 조사 사실이 종합되어 나타난 것이었다. 대동강 남안의 토성과 於乙洞古城·사리원 대방군 치소(현 지탑리토성)·영흥 소라리 토성 등에 대하여 언급하면서, 이들이 土築의 圍壁을 가지고, 그 안에 정연한 建築群의 礎石과 瓦塼을 깔은 포장도로와 溝에 의하여 中國式土城을 韓國에 전달하는 機緣을 담당하여 百濟와 新羅의 「城邑」도 이러한 흐름의 영향을 입은 것으로 생각하였다.

이에 대하여 고구려의 도성에서 山城이 존재하여 평양 長安城에 이르러 산성과 평지까지 포함한 형식으로 발전한 것을 종래 있어온 산성과 평지성이 별개로 존재하였던 것에서 중국식 성읍제를 도입하여 이행된 형태로 생각하였다. 이러한 설명은 현재까지도 가장 설득력이 있는 학설이 되어 있다. 도성의 제도로서의 羅城을 건축학자인 藤島亥治郎은 中國→高句麗→新羅·百濟→日本으로

---

106) 矢守一彦, 1942, 『都市プランノ研究』.
107) 池內宏·梅原末治, 1940, 『通溝』.
108) 關野貞, 1941, 『朝鮮ノ建築ト藝術』外.

의 코스로 나성제의 略化 코스로 상정하였다.

중국의 경우 고대 도성제도에 대하여 楊寬은 3차례의 큰 변화를 이끌어내었다. 첫째는 西周에서 春秋·戰國으로 오면서 단순한 城에서 발전하여 郭과 연계되었다는 점, 둘째 西漢에서 東漢에 이르면서 坐西朝東이 변하여 坐北朝南으로 형국이 변화한 점, 셋째로 魏晉南北朝에서 隋·唐에 이르면서 南北 中軸線을 중심한 東西 대칭의 구조로 변화한 것을 들고 있다. 그리고 이렇게 된 원인들에 대하여 설명하고 있다.[109]

Ⅲ. 몇 가지 요소들

백제의 도성(都城)을 다른 나라의 그것들과 비교하기 위해서는 다음과 같은 점들이 고려될 수 있다고 여겨진다.

첫째로는 백제를 구성한 사람들이 한(韓)·고구려 및 부여 계열·중국인 등 외국인 등으로 다양하므로 이들의 종족적·문화적 전통이 도성(都城)에 영향을 줄 수 있었을 것인가의 문제이다.

둘째로는 백제가 서쪽 황해 건너 중국과 교류하면서 중국에서의 도성제도의 영향을 받았을 가능성이다.

세번째로는 북방에 존재하였던 낙랑을 비롯한 군현들과의 관계를 통하여 약간은 변형된 중국계 성곽의 영향을 받았을 가능성 문제이다.

---

109) 楊寬, 1993, 『中國古代都城制度史硏究』(上海古籍出版社).

앞의 것은 산성을 비롯한 고구려에서 일찍부터 발전한 산성계통의 영향 문제이며, 뒤의 문제들은 중국계 성곽의 영향에 대한 문제가 된다.

다음으로는 논의의 대상과 범위의 문제가 있다. 도성을 비교하는데 있어서 첫째로 도성이 하나의 단위가 아니고 여러 개의 단위 성곽들이 조합을 이룬 경우까지 포함할 것인가의 문제가 있다. 다음으로는 형태와 시설의 중핵을 이루는 도시사적 관점, 내지는 방리제도와 같은 區劃 문제가 어느 것과 유사성을 가지고 있는가의 문제가 있다.

다시 말해서 백제 도성의 경우 왕궁이 있는 성과 주변의 방어를 위한 것까지를 포함할 것인가의 문제가 있다. 다음으로는 축성의 방식을 비롯하여 가로 조직과 같은 구획 자체의 문제가 그것이다.

IV. 한성(漢城)과 웅진(熊津)도성의 경우

현재 한성시기 백제의 도성을 서울 일원에 남은 성곽에서 보려는 입장이 대체적인 흐름인 듯하다. 특히 그 말기까지 조성된 한성의 실체가 어떤 것이며, 어느 성이 과연 왕궁이 있었던 성인가에 대한 관심이 높아져 있다. 최근의 고고학적 성과에 의하여 풍납동토성은 매우 가능성이 높은 곳으로 논의되고 있다.

그러나 풍납동토성만을 가지고 논의할 경우와, 그 주변의 다른 성들을 포함하여 논의할 경우 계열을 찾는데 혼동이 있을 수 있다.

백제 건국세력에 대하여 기록들은 모두 부여(夫餘)나 고구려의 한 갈래라 하였다. 이 경우 맨 먼저 논의될 수 있는 것은 부여의 왕성(王城)과 고구려의 초기 도성들일 것이다.

백제 초기 주요한 선진 문물의 한 중심지는 보다 서북쪽에 위치한 낙랑과 대방군 지역이었다. 서북한 지역의 문화가 남쪽으로 내려온 것은 古朝鮮의 해체세력과도 관련된다. 따라서 두 번째로 논의 될 수 있는 것은 王險城〔王儉城〕과 낙랑군 지역의 성터들이 될 수 있으며, 4세기 선비족(鮮卑族) 등 이른바 기마 민족의 이동과 관련하여 백제의 건국을 얘기하려면 그들의 도성과도 비교하여야 할 것이다.[110]

한성시기 백제는 남조뿐만 아니라 북조와도 사신이 왕래한 바 있으므로 이들 도성과도 견주어보아야 할 것이다.

1. 고구려 계통

고구려의 초기 도읍지는 대략 오늘날의 환인지방으로, 西古城子와 五女山城을 주목하고 있다. 하나는 강변 평지의 네모꼴 토성이며, 하나는 산 위의 험준함에 의지한 不定形의 석축 산성이다. 이 두 가지 요소가 처음부터 이용되어 다음의 국내성 시기에도 계속된 것으로 알려져 있다. 백제가 만약 이러한 경험을 가진 고구려의

---

110) 鮮卑族의 경우에는 4세기 靑海 지구로 이동한 모용씨의 선비족인 土谷渾의 都城인 伏俟城이 內外 이중의 城郭이고, 내성은 외곽성의 서쪽 중앙에 평면 방형에 가까운 方 200m 정도의 版築이다. 내성 안의 서벽에 方 70m의 건물 기초가 있어서 궁전터로 알려져 있는 예가 있다.

中國社會科學院 考古硏究所 編, 1988, 『新中國ノ考古學』(平凡社), 517面.

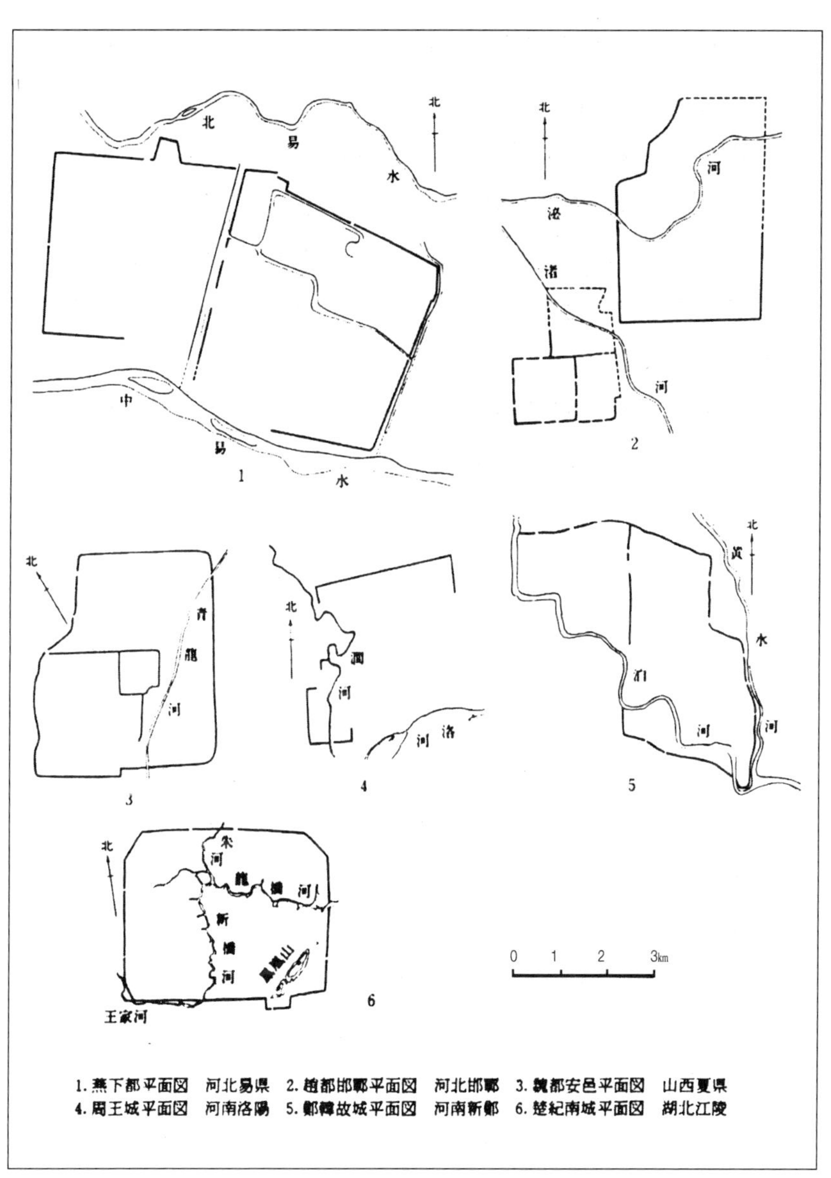

1. 燕下都平面図　河北易県　2. 趙都邯鄲平面図　河北邯鄲　3. 魏都安邑平面図　山西夏県
4. 周王城平面図　河南洛陽　5. 鄭韓故城平面図　河南新鄭　6. 楚紀南城平面図　湖北江陵

〈도면 1〉 東周各國都城址平面圖(『新中國의 考古學』에서)

왕족에서 나온 것이 확실하다면, 강변의 평지 거성(居城)과 산 위의 비상시 입보처를 동시에 건설할 수 있었을 것이다.

고구려는「廣開土大王」비문의 첫머리에서 '忽本西城山上而建都焉'이라 하였듯이 산 위에 성을 쌓고 도읍을 건설하였다고 하였다. 그리고 그 원칙은 훗날 長安城으로 이어지면서 지속적으로 산에 의지하였음을 알 수 있다. 백제에 있어서는 泗沘都城에 이르러서 靑馬山城을 가지고 있었다고 보면 이와 비슷한 전통을 유지한 셈이다. 한성시기에 이러한 전통이 있었다고 생각은 되지만 아직 증거가 충분하지 않은 실정이다.

2. 중국 군현 계통

낙랑과 대방은 백제의 성장과정에서 국경을 마주하였던 세력이다. 낙랑군의 치소인 대동강 남안의 성터와 대방군 치소로 알려진 지탑리토성은 모두 토축의 성벽을 가지고 있다. 낙랑군 치소는 비교적 이른 시기에 건설될 수 있었을 것이지만, 대방군의 경우는 3세기 경에 이르러서야 군의 치소가 되었으므로, 보다 앞선 시기의 것과 후대의 것이 복합되었을 가능성이 크다.

낙랑은 백제와 대립한 것으로 기록에 전하며, 백제는 이들 군현 세력을 4세기에 몰아내게 되지만, 이전에 일정한 교류가 있었다. 특히 대방과의 관계에서 친선이 있었다고 기록된 사실은 적어도 토목건설에 대한 문물의 교류가 있을 수 있었다고 추정 못할 이유가 없게 된다.

백제에서 초기 도성과 관련된 성터로 거론되는 것들이 대부분

토성으로 되어 있고, 중국식 版築方法이 사용되어 있음은 잘 알려
진 사실이다. 그리고 판축의 전통은 熊津都城과 이후의 泗沘都城
에서도 사용되고 있다.

풍납동토성은 위치상 바닷길과 바로 통하는 강의 남안(南岸)에
위치하여, 낙랑토성의 위치선정과 크게 다르지 않다. 다만 구릉을
이용한 듯한 낙랑토성에 비하여 샛강을 이용하여 방어력을 높이
고, 규모도 더 크게 만든 것이라 할 수 있다.

백제의 한성이 낙랑토성을 모방하였다거나 그 직접적 영향으로
만들어진 것은 아닐 것이다. 현재는 그 자취의 대부분을 잃었으나,
보다 서쪽에 있는 삼성동토성의 경우는 오히려 강반(江畔)의 높은
단절 구릉을 이용하여 남서향하여 낮아지는 지형에 축조되어 있
었으므로, 보다 낙랑토성의 입지에 가까운 것일 수도 있다. 주변의
여러 취락 가운데 중심취락의 기능을 하기 좋은 위치에 형성된 자
연적 조건을 이용하여 적극적인 방어설비를 갖추는 형식을 취하
였다고 여겨진다. 이 점은 경주의 월성(月城)이나 대구의 달성(達
城) 등과도 비교될 수 있을 것이다.

3. 중국 계통

중국의 도시에서 도성이 차지하는 비중은 매우 크다. 1980년대
전반에 중국에서는 古都學이란 말을 사용하기도 한다.[111]

하(夏)의 궁전터가 발견된 洛陽 偃師縣 二里頭 유적에서 이미 版
築(夯土)의 기법이 사용되며, 상(商)의 서박(西亳)과 오도(隞都)라

---

111) 史念海, 1996, 『中國古都和文化』, 中華書局(北京).

하는 정주(鄭州)시기를 거쳐 은허(殷墟)에 이르러 궁전 유적은 강반의 구릉이 선택되고 있음을 알 수 있다. 주(周)는 洛水 북안에 王城과 成周를 건설하였다. 王城은 남북 3.7㎞, 동서 2.8㎞의 장방형 평면에 9經 9緯의 이상적 도시를 구현하였다. 『周禮』考工記의〔匠人營國 方九里 旁三門, 國中九經九緯 經途九軌 左朝右社 面朝後市 市朝一夫〕라 함이 그것이다. 이러한 제도 이후의 철기시대에 이르러 도시들은 보다 거대화되었다. 고조선과 가까운 연(燕)의 하도(下都)와 조(趙)의 한단(邯鄲) 및 제(齊)의 임치(臨淄)가 비교적 한반도와 관련이 될 수 있었을 것이지만, 이와 유사한 성곽의 존재는 아직 알려지지 않고 있다.

漢(BC 206~AD8년)과 後漢(AD 25~220년)은 백제의 초기와 시기가 평행하다. 한의 혜제(惠帝) 때 건설된 長安城은 둘레 25.1㎞에 달하는 거대한 것으로 방위마다 3개씩의 성문이 있고, 성문은 각기 3개씩의 門道가 있어 한 개의 문 너비가 최대 8.1m, 최소의 것도 7.7m였다. 성은 강물이 동북에서 서남쪽으로 굽어 흐르는 남동쪽에 자리하였으며, 동쪽 구역의 長樂宮과 서쪽 구역의 未央宮 이외에 北宮과 桂宮이 미앙궁 북쪽에, 明光宮이 長樂宮 북쪽에 계속 건설되고, 미앙궁의 서쪽 강건너에 建章宮이 있어서 飛閣으로 서로 이어지게 건설되었다.

後漢의 도성은 옛 成周 터에 건설되어 雒陽을 洛陽이라 개명한 都城이었다. 남북 3,872m, 동서 2,504m의 성벽에 성문이 12개소가 있었다. 서기 26년에 高廟와 社稷, 그리고 郊兆를 도성 남쪽에 세웠다. 60년에 북궁과 관부를 수리하여 南宮과 北宮이 약 3㎞의 간격으로 떨어져 있었는데, 뚜껑이 있는 복도를 만들어 연결되고,

北闕과 武闕은 높이가 100餘尺이나 되었다고 한다.

낙양도성 내에는 明帝 때인 68년 최초로 白馬寺가 도성 안에 세워졌으며, 濯龍園·芳林園·修明園과 같은 원림이 도성 안에 건설되었으니, 秦漢의 園林인 上林園이 성의 외부에 있었던 것이 도성 안으로 들어 온 시초였다.

이 漢과 後漢의 都城은 우리나라 초기 도성들과의 비교가 시도된 바 없으나, 우리의 눈길을 끄는 바가 있다. 그 첫째로는 동-서, 혹은 남-북으로 河川을 사이에 두고 궁이 있었다거나, 낙양에서 天地神祇에 제사하는 곳이 남쪽 교외에 있었다는 점과 성내로 園池가 건설되는 현상 등이 그것이다.

백제의 王都 漢城은 웅진으로 남천하기 직전의 상황이 北城과 南城으로 구성되어 있었다고 하였다(『三國史記』,「百濟本紀」3 蓋鹵王 21年 秋9月). 北城은 3만의 고구려군에 포위되어 7일 동안을 버틴 것이었고, 왕이 있던 南城이 있었던 것으로 되어있다. 또한 宮의 남쪽에 못(池)이 있었으며(毗有王 21年 夏五月「宮南池中有火焰如車輪 終夜而滅」), 궁의 서쪽에 射臺가 있고(比流王 17年 秋8月「築射臺於宮西 每以朔望習射」, 阿莘王 7年 9月「集都人習射於西臺」) 別宮이 있었다(阿莘王「枕流王之元子 初生於漢城別宮」). 東明廟가 있고, 南壇이 있었으며, 佛寺도 있었으므로(枕流王 2年 春2月「創佛寺於漢山 度僧十人」), 도성의 구조 형식적인 면에서는 중국에 있어서의 晉과 이후의 도성들과 비교되어야 할 것이다.

이런 점에서 近肖古王 때에 東晉과 修交하고 있는 점과, 근초고왕 27년「移都漢山」의 관계도 고려하여야 할 것이다. 백제가 辰斯王 7년에 宮室을 重修하고 못을 파고 산을 만들어 奇禽異卉를 기

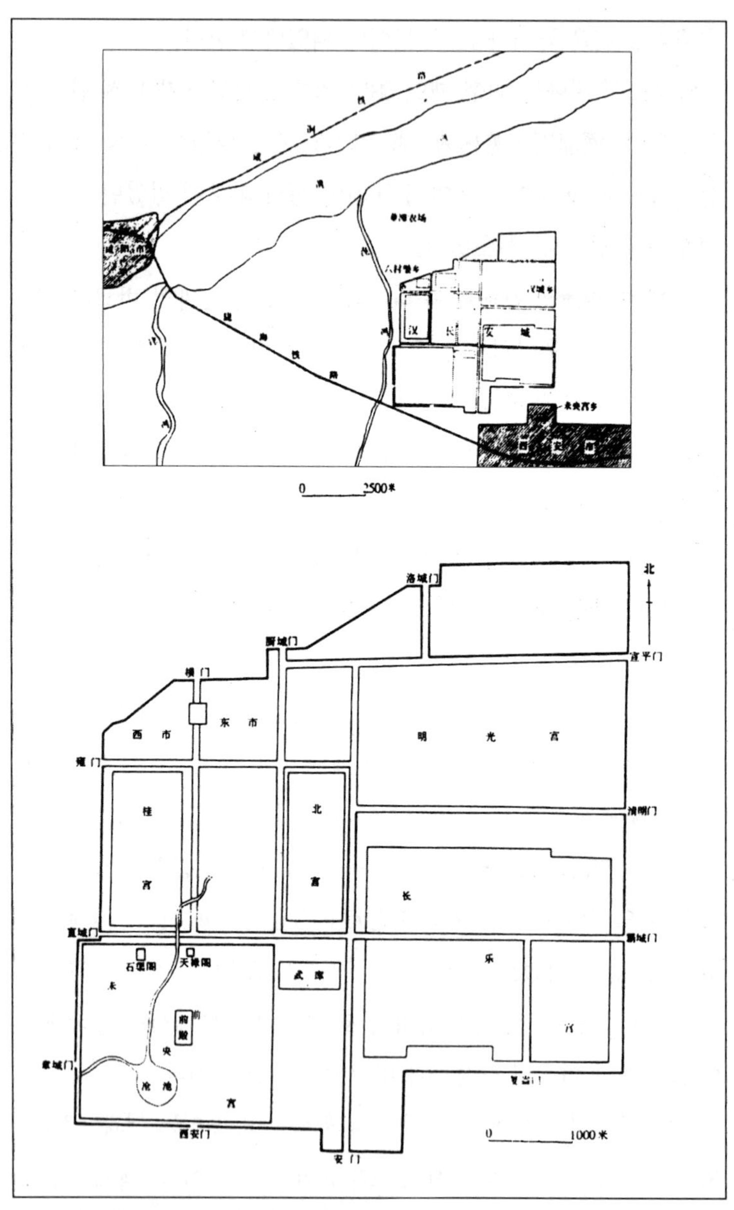

〈도면 2〉 漢 長安城位置圖(上) 및 未央宮位置圖(下)(『漢長安城未央宮』, 1996, 中國大百科全書出版社)

른 사실도 고려하여야 할 것이다.

낙양 도성은 魏의 鄴城으로 明帝(227~239년)때 太極殿이 건립되어 이후 皇宮의 正殿을 부르는 칭호가 되었다. 西晉의 낙양도 새로이 건설되거나 큰 변화가 있지는 않았다. 이후 北魏 孝文帝(471~499년) 때에 이르러 정비되었는데, 南宮을 없애고 북궁의 기초에 가깝게 정궁을 위치시켜 중앙에서 북쪽에 치우친 제도가 되었다.

東晉(317~420년)의 建康은 西晉 말기에 建業이란 이름을 고친 것으로 東晉이 이곳을 국도로 삼아 宋·齊·梁·陳에 이르렀다. 330년에 새로이 건설되었으며, 둘레 20리 19보의 성벽이 없이 문을 만든 도성구역 안에 동-서 방향의 가로가 있고, 그 북쪽은 宮城(臺城 혹은 苑城)이 있고, 그 남쪽으로 중요 관서가 자리하였다. 궁성은 토성으로 되어 있었으나, 339년에 둘레 8리(方 2里)를 벽돌로 쌓았다. 궁성은 내외 이중으로 되고, 성안의 전각이 3,500간에 달하였다. 정전을 태극전이라 하였으며, 北朝의 낙양과 크게 다르지 않았다. 다만 선박이 정박할 수 있는 浮航(浮橋)이 있었다.

宋(420~479년)과 齊(479~502년)도 건강을 그대로 사용하였으나 梁(502~527년) 武帝 때(508년) 궁성의 내벽 남쪽과 외벽 사이에 神龍·仁虎의 두 闕이 지어지고, 511년에는 宮城의 둘레에 또 하나의 성벽을 쌓아 2중이 3중으로 되고, 그후 태극전과 동서의 두 堂이 중건되어 규모가 커졌다. 宋의 文帝(424~453년) 때에는 동진 이래 최고의 번영을 누리게 되었다.

建康은 남 동 서쪽으로 외곽에 해당하는 부분이 있고, 長江·石頭城·玄武湖·鍾山은 천연적인 방어 장벽을 이루고 있다. 남쪽의 越城, 서쪽의 石頭城(토축이었다가 410년에 甎築됨, 烽火臺와 糧倉이 있음), 동쪽의 東府城(義熙10년 축조, 梁 末期 侯景이 이곳에 있으며 甎築), 서남쪽의 西州城이 있어 東府城과 상대하고, 이 밖에도 棚塘이나 白石壘가 있었다. 도성의 구역은 사방 40里에 걸쳐 귀족들의 거주 구역과 市의 구역 등으로 나뉘었다. 宋 文帝 때에는 현무호 가운데에 三神山을 만들고, 궁성 동북쪽의 華林園 가운데에 景陽山을 축조하고 현무호의 물을 화림원 안의 天淵池까지 끌어 들여 궁중을 통과하여 궁성 남쪽으로 흐르게 하였다. 이 建康은 南朝 불교문화의 중심도 되어 이미 247년에 처음 절이 세워진 이래 梁 武帝와 같은 好佛의 황제 때를 지나면서 많은 시설이 들어섰다.

성의 남쪽에 長干寺가 있었고, 성의 남쪽 淮水 북쪽에 저명한 瓦官寺가 있었으며, 궁성의 정북쪽 雞籠山麓에 화려한 同泰寺를 지어 大通門을 만들어 길을 건너 서로 통하게 하였다. 이는 궁성의 정북 방향에 寺院이나 道觀을 짓는 시초가 되었으며, 후대에 큰 영향을 끼쳤다.[112]

백제는 한성시기 말기에 동진 및 宋 · 北魏에 외교관계를 맺었다. 특히 근초고왕 때에 처음 東晉과 수교한 것은 比流王 30년에 왕궁이 불타면서 民戶가 延燒된 상황 이후 漢山으로 천도한 이후로 기록되어 있다. 이 점은 근초고왕 이후 개로왕 때까지의 기본적인 都城이 辰斯王 · 阿莘王 때 동진 建康城을 어떤 면에서 본받았을 가능성이 있다는 개연성을 알려줄 뿐이다.

---

112) 이 부분에 대하여는 楊寬, 1993, 『中國古代都城制度史硏究』, 上海古籍出版社 및 曹洪濤, 1995, 『中國古代城市的發展』, 中國城市出版社를 참조하였다

이어 宋·齊·梁과의 통교를 통하는 시기의 도성이 熊津과 泗沘이다. 熊津都城은 오늘날의 公山城과 그 언저리이며, 주요한 시설은 기록상 宮室(文周王 3年 春2月「重修宮室」)·祭天壇(東城王 11年 冬10月「王設壇祭天地」)·南堂(東城王 11年 11月「宴群臣於南堂」)·熊津橋(東城王 20年「設熊津橋」)·臨流閣(東城王 22年 春「起臨流閣於宮東 高五丈 又穿池養奇禽」·五月「王與左右 宴臨流閣 終夜極歡」)이 있으며, 이 외에 大通寺와 같은 寺刹이 있었다. 오늘날 웅진도성의 성곽에 대하여 나성이 있다는 설과 없다는 설이 있는데, 중국 남조와의 관련에서 본다면 없다는 설이 오히려 타당하나, 내성인 공산성의 외곽으로 산형지세를 따라 곳곳에 성문을 시설하였을 가능성은 있다. 동진 이래 남조의 도읍인 건강도성은 당시의 풍조가 귀족적 생활을 반영하여 궁성 가까이에 園池를 두는 것이었으므로, 백제의 한성에서 辰斯王 7年(391년)에 이런 시설이 생긴 것, 웅진도성에 東城王 22年(500년)에 臨流閣을 지어 환락을 즐긴 것이 南朝에 있어서의 취향의 영향을 받은 것이라 여겨진다. 이러한 경향은 泗沘都城에도 그대로 이어졌다고 할 수 있다.

V. 泗沘都城

사비도성은 聖王 16年(538년) 이래 멸망 때까지 가장 완비된 도성으로 존재하였던 곳이다. 이곳의 시설은 부소산성을 비롯하여 羅城, 청마산성을 비롯한 산성, 궁남지, 사찰 등이 알려져 있으며,

도성 내의 5部5巷 제도에 대한 기록과 그 標石이 남아 있다.

　사비도성은 羅城을 가진 도시라는 점에서 이전과 달라진 것이다. 궁성과 나성이 같은 시기에 성립된 것인지, 나성이 보다 늦게 시설된 것인지는 아직 확실하지 않다. 사비도성 시기에는 梁·陳·高齊·北齊·北周를 거쳐 隋와 唐과 통교하였다.

　사비도성의 기본적인 입지는 강의 南岸이란 점에서는 漢城, 熊津과 다를 바 없으나, 구릉성 산지를 이용한 점에서는 웅진과 사비가 같다.

　도성 내의 시설로서 궁의 남문(武王 13年 4月「震宮南門」)·궁궐 수리(武王 31年 春2月「重修泗沘之宮」)·王興寺(武王 35年 春2月 落成「王興寺成 其寺臨水彩飾壯麗 王每乘舟入寺行香」)·궁남지(武王 35年 3月「穿池於宮南 引水二十餘里 四岸植以楊柳 水中築島嶼 擬方丈仙山」)·大王浦(武王 37年 3月)·望海樓(武王 37年 8月「宴群臣於望海樓」)·太子宮(義慈王 15年 2月「修太子宮 極侈麗」)·望海亭(「立望海亭於王宮南」) 등이 있었다.

　처음 축조된 사비도성은 대략 무왕 31년을 경계로 이후 새롭게 시설된 것으로 여겨진다. 이 때는 唐과의 친교가 무르익는 때였다.

　사비도성의 경우에는 王宮의 남쪽과 북쪽에 遊宴을 할 수 있는 園池가 있었을 뿐만 아니라, 북쪽의 강 건너에 王興寺가 있었다. 궁남지는 20여리나 되는 수로를 만들어 강물을 끌여들인 것으로 되어 있다.

　이러한 기본 구도는 이미 중국에서는 南朝 建康城에서 북쪽 玄武湖에 삼신산을 만들고, 호수의 물을 이끌어 동북쪽에 華林園에

天淵池를 만든 것이 있었으며, 궁성 정북쪽에 同泰寺가 있었던 것에 비유될 수 있을 것이다.

唐의 長安城은 隋의 大興城이었다. 대흥성은 漢의 長安古城 동남쪽에 있는 龍首原에 내성과 외성을 갖춘 도성이 건설된 것이 582년부터였다. 내성은 외성의 북부 중앙에 방형에 가깝도록 동서 너비 2,820m, 남북 길이 3,335m의 규모가 되고, 그 後半部는 궁성으로 남북 1,492m, 前半部는 皇城으로 남북 1,843m인데 궁성과 황성 사이는 길만 있고 성벽은 없었다. 궁성의 중앙은 태극궁으로 동서 1,967m, 남북 1,492m의 범위이며, 동쪽 옆은 태자의 동궁이 있고, 서쪽은 궁녀들의 거주구역인 掖庭宮이 있는 구조였다. 황성은 좌우 대칭으로 중앙관청이 있는 곳이며 전면 양측에 太廟와 社稷이 있었다. 北魏 洛陽에서 남북 양궁제도가 없어지고, 북궁의 위치는 왕궁이 되고, 남궁의 위치는 황성이 되었었다. 이것이 隋·唐 장안성에 이르러 내성의 북쪽구역인 궁성과 남쪽구역인 황성으로 구성되었다. 뿐만 아니라 궁성은 중앙의 태극궁과 동서로 동궁과 액성궁으로 정형화되있다.

後漢 낙양에서 남북 양궁이 있고, 북궁에 태후궁이 있었는데, 西晉과 北魏에 이르러 궁성의 동북쪽에 태자궁, 혹은 東宮을 두었고, 당의 장안성에 이르러 동궁 뿐만 아니라 그 앞에 동궁소속의 관서까지 두었다.

궁성과 황성은 도성 내의 일반 주거구역과 구분되었다. 隋唐에 이르러 내성인 궁성과 황성구역은 외성구역과 구분되어 궁궐, 귀족 관리구역, 土庶 거주와 市의 구역은 분리되었다. 이후 당태종(626~649년)의 시기에 궁성의 동북쪽 보다 높은 위치에 大明宮을 건설하였다. 이곳에 정전인 含元殿이 663년에 건설되었다. 궁성 내부에 太液池를 만들고 그 안에 봉래산을 만들었다.

장안성의 외곽은 장방형으로 동서 너비 9,721m, 남북 길이 8,651m나 된다. 내성은 이 외곽의 북쪽 중앙에 있었다. 남쪽으로 5개의 성문이 있고, 나머지 각 방향에 3개씩의 문이 있어 모두 13개의 성문이 있었으며, 남북 11條 동서 14條의 街路가 대략 방형 내지 장방형의 坊을 구획하고(방의 규모는 두 가지로 나뉨), 방은 십자가로 4등분되어 있었다. 市는 井자 街路로 된 9개 구역으로

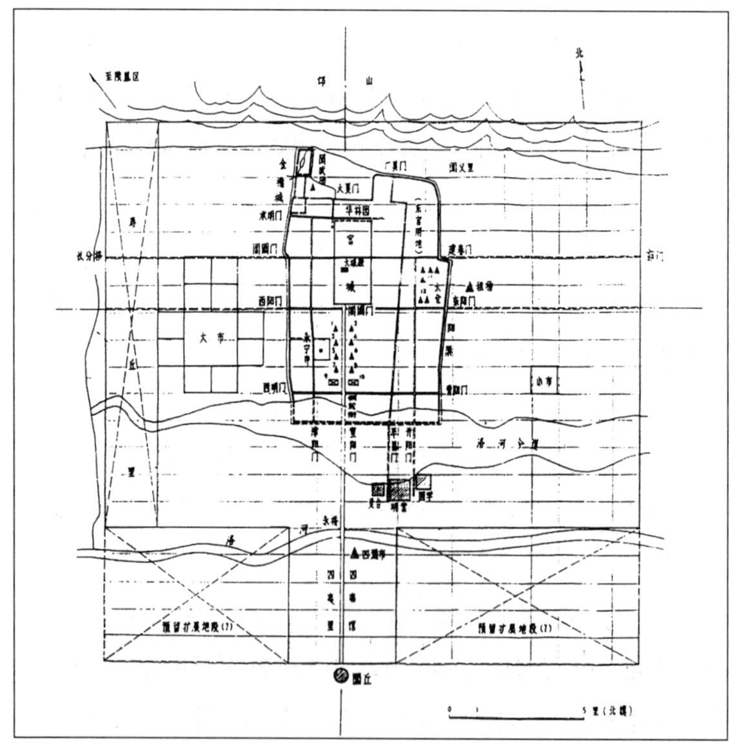

〈도면 3〉 北魏洛陽規劃槪模圖(賀業鋸 『中國古代城市規劃史論叢』, 1986, 中國建築工業出版社)

나뉘었다.

　당의 洛陽城은 역시 隋의 그것을 이은 것으로 내성은 郭城의 서
북 모서리에 있었다. 隋의 郭城은 낮은 성벽이었으나, 693년에야
중축되었다.. 洛水가 궁성 남쪽에 있어서 郭城의 중간을 동서 방향
으로 횡단하고, 북반부의 서쪽이 내성(宮城·皇城·東城)이며, 동
쪽은 北郭이었다. 洛水 남쪽의 남반부는 북곽의 남쪽 건너의 남곽
과 서곽에 각기 市가 있었다.

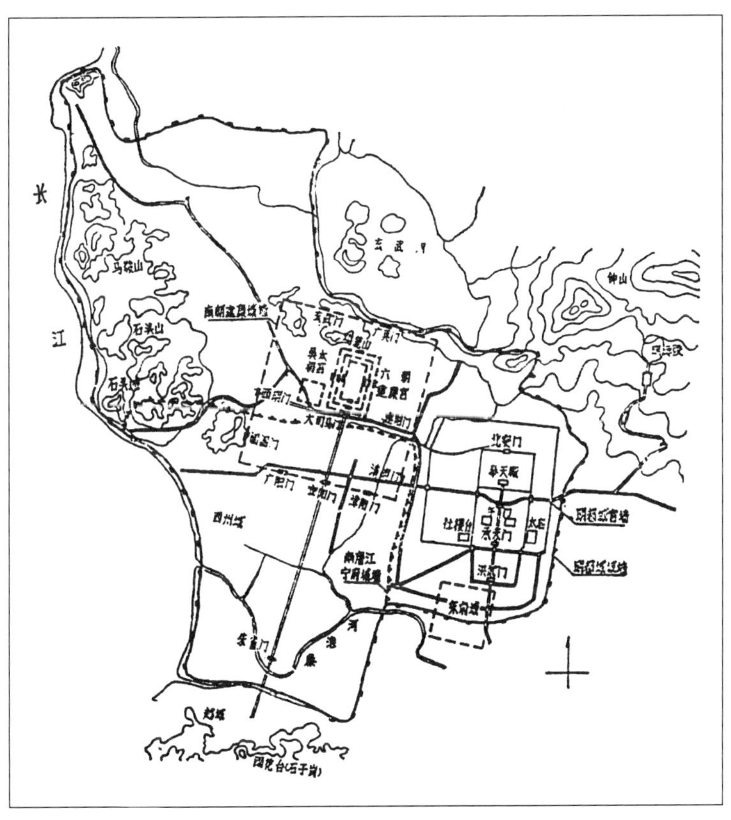

〈도면 4〉 南京歷代城址變遷圖(同濟大學城市規劃敎硏室, 1982, 『中國城市建設史』)

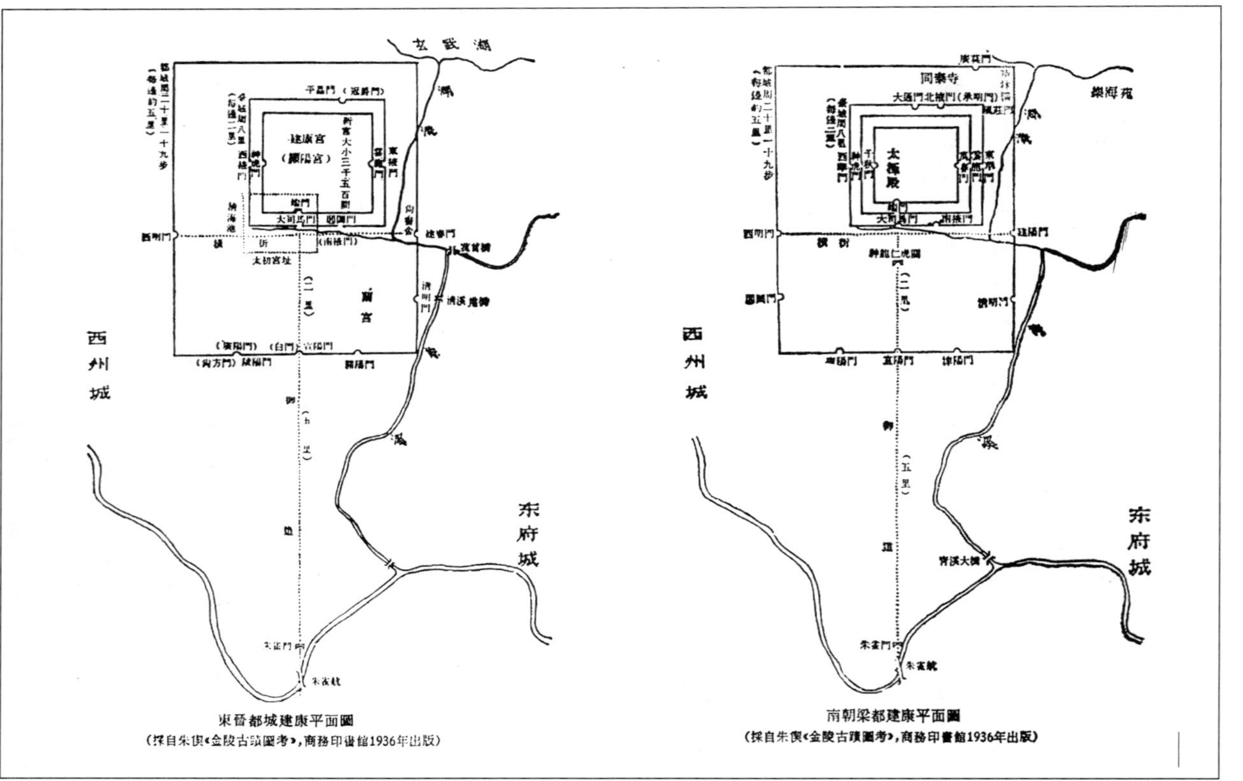

〈도면 5〉 東晉都城建業平面圖(左), 南朝 梁都建業平面圖(右)(楊寬, 1993,『中國古代都城制度史研究』에서 인용)

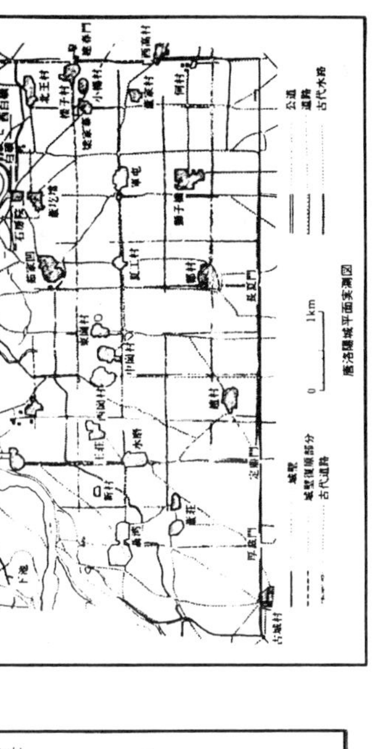

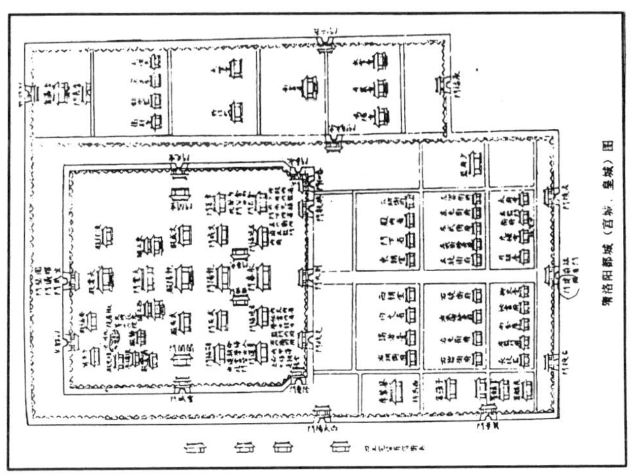

〈도면 6〉 洛陽都城圖(左, 曹洪濤, 1995, 『中國古代城市的發展』), 唐 洛陽城平面實測圖(『新中國의 考古學』)

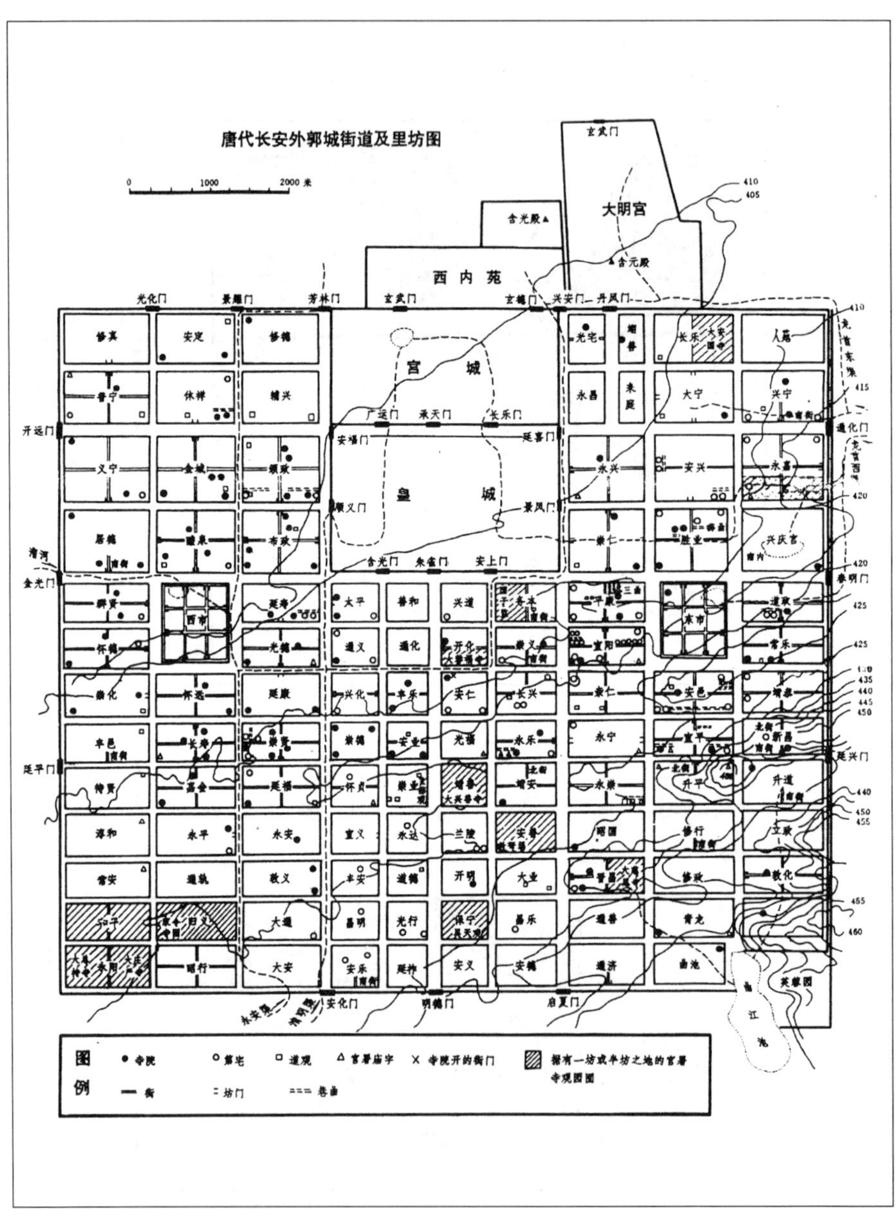

〈도면 7〉 唐 長安城 外郭城 街道 및 坊里圖(史念海, 1996, 『中國古都和文化』)

VI. 羅城 문제

중국의 도성에서 外郭城이 건설된 것은 鮮卑族의 北魏에서 종합된 것으로 알려져 있다. 道武帝(386~409)는 鄴城·洛陽·長安의 제도를 모방하여 平城을 건설하고도 南郊에서 正月에 五方帝에 郊祀하고, 4월에 西郊의 方壇에서 祭天하였는데, 동시에 白登山에 祖廟를 설치하여 제사하였다. 그러나 孝文帝(471~499년)는 개혁을 하여 본디의 禮俗을 바꾸고 중국식 도성제도도 모방하였다. 488년에는 南郊에 圜丘를 만들어 이듬해 祭天하였으며, 이어 太廟 등의 개건이 있었다. 이후 建康의 궁궐도 참작하여 낙양성이 건축되었다.

北魏는 평성을 건축하면서 外郭城을 건설하였는데, 406년에 시작되었고, 422년 둘레 32里의 규모였다. 坊은 큰 것이 4~500家, 작은 것은 6~70家를 수용하였다. 이러한 제도가 낙양성에 이르러 보다 규칙적인 것으로 된 것이다.

백제가 南壇이나 大壇을 설치하여 제사지낸 것이 웅진도읍기까지 진행된 것과 무슨 관련이 있는지, 그리고 『隋書』나 『通典』 등에 이어 『翰苑』에서 『括地志』를 인용하여 「百濟城立其祖仇台廟 四時祠之也」라 한 것이 있어서 도성제도의 독특한 면이 있었을 가능성이 있다.

사비도성에 이르러 羅城이 축조된 것으로 볼 경우〔「百濟王城 方一里半 北面 累石爲之 城下可萬餘家 卽五部之所居也 一部有兵五百人」·「王所都城內 又爲五部 皆達率領之 又城中五巷 士庶居焉」〕의

상황이 王城인 內城과 都城인 羅城을 의미할 가능성이 있다. 도성 내의 구역이 前·後·左·右·中의 5部로 되고, 각 부가 5巷으로 된다면 이는 중국식 方形의 坊里 구획과 일치될 수 없는 요소가 있다고 여겨진다. 따라서 백제의 도성이 중국의 역대 도성을 일부 모방하여 건설되었다고 하더라도 백제 나름의 특별한 도성제도 자체의 계열이 유지되고 있었던 것은 관등제도 등의 여러 독특한 제도와 아울러 고찰될 문제가 될 것이다.

VII. 고구려와 신라의 경우

고구려와 신라의 도성제도에 있어서는 역시 시기별로 양상이 달라졌음이 알려져 있다.

1. 고구려

고구려의 前期 도성은 대략 많은 학자들에 의하여 桓仁 지역과 集安 지역을 거쳐 평양성으로의 천도(동천왕 때인 247년, 고국원왕 대인 343~371년, 광개토대왕 때인 393년의 사찰건축, 427년의 천도)까지 일단은 평지성과 산성이 별개로 존재하는 독특한 형식의 도성을 운영하였다고 알려져 있다.

平原王 28년에 長安城으로 移都한 것에서 비로소 산성과 평지성이 결합된 새로운 도성제도가 성립된 것이다. 長安城이란 이름은

이미 前漢의 長安城에서 온 것이며, 唐의 長安城에서 따온 이름은
아닌 듯하다.

평지성과 산성이 압록강 북안에서 존재할 당시에는 하천을 건너
남북 방향으로 배치되어 있었으며, 평양성을 안학궁성과 대성산
성으로 볼 경우 역시 남북관계로 되나 시간에 따라 산성과의 거리
는 좁혀지고 있다.

안학궁성의 경우는 석축 기초 위에 토성을 쌓은 것이며, 한 변이
622m의 규모이다. 북궁 · 중궁 · 남궁이 있고, 북동쪽에 동궁을 두
고, 북궁의 서쪽에 서궁이 있으며, 북궁의 북쪽에 정원터가 있으
며, 남궁 서쪽에도 정원이 있는 것으로 알려져 있다.[113] 중궁 1호
궁전이 內殿으로 앞면이 87m나 되는 것으로 보고 있으며, 궁성의
전체 구역을 5개 구역으로 구분한 것이 특징이라 설명하고 있다.
대칭과 비대칭의 구조가 섞여 있다고 한다.

장안성의 경우 552년(陽原王 8년)부터 건설하여 586년에 移都
할 때까지의 기간 중 566년 이전은 준비기간이고, 그 이후 축조되
었다고 보면, 이는 백제가 사비도성으로 천도한 후의 일이 된다.
따라서 나성을 가진 사비도성이 고구려의 장안성을 본받았다고
보기 힘들다. 고구려와의 비교는 따라서 사비도성에서 나성의 축
조가 천도 이후 얼마간을 지나 이루어졌다거나 하는 증거가 필요
하다.

고구려의 후기 도성이 전통적인 산성 형식의 발전으로 중국풍의
羅城과는 다르다는 점이 자연적 지세를 이용하여 성벽이 굴곡 되
게 뻗은 점에서 인정되고 있으면서도[114], 나성 내부의 구획된 도시

---

113) 과학백과사전종합출판사, 1991, 『조선고고학전서』 중세편 1(고구려).
114) 주 103) 참조.

구조에 대하여는 상세한 비교 연구가 요망된다.

2. 신라

신라의 도성은 金城과 月城을 시초로 하고, 당초 동쪽의 명활성이 있어서 평지성과 산성의 배치와 비슷한 형식을 취하였다고 여길 수 있다. 奈勿王 때에 金城이 존재하여, 그 38년에 倭人이 金城을 포위 공격하자 왕이 성문을 닫고 고수하였다는 사실과 그 이전에 금성에 南堂을 세웠던 것은 초기의 왕성이 금성임을 알려준다. 實聖王 4년에 倭가 명활성을 공격한 사실과 訥祗痲立干 15년에 倭가 명활성을 포위하고, 28년에 金城을 포위하는 등의 시기를 지나, 月城과 明活城의 시기가 된다.

즉, 慈悲痲立干 2년에 왕이 월성에서 고수하고, 그 16년에 명활성이 수즙되며, 18년에는 왕이 명활성에 移居하였다. 炤知痲立干 4년 금성 남문의 화재 이후, 그 10년에 月城으로 移居하고, 12년에 처음으로 市肆가 설치되며, 정확하지 않으나 「重築鄒羅城」의 기록이 있는 것은 흥미롭다. 이 시기는 백제가 남천하고 고구려의 남하로 항전이 거듭되는 시기였다.

신라 도성의 성립은 이 시기 평지에 위치한 왕성과 산성으로서의 명활성이 공존하여 똑같지는 않으나 고구려에 있어서의 양상과 비슷한 모습으로 이해될 수 있다. 이는 월성과 명활성이 동서방향에 마주보는 위치를 점한 것이다. 眞平王 15년에 명활성이 둘레 3,000보의 규모로 개축되고, 西兄山城이 둘레 2,000보로 축조되며 월성을 중심한 경주분지의 동서에 산성을 가지게 되었다.

신라에서 새로운 산성이 축조된 것은 月城과 明活城 중심의 도성이 정치적 쟁란을 겪는 毗曇의 亂이 있은 善德女王 16년을 계기로 이후에는 南山城이 새로운 山城의 역할을 하여 新城이 되었을 가능성이 많다. 南山城은 『三國遺事』에서 文武王에 대하여〔「王初卽位 置南山長倉 長五十步 廣十五步 貯米穀兵器 是爲右倉 天恩寺西北山上 是爲左倉 別本云 建福八年辛亥 築南山城 周二千八百五十步 則乃眞德王代始築 而至此乃重修爾 又始築富山城 三年乃畢 安北河邊 築鐵城 又欲築京師城郭 旣令眞吏 時義相法師聞之…」〕라 하여 『三國史記』의 眞平王 13년 7월의〔「築南山城周二千八百五十四步」〕라는 것과 地理志의 「南有南山城 周二千八百四步」 文武王 3년 춘정월의 「築長倉於南山新城 築富山城」과 함께 고려의 대상이 된다. 眞德女王 때 시작한 남산성은 문무왕 초기에 완성되고 남산성·남산신성으로 불렸으며, 거기에 커다란 규모의 창고가 지어졌다. 이 창고에 곡식과 무기를 저장한 것이다.

月城은 『三國遺事』 王曆에서 서기 288년인 儒禮尼師今 15년에 補築하였다고 하고, 慈悲麻立干에 대하여 처음으로 吳國과 동하고, 己未年(479년)에 왜국병이 내침하니 처음으로 明活城을 축조하여 들어가 피한 사실을 기록하고 있어서 주목된다.

신라의 왕도에 대하여 『三國遺事』 辰韓에서는 「新羅全盛之時 京中十七萬八千九百三十六戶 一千三百六十坊 五十五里 三十五金入宅」이라 한 것과 『三國史記』, 「地理志」의 기록이 있다. 즉 왕도의 규모를 길이 3,075步, 너비 3,018步라 하여 거의 正方形으로 묘사하고, 거기에 35里 6部가 있다고 하고, 赫居世 21년에 宮城으로 축조한 것이 金城, 婆娑 22년에 金城의 동남쪽에 月城을 축조하여 在

城이라고도 불렀으며 둘레 1,023步, 新月城 북쪽의 만월성은 둘레 1,838步라 하였다. 宮城은 金城으로 시조이래 이곳에 있다가 후세에는 신월성과 만월성에 거처하였으므로, 월성도 역시 宮城인 셈이다. 또한 신월성의 동쪽에 明活城이 둘레 1,906步이고, 신월성의 남쪽에 있는 남산성이 둘레 2,804步라 하였다. 그러므로 남산성이 축조되기 이전에는 금성과 월성이 궁성이며 명활성이 있었고, 眞德女王 때 축조하기 시작한 남산성이 월성의 배후에 있는 새로운 산성의 역할을 하였으며, 이후 서형산성·부산성·관문성·북형산성이 차례로 축조되어 외곽의 산성을 이루었다.

신라의 왕도 규모가 구체적으로 나와 있는 것으로 보아 문무왕대에 성곽을 축조하지 못하였지만 隋의 대흥성 및 唐의 장안성이나 낙양성 등을 모방한 방리제도가 도입되고, 한편으로 羅城이 축조되었을 가능성은 『三國史記』,「職官志」에서〔京城周作典〕이 있음을 참고할 필요가 있다. 이것이 주변의 산성들을 만드는 곳이 아닐 것임은 그 명칭이 景德王이 修城府라 하였다가 惠恭王 때 다시 이름을 복구하였으나, 설치시기가 聖德王 31년(732년)으로 가장 융성한 시기에 해당한다는 점이다. 아마도 이 시기에 당의 제도가 참작되어 왕도의 대대적인 개편이 있었다고 여겨진다. 최근까지 조사된 新羅王京遺蹟의 발굴성과에 대하여는 앞으로 별도의 면밀한 연구가 뒤따라야 할 것이다.

신라의 초기 궁성이 금성과 월성이라면 그것은 자연발생적으로 백제 초기와 비슷한 양상일 가능성이 있으나, 고구려의 영향을 받으면서 고구려식 산성제가 도입되었다고 여겨진다. 이러한 산성제의 도입은 백제의 경우도 유용하여 사비도성에 청마산성이 있었던 것과 주변에 산성이 운용된 것을 짐작할 수 있으며, 羅濟同盟의 시기에는 백제의 도성제도가 신라에 영향을 끼쳤을 가능성이 없지 않다.

한국의 도성제도에 중국식 제도가 영향을 끼친 요소가 있다고 하더라도, 삼국의 도성은 전체적으로 특수한 역사적 조건 속에서 성립 발전한 것이다. 따라서 산성과 평지성의 운용이 일원화된 상태를 단순히 이전의 전통에 중국 도성제가 적용된 것으로 평가할 수는 없다. 적어도 중국식 도성제도의 현저한 도입은 통일신라에서 1,360坊이 구성된 성덕왕대 이후로 보아야 하며, 발해처럼 보다 일찍 도입한 예보다 현저히 앞설 수 있다고 여겨지지 않는다.

VIII. 泗沘都城을 보는 눈

사비도성의 전반적인 형식은 우리 역사에서 처음 나타난 산성을 가지는 나성제도인 점에서 일찍부터 주목되어 왔다. 이러한 형식이 고유한 왕궁을 에워싼 왕성과 주변을 포함하는 도성제도로부터 나성까지 축조할 정치적·군사적인 필요성에서 고안된 것인지, 아니면 중국의 남북조에서 지속된 발전을 이루던 중국식 도성제의 영향에 의한 것인지는 계속 검토되어야 한다.

다만 높은 산봉우리에서 북향한 계곡을 에워싼 전통적인 산성 형식의 부소산성과 거기서 뻗은 나성은 전반적 평면 형식에서 중국의 도성제와는 크게 다르다. 성벽이 자연 지세를 이용하여 굴곡

되어 뻗은 점에서 이미 도성의 건설 계획은 내성과 외성 형식을 갖추고 있으나, 왕궁이 어디에 위치하고 있었는지도 불분명하다. 혹은 왕궁이 현 국립부여문화재연구소 인근 어디에 있었을 것으로 논의되기도 하지만, 그리고 도로나 하수 유구가 정연히 나타나기도 하며, 동남리에 있었던 標石과 여러 기와의 명문 등에 部制의 흔적이 있으나, 이 정도의 정보만 가지고 중국의 도성과 직접 비교하기 어려운 현실이다.

지금까지 조사된 부소산성과 나성의 고고학적 조사는 매우 미미한 것이며, 사비도성 자체가 당시 백제의 우주관·천하관으로부터 정치·경제·사회·문화의 모든 것을 알려줄 수 있는 것이란 점을 생각하면, 사비도성 연구는 지금부터가 시초라 생각된다.

그리하여 항상 중국 도성제와 어떤 비교를 함에 있어서도 개연성을 염두에 두어야 할 것이나, 신중을 기할 필요가 있다. 중국 도성에 대한 개념을 先入見으로 가지고 볼 필요는 없으나 항상 정확히 이해할 필요는 있다고 여겨진다.

한편으로 후일 고려와 조선의 도성 제도가 중국의 도성제도를 모방한 것이 아니고, 그 원칙은 항상 삼국시기 나성을 가진 도시로서의 사비도성과 장안성이 모델이 되었을 것이라는 사실도 염두에 두어야 할 것이다. 우리나라에서 평지에 네모꼴의 중국식 도성을 찾는다면, 오히려 익산의 왕궁평성과 궁예의 철원도성 및 발해 유적에서 찾을 수 있다고 생각된다.

〈백제도성과 주변국 도성과의 비교〉에 대한 토론

서 정 석 (공주대학교)

차용걸 선생님의 발표 잘 들었습니다. 다 아시다시피 차 선생님께서는 1970년대부터 약 30년 동안 우리나라 관방유적을 조사 연구해 오시면서 불모지나 다름없던 관방 연구에 중요한 토대를 닦아 놓으셨습니다. 선생님은 우리나라 관방유적 중에서도 실체가 좀 더 뚜렷하게 확인되는 조선시대 관방유직부디 시작하서서 시대를 소급해 오시면서 우리나라 관방유적의 통시적인 흐름을 파악하는데 주력하고 계십니다. 그런 점에서 오늘 삼국시대 도성제에 대해 피력하신 것은 우리나라 성곽의 통시적 흐름에 대한 마지막 정리 작업이 아닌가 생각됩니다.

실제로, 오늘 선생님께서는 한성·웅진·사비도성과 주변지역의 도성을 하나하나 서로 비교해 주셨습니다. 이러한 비교 작업은 곧 백제 도성의 한성·웅진·사비시대 실체가 구체적으로 파악되었음을 의미한다는 점에서 백제 도성 연구의 마지막 단계라고 해도 과언이 아닐 듯 싶습니다.

사실, 저는 이제 막 공부를 시작하는 입장이고, 선생님께서 발표하신 논문을 통해서 성곽에 대한 이해와 관심의 폭을 넓혀온 만큼 오늘 선생님의 발표에 대한 토론자로는 부족함이 많습니다. 다만, 토론이라는 것이 서로 다른 논리와 주장으로 갑론을박하는 것만이 의미 있는 것이 아니라 짧은 발표 내용을 통해 다 설명하지 못한 부분에 대해 '배우고 묻는 것'도 나름대로의 의미가 있는 것이라고 생각됩니다. 그래서 오늘 여기에서는 선생님의 논문을 읽고 큰 뜻을 제대로 이해하지 못한 부분에 대해 보충 설명을 드리는 것으로 소임을 갈음할까 합니다.

먼저, 선생님께서는 백제 도성의 계통에 대한 말씀을 해 주셨습니다. 다 아는 바와 같이 백제는 한성에서 웅진으로, 그리고 다시 사비로 천도하여 세 군데의 도성을 건설하였기 때문에 사실 백제 도성의 계통이나 특징을 살펴보는 데에는 천도가 이루어지지 않은 신라의 경우에 비해 상대적으로 유리한 것이 사실입니다. 실제로 선생님께서도 세 곳 도성유적을 분석하시면서 백제 도성의 입지상의 특징으로 '강물의 남쪽'이라는 사실을 강조하셨습니다. 사실, 백제 왕성으로 거론되는 풍납동토성이나 몽촌토성, 공산성, 부소산성 등지를 놓고 볼 때 백제의 王都가 강물의 남쪽에 자리한 것은 틀림없는 것 같습니다.

그런데, 문제는 그렇게 되면 백제가 처음 도읍했다는 하북 위례성에 대해서는 어떻게 생각해야 할까 하는 점입니다. 사실, 하북 위례성의 존재에 대해서는 온조왕 즉위년조의 기사와 관련시켜 볼 때 의문이 전혀 없는 것도 아닙니다만 처음부터 하남에 자리했던 것으로 보아야 할까요, 아니면 처음에는 하북에 자리하고 있었는데 얼마 후 하남으로 천도한 것으로 보아야 할까요.

만약 후자라면 백제 도성의 계통에 대해서는 또 어떻게 이해해야 할지 여쭤보고 싶습니다. 처음에 자리한 곳이 하북이라면 공교롭게도 고구려 도성의 입지와 상통하는 면이 있어서 백제 건국자 집단의 고구려 출자설과도 관련이 있는 것처럼 보여지기도 합니다. 그리고, 그렇게 되면 백제 도성의 입지가 '강물의 남쪽'인 것은 어떤 특별한 계통이 있어서가 아니라 하북에서 하남으로 천도하는 것에서도 알 수 있듯이 단순히 북쪽으로부터의 침입을 방어하기 위한 고육지책으로 생각되기도 합니다. 그래서 백제 도성의 입지가 '강물의 남쪽'인 것의 의미를 새삼 여쭤보고 싶습니다.

두 번째로 선생님께서는 한성시대·웅진시대 백제 도성을 대상으로 고구려적인 요소, 중국 郡縣的인 요소, 중국적인 요소 등을 하나하나 분석하여 비교하셨습니다. 한성시대 백제 도성에 대해서는 고구려적인 요소와 중국 군현적인 요소, 황하유역 중국 도성과의 관련성을 설명하셨고, 웅진시대에는 중국 남조와의 관련성을 설명하셨습니다.

고구려 도성의 대표적인 특징은 역시 평지의 居城과 비상시의 山城이 결합된 도성제라고 할 수 있는데, 백제에서는 의외로 사비시대가 되어서야 청마산성의 존재를 통해 그 일면을 살펴볼 수 있는 정도입니다.

그런가 하면 성벽 축조에 있어서의 판축기법이 성행하고, 한강

南岸에 자리하고 있는 풍납동토성의 입지가 낙랑토성의 위치 선정과 크게 다르지 않다는 사실은 백제 도성에 끼친 중국 郡縣城들의 영향을 짐작케 합니다.

그러나 성벽 축조시 판축기법이 활용되는 것은 이미 二里頭遺蹟에서부터 라는 점에서 중국 계통의 영향도 무시할 수 없을 듯 합니다. 특히, 선생님께서도 지적하신 것처럼 중국 도성, 특히 前漢과 後漢의 도성들이 동-서, 혹은 남-북으로 하천을 사이에 두고 宮이 있었던 사실이나 天地神에게 제사하는 곳이 남쪽 교외에 있었던 사실, 성내에 園池가 건설되어 있었던 사실 등은 사료상에 보이는 한성시대 백제 도성의 北城-南城체제, 宮南池의 존재, 東明廟와 南壇과 비교할 수 있다는 점에서 앞으로 이 분야 연구의 새로운 방향을 제시하신 것으로 생각됩니다.

그런데, 한편으로는 근초고왕 이후의 백제 도성이 東晋과 교류하면서 어떤 형식으로든 東晋의 建康城을 본받았을 가능성을 상정하고 계십니다. 그럼, 결국 漢에서 晋으로 이어지는 중국 도성의 영향을 받은 것으로 이해해도 괜찮은 것인지 여쭤보고 싶습니다.

또한, 웅진도성에 대해서는 중국 남조의 도성과의 관련성을 강조하셨습니다. 사실, 熊津地域 자체가 建康城 주변과 지형적으로 흡사하다는 점에서 일찍부터 建康城과 熊津城의 관련성이 제시되어 왔었습니다. 선생님께서도 이 점 같은 견해이신 것으로 생각됩니다. 선생님께서 웅진도성의 나성의 존재를 부정하시고, 다만 곳곳에 설치된 성문의 존재 가능성만을 주장하신 것도 그 때문이 아닌가 합니다.

그런데, 여기에서 말씀하시는 '산형지세를 따라 곳곳에 시설되었을 가능성'이 있는 성문이란 어떤 것인지 궁금합니다. 남조 建康城과의 관련성을 고려해 볼 때 建康城에도 그러한 형태가 있었을 것으로 생각되는데, 建康城의 예를 통해서 말씀해 주시면 앞으로 이 분야 공부에 큰 도움이 되겠습니다.

세 번째로 선생님께서는 사비도성에 대한 세밀한 분석을 시도하셨습니다. 이미 여러 차례 지적되었듯이 사비천도는 웅진천도와 근본적으로 천도 배경이 다르고, 그래서 어떻게 보면 사비도성이야말로 가장 백제다운 도성이라고 해도 과언이 아닐 듯 합니다. 실제로 사비도성에는 나성, 5부 5항, 직교하는 도로망, 궁남지, 태자궁 등이 있어서 그 이전 시기의 백제 도성과는 시가지 구조를 달리하는 것으로 알려져 있습니다.

그런데, 선생님께서는 이러한 사비도성의 구조가 무왕 31년(630)을 기준으로 그 이전과 이후로 크게 구별되는 것으로 보고 계신 듯 합니다. 그리고 그 시기가 唐과의 친교가 무르익는 때임을 들어 그러한 변화에는 唐과의 교류가 계기가 된 것으로 보시는 듯 합니다. 그렇다면 사비도성에 당나라 장안성의 영향을 받은 요소들도 있다는 뜻 인지요?

또한, 선생님께서는 사비도성과 중국 도성과의 관련성을 검토할 때 매우 신중한 자세로 접근할 필요가 있음을 지적하셨습니다. 사실, 사비도성은 왕궁의 위치, 부소산성의 성격, 나성의 규모와 축조 시기, 시가지 구조, 도성내 사찰의 성격 등 아직 해결해야될 과제들이 많이 남아 있는 것이 사실입니다. 그런 점에서 이러한 과제들을 무시한 채 표면적인 몇몇 현상만을 가지고 그 관련성 여부를 속단하는 것은 바람직한 태도가 아니라고 생각합니다. 당장, 부소산성만 하더라도 선생님께서도 말씀하신 것처럼 '강물의 남쪽'에 자리하고 있고, 공산성의 입지와 흡사하다는 점에서 무언가 백제의 전통적인 都城觀의 증거물인 것처럼 생각됩니다.

그렇지만 사비도성에는 또한 이전 시기의 도성에서는 보이지 않던 현상들도 확인되는 것이 사실입니다. 나성이 그렇고, 5부 5항의 존재가 그렇고, 도성내 도로망의 존재가 그렇고, 또한 도성의 내외를 엄격히 구별하여 무덤을 나성 밖에 조성한 것도 눈에 띄는 사실입니다. 몇몇 요소들 중에는 백제 고유의 전통이라고 할 수 있는 것들도 있지만 결국 사비도성이라는 신도시 건설을 통해 추구하고자 했던 목적은 이웃한 나라의 도성 건설과 같은 것이 아니었나 하는 생각이 드는데, 이 점에 대한 선생님의 말씀을 듣고 싶습니다.

이상으로 선생님의 말씀을 듣고 몇 가지 의문사항에 대해 여쭤보았습니다. 그 중에는 선생님의 큰 뜻을 제대로 이해하지 못하고 오해하여 비롯된 의문도 있으리라 생각됩니다. 이런 부분에 대해서는 다시 한 번 보충 설명을 해 주신다면 앞으로 이 분야를 공부하는데 큰 도움이 될 것 같습니다. 아울러 오늘의 주제가 "백제도성의 변천과 연구상의 문제점"인데, 백제 도성에 대한 구체적인 설명이 史書에 기록되어 있지 않는 이상 백제 도성의 구조와 거기에 담긴 사상을 이해하기 위해서는, 도성의 실상을 정확하게 파악할 수 있는 유적 조사가 시급한 과제가 아닌가 합니다. 오늘 발표와 토론을 통해 확인된 견해 차이도 결국은 이러한 관련 자료의 미비에서 비롯된 것이라고 봅니다. 그런 점에서 앞으로 백제 도성에 대한 고고학적 조사가 지속적으로 이루어져 백제 도성의 실상이 밝혀지고, 그것을 통해 연구자간의 이견도 해소될 수 있기를 기대해 봅니다.

서정석의 토론요지에 대한 차용걸의 답변

먼저 하북위례성에 대해서 말씀하셨는데 하북위례성이 있었다 하더라도 거기에서 도읍지가 온조왕 13년에 하남위례성으로 천도하게 되기 때문에 13년 정도 치세한 것이겠지요. 하북위례성도 강을 면한 곳에 있을 수도 있었겠지만, 파주 육계토성처럼 어디서 쫓겨내려 왔다면 북쪽에서 쫓아오는 사람들을 가로 막는 데 입지하지 않았나 그렇게 생각하고, 꼭 그렇지 않더라도 중랑천 같은 것이 충분한 방어가 됩니다. 그 사이는 방어할 시설이 가장 적게 들면서도 충분히 방어가 되는 쪽이어야 되고, 그건 성이 아니라 아마 柵 정도였을 것입니다. 말갈이 자주 와서 불태우는데, 나중에 위례성을 수축하는 과정 그것이 바로 木柵 같은데서 토성으로 발전하는 과정이 아닌가 생각하고 있습니다. 강남에 입지하는 문제는 임진강 유역에 가면 호루고루라든지 조그마한 군사용 보루 유적들이 있는데 이런 것들이 단절된 한쪽 면을 아주 높게 쌓아서 -다른 면도 쌓지만- 그런 유형이 임진강 유형에 많이 있습니다. 그렇지만 같은 임진강 유형이라도 남쪽으로는 산성도 있고 토성도 있기 때문에 그런 단절지형에 이뤄진 것하고는 다릅니다. 이런 예로 가장 앞선 시기로 생각되는 청주 정북동토성 같은 경우도 미호천 바로 남쪽에 있어서 샛강이 돌아가서 섬처럼 되어있는 지역입니다. 강남을 강조한 것이라기 보다는 강 같은 것을 끼고 천연의 참호를 이용해서 방어력을 높인 그런 성으로서, 왕궁이 그런데 위치해 있지 않았나 생각합니다.

두 번째로 남조나 북조의 영향 문제에 대해서는 북조와 남조가 기본적으로 전 다르지 않다고 생각합니다. 그러나 205쪽에 있는 〈도면 4〉 南京歷代城址變遷圖를 보면 이것이 정확한 그림은 아닙니다만 주변 산세는 정확한 것 같습니다. 네모지게 점선을 그려놓고 여러 가지 표현을 해놨지만, 여기서 제대로 발굴조사 된 건 하나도 없고 현재의 지도를 가지고 사람들이 구상을 해 논 것입니다. 지명 등을 고려해서 말이죠. 여기서 그러한 것과 비교해보면 산위에 石頭城이 있다든지 궁의 서쪽 동쪽 등 주변에 각기 용도가 다른 성들이-군창이 있는 성이라든지 - 배치가 되고 있습니다. 이것은 백제뿐만 아니라 백제의 영향하에 있었던 그 당시 신라도 보면은 남산에 糧倉을 만들고 거기에 비축을 하는 그 스타일도 내내 남조 - 백제 - 신라로 이어지는 루트하고도 상당한 관련성이 있을 수도 있다라고 보는 입장을 말한 겁니다.

그래서 궁성위주, 궁성을 둘러싼 성 하나로 되어있을 때는 궁성 주변에 얼마든지 민가들이 같이 살고 있었습니다. 신라나 백제나 보면 화재가 나면 연달아서 연소가 되는 상태로까지 되어서, 별도의 궁을 둘러싼 것이 완전 분리되어서 궁성이 굉장히 높게 있고

외곽을 다시 성을 둘러싼 유형이라고 보기가 아직은 어렵다는 겁
니다.

세 번째, 武王 31년을 기준으로 한 것은 묘하게 그때 기록이 되어
있고, 백제가 망할 징조와 관련해서도 이상하게 삼국사기에 기록
이 나오는데 그 기록을 아무리 강조하기 위해서 썼더라도 우리가
역사학적으로 볼 때 아무런 사실이 없는데 끼워 넣지는 않습니다.
어떤 사실이 빠지기도 하고 다른 데서는 소략하기도 하지만. 궁성
을 비롯한 대대적인 수리, 시설의 확충 이런 것이 이 630년대를 전
후해서 크게 무언가가 일어났기 때문에 왕궁, 태자궁 등의 수리기
사, 망해정, 궁남지 이런 것이 여기에 집중적으로 있고 왕흥사가
이때 와서 완성이 되고 하는… 사비도성이라고 하는 것이 성 다 쌓
아놓고 집 다 지어놓고 공주에서 일시에 이사오는 것이 아니고 어
느 정도의 시설을 갖추고 난 다음에 얼마든지 시설이 불어나고, 어
느 시점에 오면 더 확충이 되고 하는 그런 모습을 우리가 상정해볼
수 있다하는 겁니다. 그것은 당시 중국 당나라에 이르러서도 남조
의 귀족들의 하나의 유행이었습니다. 연못하고 방장선산으로써
살아 있을 때는 오래오래 살고 죽어서는 극락세계 가서 부처님을
받들어서 봉양하는 귀족적 생활의 일면이 왕궁에 가득 차 있지 않
았나 생각합니다

마지막 사항은 앞으로 세밀한 검증을 거쳐야 되는데, 사실 저로
서는 일본학계의 경향에 대한 은근한 비판의 여지를 담고 있는 것
입니다. 그쪽에서는 도성구조에 대해 네모반듯하다는 식으로 연

구를 진행시켜 놓고는 우리 연구 실정을 무시하고 마냥 떠들고 있는데, 우리가 그것에 의해서 실제 파보니까 딱 맞지 않다는 겁니다. 경주에 있어서도 아까 후꾸시마가 연구한 것, 윤무병 선생님께서 이야기한 거 실제 파보니까 이중구조로 나오는데 어떻게 해석해야 되느냐? 이런 점에서 아주 세밀하게 고찰해봐도 중국 것 갖다 그대로 덧씌운 그런 스타일은 아니었을 것이라는 점입니다. 물론 일본사람들은 답답하겠죠. 대륙에서 왔다고 해야되는데 한반도를 빼고 얘기할 수 없으니까 신라도 발해도 일본도 다 그렇다고 설명을 하고 있습니다. 그러나 적어도 일본에 있는 것은 중국 것과 다릅니다. 예를 들어 溝를 약간 파 가지고 물을 쫄쫄 내려가게 해 놓은 걸 가지고 돌로 쌓은 側溝가 있는 백제왕궁지의 어머어마한 시설하고 그림만으로 비교를 하려고 합니다만 실제로는 그렇지 않거든요. 이런 것에 대해서 그림형태만 보고 판단하지 말고 실물로 보면 어마어마한 차이가 있다는 것을 인식해야 되지 않나 하는 점에서 얘기했습니다.

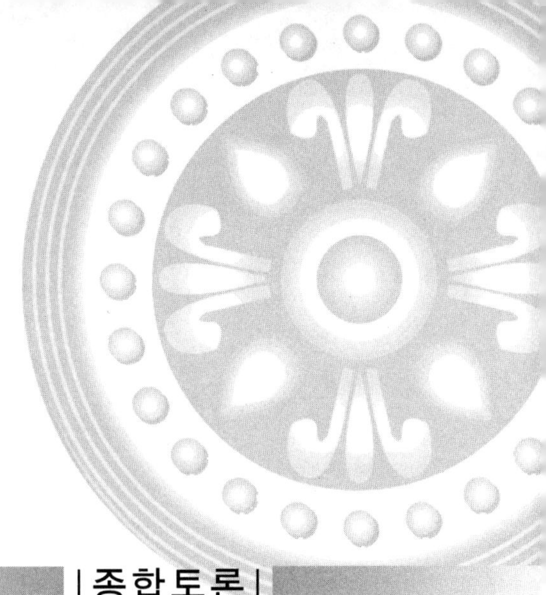

| 종합토론 |

　　좌장(김병모) : 안녕하십니까! 종합토론의 사회를 맡은 한국전통문화학교 총장 김병모입니다.

　　오늘 국립부여문화재연구소에서 개최하는 제3회 학술대회에 백제의 도성변천에 대한 주제로 여러분들이 발표를 하셨는데 오늘 저도 공부 참 많이 했습니다. 제가 아마도 이 자리에 앉아서 사회를 하게 된 것은 가깝게는 '86년부터 '99년까지 경기도 하남시에 있는 이성산성을 발굴했다는 것과 80년대 중반 간행된『역사도시 경주』라는 책에 제가「신라왕경의 도시계획」이라는 논문을 하나 쓴 적이 있습니다. 그것 때문에 아마 제가 이 자리에 앉게 된 것 같습니다. 저는 사실 도성의 변천이라든지 산성의 축조기법에 대해 전문적인 지식은 없습니다. 그런데 오랫동안 산성을 발굴하다보니까, 마치 외과의사가 복잡한 병을 앓고 있는 환자의 복부를 절개해 본 결과 그 환자가 여러 가지 병을 갖고 있었다는 것, 그리고 그 병이 순서적으로 1차 2차 3차 4차에 걸쳐서 다른 병이 발생했다는 것을 알게되는 것과 같이 산성 발굴에서도 매우 복잡한 문제들이 많아 그것에 대해서 상당히 고민을 해 왔습니다. 제가 한양대학교 있을 때 낸 발굴 보고서를 보시면 잘 아시겠지만 발굴출토된 戊辰年 木簡을 처음에는 668년으로 생각하다가 그 다음에 그것을 608년으로 해석해야 하지 않나 그러다가 나중에 맨 마지막 발굴에서 고구려척과 함께 '욕살'이라는 고구려 관직명이 쓰여진 목간이 발견되었습니다. '아, 이것은 장수왕 때구나, 아니면 장수왕 직전의 광개토왕 때인가 보다' 라고 생각을 하게 되고 점점 역사가 거슬러 올라가 지금은 저로서는 도저히 생각해 낼 수 없는 복잡한 사건들이 이 한 유적에서 일어났구나 하는 느낌을 가지고 있습니다. 머지 않은 장래에 그 유적에 대해서도 일본의 유사한 산성인 쿠마모도도현(熊本縣)의 기구찌죠(菊池城)와 비교해서 국제심포지엄을 하려고 생각하고 있습니다.

오늘 하남시에서 오신 시장님이나 문화공보실 여러분들 하남시 이성산성에 관심이 있는 여러 학자들이 많이 오셔서 오래간만에 만나뵙게 되어 반갑습니다. 또 한가지 인사말씀을 드리고 싶은 것은 백제의 도성과 그리고 도성이 연결되어 있는 산성에 대해서 관심을 갖고 있는 연구자들이 이렇게 많다는 것을 오늘 처음 알았습니다. 특히 대학원생 이상의 연구자들을 비롯해 미래의 예비연구자들의 인구가 늘었다는 것은 고고학에 여러 분야가 있습니다만 역사고고학에서의 중요한 문제인 도성, 산성을 연구하는데 청신호라는 생각이 들어서 마음이 아주 든든합니다.

그리고 저는 차용걸 선생님이 마지막에 발표하신 '그리스 로마 시절에는 산성이 먼저이고 도성이 나중이다' 라는 그 말씀을 오늘 처음 들었는데 매우 중요한 내용이라고 생각합니다. 고고학에서 도시의 발전이라는 것은 언제나 강 하류에서 시작되어서 시간이 지나면 강 상류로 자꾸 올라가는 것이 고고학과 환경과의 관계입니다. 서울시도 그렇고 사실 다른 도시도 그렇습니다. 그런데 옛날에는 '처음에는 산성에서 시작하다가 도성으로 내려온다 그리고 그것이 하나의 세트가 된다' 라는 얘기는 참으로 고대사회를 해석하는데 중요한 사실이라는 느낌을 받았습니다. 사실 도성이라는 것은 소프트웨어인 통치방법이 성이라는 하드웨어로 나타나는 것이겠죠. 그러니까 통치방법을 잘 연구하면 하드웨어는 저절로 규명이 될 것 아니가 그런 의미에서 백제통치사를 연구하는데 굉장히 중요한 방법론이 제시되었다 하는 것이 오늘 제 느낌입니다.

　오늘의 토론은 다음과 같이 진행하겠습니다. 첫 번째에는 발표하신 순서대로 혹시 발표하시다가 빠뜨리신 부분이라든지 또는 토론하시다가 빠뜨린 부분을 한 가지씩만 2, 3분내에 질문·답변하시고 또는 토론자께서 지정된 발표자 이외에 다른 분에게 질문하고 싶으시면 간단하게 한번만 질문을 하도록 하시면 질문받으신 분이 거기에 대해서 답변하시는 걸로 하겠습니다. 일류 심포지움이라는 것은 시간을 정확히 지키는 것입니다. 여기 젊은 연구자들도 듣고 있고 하니까 질문하시는 것, 답변하시는 것을 아주 간략하게 해주시기를 바랍니다. 그리고 방청석에서 경청하고 계신 분들 중에서도 발표자 또는 토론자 분들에 대해서 혹시 질문 있으시면 A4 용지에 한 두 질문 간략하게 쓰셔서 사회자에게 주시면 제가 여기서 보고서 읽겠습니다. 그리고 관계가 있으신 분에게 제가 그 질문지를 전달하도록 하겠습니다.
　그러면 첫 번째 발표인「百濟 漢城期 都城制에 대한 考古學的 考察」에 대한 신희권선생님, 권오영선생님, 김기섭선생님 세 분이 먼저 시간을 갖겠습니다. 시작해 주십시오.

　─ (신희권) 토론해 주신 권오영 선생님이나 김기섭 선생님께는 아까 나름대로 답변을 드렸다고 생각합니다. 그래서 저하고 같은 시기의 도성제를 다뤄주신 이도학 선생님께 간단히 한가지 정도

만 여쭤보겠습니다. 이도학 선생님께서는 결론적으로 풍납토성과 몽촌토성을 동격으로 볼 수 있다라는 식으로 결론을 맺어주셨는데 그 발표문 중간중간에 보면 개로왕 21년 기록에 나오는 北城 그리고 大城, 王城이 곧 풍납토성이고 그것이 위례성이다라는 요지를 볼 수 있었습니다. 그러면 풍납토성을 위례성으로 보신다면 그 시기적인 문제라든지 삼국사기 기록에 등장하는 하남 위례성의 시간적인 의미를 인정하신다는 것인지 그것이 궁금하고요. 그럴 경우에 몽촌토성과 동격으로 보신다면 양자간의 어떤 시간성 내지는 기능이나 위상의 차이 역시 마찬가지로 보시는 건지 질문을 드리고 싶습니다.

— (이도학) 몽촌토성하고 풍납동토성의 축조연대, 어느 성이 먼저 축조되었는지가 초미의 관심이 되고 있는데, 현재 발굴성과로서는 풍납동토성이 몽촌토성보다 먼저다라고 말하고 있습니다.

그러나 이 문제는 앞으로 신중히 검토해야 할 사안이고, 확실한 건, 제가 북성과 남성이야기를 했는데, 왕성에 있어서도 북성과 남성 두 개의 성으로 나누어져 있습니다. 사비도읍기에도 보면 "왕이 거처하는 곳은 東·西 兩城이 있다" 이런 기록이 나오고 있기 때문에 백제의 경우는 한성도읍기 이래로 양성, 왕성체제를 갖추지 않았었나 이런 생각을 하고 있습니다. 그런데 어느 성이 主城인가, 그러니까 왕이 상주하는 성이며, 왕이 가끔 들르고 거처하는 이궁, 별궁이 어디인가 문제가 되고 있습니다.

풍납동토성을 발굴하기 전에, 몽촌과 풍납 두 개 모두 왕성이지만, 실제로 몽촌의 경우는 대구의 달성이라든지 경주의 반월성과 마찬가지로 입지적 조건이 해발 50m인 구릉지대에 있는 삼한시기의 국읍성의 형태적 특징과 닮아 있었습니다. 그래서 그 당시 연구수준에서 본다면 당연히 몽촌이 풍납보다 연대가 올라간다, 그리고 왕권이 강화되고 도시 규모가 확대되는 시점에서 풍납동토성이 축조되었다 이렇게 볼 수밖에 없었던 것입니다. 예를 들어 이야기한다면 KBS 방송국의 규모가 커지면서 본관에 이어서 별관이 생기는 것과 마찬가지로, 처음 축조된 것은 몽촌으로 봤던 것입니다. 그 당시 발굴하기 전의 시점에서 풍납이 먼저 축조된 것으로 간주했다면 신빙성 있게 받아들이는 이는 없었을 것입니다. 그러나 풍납과 몽촌의 축조시기에는 이견이 있으므로 여전히 신중하게 대처해야 될 것 같습니다. 여하간 이러한 발굴을 통해 한 단계 더 발전이 이루어지고 학문적인 진전이 있게 되는 것이지요.

그리고 문제는 개로왕이 생포된 곳이 남성인 몽촌토성이라는 것입니다. 이것은 바로 왕이 일단 몽촌토성에 있다가 잡혔다는 말입니다. 몽촌토성에 있었던 것은 중요한 '사실' 입니다. 그러나 신희권 선생님이 말씀하신 것은 고구려군내가 쳐들어오니까 피신했다는 말씀이시거든요. 이것은 하나의 '추론' 입니다. 가정인 것이지요. 여기에서 추론과 사실이 나오는데, 사실을 일단 중요시할 수밖에 없는 것입니다. 남성인 몽촌에 왕이 있었다는 엄연한 사실이 중요할 수 밖에 없고, 그러한 각도에서 북성과 남성의 비중에 대한 구분을 시도하게 된 것입니다.

그리고 몽촌토성에서 군사적 시설이 많이 나오는데 아까 제가 한번 질문을 던져봤지만 고구려군대가 쳐들어 온 사실과 관련해서 거기서 나온 무기류라든지 저장공 등을 사용한 실체가 고구려인지 백제인지 명쾌하게 밝혀져야 할 것으로 봅니다.

그리고 제가 신희권 선생님께 질문하고 싶은 것은 아까 발표에서도 언급했지만 烝土築城에 대해서입니다. 풍납토성을 발굴해 본 결과 증토축성이 어떤 형태의 축성으로 생각하시는지 설명을 듣고 싶습니다.

─ (좌장) 오늘의 주제는 백제 도성의 변천과 연구상의 문제점입니다. 오늘 몽촌토성이 먼저냐 풍납토성이 먼저냐 그것은 기능상의 문제점도 있을 수 있고, 앞으로 양쪽을 다 발굴하다보면 더 좋은 해석상의 증거가 생기지 않을까 그런 생각이 듭니다. 신희권 선생님이 이도학 선생님께 질문하신 내용은 이렇게 넘어가고요. 다음 분에게 기회를 드렸다가 나중에 다시 한번 토론하시지요. 어떻습니까?

─ (신희권) 그러면 말씀이 나온 김에 확인 차원에서 한가지 질문만 드리겠습니다. 그렇다면 처음부터 백제 한성기에 도성 내에 있는 왕성이 양성체계로 운영되었을 가능성이 있는지 그것에 대해서 말씀해 주십시오

─ (이도학) 그런 것 같지는 않습니다. 처음에 하나의 성이 있다가 왕권이 강화되고 도시규모가 확대되면서 兩城으로 되는 것으로 이렇게 보고 있습니다.

― (좌장) 답변이 됐습니까?

― (신희권) 그러면 이도학 선생님의 질문에 대한 답변으로 증토축성에 대한 부분은, 저희들이 처음 풍납토성 발굴조사를 하면서 거기에서 걷어낸 판축토를 약간만 햇볕에 말려 놓으면 삽이나 호미가 들어가지 않을 정도로 단단하게 굳어지는 것을 볼 수 있었습니다. 혹시 기록에 나오는 것이 그런 게 아닌가 막연한 추측정도만 하고 있는데요. 거기에 대해서 구체적으로 답변을 드리기는 어렵다고 생각합니다.

― (좌장) 증토축성에 대해 권오영 선생님이 많이 연구를 하셨다던데…

― (권오영) 저도 증토축성이 참 궁금했었습니다. 그런데 우연한 기회에 『中國의 古代城郭』이라는 작은 문고판 책인데 일본사람이 쓴 겁니다. 이름이 사랑할 ‘愛’ 자에다 갓머리 아래 돌석사로 우리말로 ‘애탕 원(愛宕 元)’이라는 분이 쓴 책을 보니까, 그 문제가 풀리더군요. 개로왕조에 나오는 증토축성과 똑같은 기사가 나오는데, 아까 이도학 선생님께서 말씀하셨다시피 晉書에 赫連勃勃이 統萬城을 축성할 때의 바로 그 기사와 똑같습니다.

그 통만성이 지금 남아있습니다. 통만성의 성벽이 하얗게 되어 있어서 사람들이 처음에는 소금을 넣은 게 아닌가 생각했었는데 그 통만성 성벽의 토양을 분석해 봤습니다. 그랬더니 분석한 결과 거기서 나온 것이 석회하고 그리고 중원의 황토와 점토 이 세 가지였습니다. 그래서 물에다가 석회를 넣으면 김이 흘러나오는데 그 상태에 황토와 점토를 같이 넣으니까 마치 수증기가 나는 것처럼 되어서 흙을 찌는 것처럼 그렇게 보인다 해서, '증토'라는 것이 실제로 흙을 찌는 것이 아니라 물+석회+중원의 황토+점토라는 것을 알게되었습니다. 그래서 증토축성의 원래 의미가 이렇다면 삼국사기에 나오는 개로왕때의 증토축성도 석회를 넣은 것인지 아니면 통만성을 쌓을 때처럼 그렇게 아주 견고하게 쌓았다는 관용적인 표현인지… 둘 중의 하나겠죠. 그 부분에 대한 것은 좀더 연구해 봐야할 것 같습니다.

　제가 드리고 싶은 말씀은 풍납토성 같은 경우 이제 몽촌토성과 비교해서 어디가 빠르냐 이런 문제는 더 이상 논의할 필요가 없는 것이 아니냐는 생각이 들었는데요, 풍납토성 자체가 완비된 형태로 갑자기 출현한 것을 보아서는 분명히 내부적인 발전과정을 밟았다기보다는 외부적인 영향이 크다고 생각합니다. 그랬을 때 당연히 중국의 영향이 있다고 생각되는데 중국의 언제, 어디냐 이게 문제가 될 것 같습니다. 아까 차용걸 선생님께서 말씀하셨듯이 전한, 후한도 있겠지만 저는 그것보다 위진대를 고려하고 있는데, 문제는 그 장안이나 낙양같은 곳이 과연 이 시기에 한반도의 전체 사람들에게 과연 가 볼 수나 있으며 가서 또 보고 배워올 수 있을 정도로 자유로이 갈 수 없는데 아닙니까? 보시다시피 서해바다를 건너야했고 시기차가 있기 때문에 가서 본다고 해도 따라할 수는 없다고 생각합니다. 역시 손쉽게 모델로 삼을 수 있는 것은 중국 본토의 도성인 장안·낙양보다는 역시 군현성(郡縣城)쪽이지 않겠느냐 이런 것이고요.

또 하나는 역시 東晉일대 建業, 建康 여기를 어떻게 모델로 삼았을 것인가의 문제인데. 작년에 저도 답사를 가봤을 때 역시 지금 南京에 있는 建康城과 풍납토성 · 몽촌토성은 직접 비교하기가 곤란한 것 같습니다. 오히려 비교가 되는 것은 동오가 건강 · 건업으로 옮기기 전의 수도였던 지금의 鎭江, 거기에 동진대에 쌓은 성이 花山灣 古城이라고 있는데 성의 규모 형태 분위기 이런 것들이 너무나 풍납토성과 흡사했기 때문에 그때 답사를 같이 가셨던 분들은 대개 그런걸 느끼셨을 텐데요. 아주 그 핵심적인 도성보다는 좀 외곽의 성을 고려할 필요가 있지 않을까 그렇게 생각합니다.

― (좌장) 네, 고맙습니다. 중국의 장안성이나 낙양성은 시대차가 있어도 그때는 다 부수어지지 않았을 거예요, 풍납토성이나 몽촌토성이 만들어졌을 때. 그러나 형태의 원형은 많이 변했을 겁니다. 저도 영국에 있을 때 세미나 논문을 발표하다가 '73년도에 평면도를 직접 보고 -낙양성 남쪽 토성은 많이 부서졌더라고요- 이런 것이 혹시 한나라를 통해서, 낙랑을 통해서, 한국에 전달되시 않았을까 그랬는데 한국에 와서 옛날 성들을 보니까 그렇게 직사각형 평면이 없더라고요. 땅도 없고, 공간이 좀 모자랍니다. 지금은 없어졌지만 평양에 있던 정백리 토성을 북한사람들이 북한정권이 들어서면서 70년대에 불도저로 밀어버렸습니다. 역사를 없애버린 거죠. 왜냐하면 중국사람들이 평양에다가 식민지했다는 게 아주 기분이 나빠 가지고 아예 없애버렸는데, 성주탁 선생님께서도 잘 알고 계시겠지만 그전에 일본사람들이 대강 측량해 놓은 것이 있었죠. 근데 그게 평면 사각형이었습니다.

그래서 차용걸 선생님 말씀대로 한나라의 영향을 아마 도성제도 에서는 덜 받은 것 같다 이런 생각이 들었습니다. 아무튼 거기에 대해서는 한 테마를 넘어가겠습니다. 모자라신 분들은 다음에 시 간이 남으면 보충 질문해 주십시요.

다음으로 두 번째 「百濟 漢城都邑期 都城制에 관한 몇 가지 檢 討」에 대해서 이도학 · 박찬규 선생님의 토론이 있겠습니다.

— **(박찬규)** 이도학 선생님께 한가지만 더 여쭤보겠습니다. 오늘 의 주제와 관련해서 그것을 집약적으로 알 수 있는 그런 문제인데 요, 영락6년(396년)에 광개토왕이 백제를 침공해서 58성 - 내지는 64성이라고 할 수도 있는데-을 고구려에 귀속합니다. 그리고 나서 현재 서울시 아차산성을 중심으로 해서 고구려의 보루성이라든지 그리고 이후에 구이동 고구려 유적지라든지 경기도 일대의 고구 려 것으로 보이는 보루성들이 나타난다는 얘기입니다. 더 나아가 서 -물론 시대가 다를 수도 있겠지만은- 차용걸 선생님께서 지금 발굴하고 계신 바로 그 유적지, 거기에서도 고구려 계통의 유물들 이 나오고… 이런 상황이라고 했을 때 실제로 광개토왕대에 한강 유역을 고구려가 차지했었다면 그 기간이 언제까지인지가 문제일 것입니다. 왜냐하면 이후 장수왕대에 들어서 - 백제로선 개로왕대 죠- 장수왕의 공격에 의해서 한성이 함락되었는데 그때까지 한성 이 지금의 풍납토성 내지는 몽촌토성 그 일대에 있었다고 하면은, 달리 생각할 수도 있지만, 일반적인 얘기가 한강 북쪽 아차산성을 중심으로 한 그 일대에 고구려군이 남아 있었다는 말입니다. 그런

데 아차산에 올라가 보면 몽촌이나 풍납토성이 빤히 보이는데, 그
렇게 빤히 보이는 곳에 백제 왕성이 있었을까 하는 의문이 듭니다.
이에 대해서 생각하시는 부분이 있습니까?

— (이도학) 이것은 지난 3월 경기도 구리시에서 개최한 고구려의
남진경영과 관련한 국제학술대회에서도 거론이 되었던 문제입니
다. 광대토대왕릉비문 영락 6년조에 등장하는 고구려가 백제로부
터 점령한 58성의 소재지에 대해서는 예전에 재검토를 한 적이 있
었습니다. 거기서 중요한 것이 阿旦城의 위치가 되겠는데요, 이 아
단성을 대체로 서울의 아차산성으로 봤습니다. 서울의 아차산성
으로 보았을 때 고구려군대가 아차산성을 점령했다고 한다면, 거
기에 올라가 보시면 잘 아시겠지만 풍납동토성이나 몽촌토성이
한눈에 다 보이기 때문에 왕성으로서 도저히 기능을 할 수 없음은
물론이고 한나라의 심장부가 적의 전초기지와 강 하나를 사이에
두고 맞대치 하는 이런 상황이란 것은 세계역사상 유례를 찾아 볼
수 없는 것입니다. 그래서 일찍이 민족주의 사학자인 단재 신채호
선생께서는 백제가 직산으로 천도했다, 그래서 직산을 신위례성
이라고 보게 되었다, 이런 식으로 이야기가 됐습니다만 백제가 천
도했다는 명증은 없습니다.

이 문제는 위례성을 옮긴 것이 아니라 아단성의 위치를 재해석
해야 하는 것입니다. 그래서 아단성을 단양군 영춘면에 있는 온달
성으로 봤던 것입니다. 온달성이 자리잡고 있는 단양군 영춘면 일
대는 고구려때 '을아단성' 으로 봤던 것인데 을아단성은 '웃아단
성' 을 말합니다. 아단성이 두개 있었다는 것입니다. 한강 하류에

하나 있었고 또 하나는 상류에 있었던 것인데 광개토왕비문에 보이는 아단성은 바로 '웃아단성'으로서 단양군 일대로 봤던 것입니다. 그리고 58성 가운데 보면 고모루성이 있는데 이 고모루성의 위치는 중원 고구려비문에도 보이고 있습니다. 중원고구려비가 세워져있는 충주 근방의 백제성이라는 것을 알 수 있습니다. 이밖에 몇 가지 증거를 가지고 58개의 성은 영락6년에 모두 점령한 게 아니고 여러 차례에 걸쳐서 고구려가 백제로부터 빼앗은 것인데 광개토왕의 親征이 있었던 영락 6년에 빼앗은 것을 그것과 합쳐서 광개토왕의 업적으로 과시하기 위해서 일괄 기재한 것이 아니겠는가 이렇게 봤던 것입니다. 그래서 58성 가운데 27성은 서해안쪽 또는 임진강, 경기북부쪽에 있었던 것이고 나머지 31개성은 남한강 상류지역에 산재하고 있었던 게 아니었겠느냐 이렇게 봤던 것입니다.

이것은 전체적으로 보았을 때 고구려가 백제지역에 있는 교통로를 확보해 가지고 소백산맥 이남까지 진출하려는 원대한 남진경영 차원에서 교통로선상에 자리잡고 있는 31개성을 영락 6년에 점령한 것으로 이렇게 해석할 수 있는 것입니다. 사실 지난 3월2일 국제학술대회 때 제가 종합토론사회를 진행했습니다만, 이 아단성을 아차산성으로 봤을 때는 풍납동토성이나 몽촌토성이 정말 왕성으로서는 기능할 수 없는 그런 문제가 제기됩니다.

— **(박찬규)** 그렇다고하면 지금 말씀하신 광개토왕비의 아단성은 단양군 영춘면의 웃아단성으로 보시고 영락 6년조의 58성 가운데 27개 정도는 경기도 북부 내지는 서해안 그쪽에 위치하고 그 나머

지 31개성이 중원을 중심으로 한 그 일대의 성들로서 그것이 고구려의 영역에 들어왔다는 것인데요. 그렇다고 하면은 한성을 중심으로 한 지금의 서울시 부근이라든지 경기도, 한강 중류 일대는 고구려가 손을 안 댔다는 것인지…

— (이도학) 서울지역은 고구려가 지배한 게 아닙니다. 예전에 두계 이병도 선생님께서는 아단성을 아차산성 그대로 봤습니다. 그러나 이곳이 고구려의 영역이 되면 백제왕성이 기능을 할 수가 없기 때문에 돌려줬다고 이야기했던 것입니다. 하지만 현재 이것은 온당하지 않다고 생각합니다. 고대사회에서 전쟁이라고 하는 것은 영토와 주민을 확보하기 위해서 사활을 건 싸움을 벌이게 되는 것인데, 고구려가 침범했던 백제의 금싸라기같은 땅을 돌려줬다는 것은 낭만적인 해석에 불과한 것이고 전혀 현실성이 없는 것입니다. 사실 광개토왕은 자신이 남진경영에 성공하므로써 자신의 업적을 과시하려 했습니다. 그렇기 때문에 비문이라고 하는 제한된 공간임에도 불구하고 자신이 섬령한 64개 성의 이름을 낱낱이 기재해 놓았던 것입니다. 그만큼 자랑하고 싶고, 보여주고 싶고 장악한 지역에 대한 지배의 영속성을 기하고 싶었던 것입니다.

그리고 여기서 생각해야 될 것은 충주지역의 기능문제입니다. 충주를 고구려가 점령했을 때 國原城이라고 했습니다. 국원성이라고 하는 것은 427년 이전까지 고구려의 수도였던 國內城과 본질적으로 동일한 호칭이라고 볼 수 있습니다. 이것은 고구려가 평양성으로 천도한다든지 또는 475년에 백제 한성을 함락하기 이전에 충주지역을 지배했다는 하나의 근거가 될 수 있습니다. 고구려가 이후에 서울 북부지역을 점령하고 나서 이 지역의 이름을 南平壤城이라고 했습니다. 당시의 수도인 평양성의 남부에 있는 또 하나의 別都로서 취급을 했던 것입니다. 수도이름을 따 가지고 평양 남쪽에 있는 성이라는 뜻에서 행정지명을 부여했던 것입니다. 이러한 맥락에서 볼 때 국원성이라는 행정지명은 고구려가 국내성 도읍기에 점령지인 충주지역에 부여했던 것이지요. 이 사실은 396년에 고구려가 백제의 58성을 점령했다고 기록한 영락 6년조에 나온 기사와 일치하고 있습니다.

— (좌장) 이 문제는 이틀에 걸쳐서 토론을 해도 아마 토론이 안 끝날 만큼 중요한 주제이고 또 재미난 주제입니다. 지금 박교수님이 더 토론하고 싶으시겠지만 이 정도로 하구요, 지금 방청석에서 중요한 질문이 하나 올라왔습니다. 아까 신희권 선생님이 발표하신 것에 대한 것인데 지금 제가 대신 낭독을 해드리겠습니다. 질문하신 분은 강창석 교수님입니다. 「풍납토성이 왕성이라면 왜 6각형 건물지가 왕성에서 나오는지, 도성의 규모가 너무 적어서 이해가 안 된다」 이렇게 써주셨습니다. 혹시 의견이 있으십니까?

— (신희권) 풍납동토성의 면적은 아까 제가 발표문에서 성벽 3만 5천 평을 포함해서 약 26만평에 이른다고 말씀드렸는데요, 저는 26만평이 작은 면적이라고 생각하지 않습니다. 그리고 그것은 왕성을 포함한 전체 백제 도성 범주에서 볼 때 왕성으로서의 면적으로 충분하다고 보는데 다만 왕성 내에 왕궁 내지는 관청 등 특수한 건물들만이 들어간게 아니라 격이 높은 주거지도 있다는 것이

요. 물론 그 당시 일반인들은 풍납토성 주변의 미사리라든지 몽촌
토성일대 그리고 하남시 일대에 이르기까지 전체적인 백제 고지
에 살았을 것으로 추정합니다. 다만 왕성으로 추정되는 풍납토성
내부에는 바깥에서 보이지 않는 육각형 주거지, 이것은 다른 지역
에서는 한 유적지내에서 가장 위상이 높은 것으로 볼 수 있는 주거
지 한 두기에 불과합니다만, 그러한 특징을 가진 육각형 주거지가
풍납토성 내에서는 다수의 밀집도를 보이면서 발굴되었기 때문에
풍납토성에서 나오는 육각형 주거지는 일반인들 주거지보다는 고
위층의 주거지라고 추정을 하고 있고요, 그런 고위관리들은 일반
민가가 있는 토성 외곽보다는 안쪽에 거주하였을 가능성이 있다
고 생각하고 있습니다.

— (좌장) 우리나라에서는 6각형 건물이 지금 그거 하나뿐인
가요?

— (신희권) 아닙니다. 지금 한상유역에 소위 원삼국시내 이래로
백제 주거지라고 할 수 있는 것들 가운데 가장 독특한 평면형태를
보이는 것이 육각형인데요, 이전의 말각방형이나 철(凸)자형·타
원형 계통의 주거지들과 비교해서 후면부와 전면부가 돌출되어
있어서 평면상으로 봤을 때 육각으로 보이는 주거지입니다. 그런
데 그러한 주거지들이 풍납토성 이외에도 한 유적내 대표적인 주
거지로 한 두기씩이 들어가 있는 걸 볼 수 있습니다. 예를 들면 포
천 자작리에서 나온 20m가 넘는 대형 주거지 역시 그 후면부 형태
는 육각형으로 볼 수 있고요, 주월리의 96-7호·97-4호 주거지도

주월리 유적가운데 가장 크다고 볼 수 있는데 포천 자작리의 것과 동일한 형태를 보이고 있습니다. 이런 것들은 그 이전 시기의 둔내라든지, 빠르게 볼 수 있다면 중원 하천리나 포천 영송리 등지에서도 육각형보다 좀더 선행하는 형태들을 볼 수 있습니다. 그런 육각형 주거지들이 가장 정형화되어서 나타난 것이 풍납토성이고, 인근 미사리 유적에서 한양대에서 발굴한 A-1·A-13 주거지도 제가 보기에는 육각형 주거지의 평면형태로 분리할 수 있다고 생각합니다.

— **(좌장)** 그럼 다음으로 세 번째「웅진천도 배경과 사비도성 조성과정」에 대해서 박순발 선생님과 이병호 선생님이 토론을 하시겠습니다.

— **(박순발)** 앞에서 말씀하셨듯이 제 주제와 관련이 아니더라도 궁금했던 사항의 질문도 괜찮다고 해서 제가 먼저 하구요, 그 다음 이병호 선생님으로부터 질의를 받도록 하겠습니다. 오늘 아침부터 죽 들었지만 도성문제에 있어서 구체적인 성의 형태, 규모, 크기도 급한 문제이지만, 가장 중요한 것이 시간적인 측면이 아닌가 생각합니다. 물론 앞서 이미 그에 대한 언급이 있었고 여기서 더 이상은 끝이 안 날것 같다해서 좀 접어두자는 사회자의 말씀도 기억합니다만 그게 결코 쉽게 접을 수 없는 부분이라고 생각되어서 신희권 선생님께 좀 여쭙겠습니다.

지금까지 계속 몽촌토성이 풍납토성보다 축조시기가 늦다는 것을 기정사실화된 것처럼 얘기하시는데, 발표문을 읽어보면 이렇습니다. 풍납토성은 '절대연대 측정결과 늦어도 3세기를 전후한 시기에는 성벽의 축조가 완료된 것으로 판단된다' 그에 비해서 몽촌토성은 '3세기 중후반을 상한연대로 하고 있을 뿐'이라고 했는데, 제가 아는 바로는 도대체 이것이 어디에 근거한 것인지 모르겠습니다. 풍납토성의 경우는 나중에 말씀드리겠습니다만은, 몽촌토성의 상한이 3세기 중후반이라고 하는 것에 대해 저는 몽촌토성을 3세기 중후반 무렵에는 나타날 수 있다라는 것을 말씀드렸고, 상한을 문제로 치면 현재 고고학자료로 그나마 활용할 수 있는 것은 몽촌토성의 북문과 동문 사이에 있는 성벽, 그 성벽에 연이은 내측 퇴적층 속에서 - 즉 성벽에 성토층이 있고, 성토층 내측으로 몇 단계 퇴적이 흘러내린 그 층 속에서 - 錢文陶器片이 들어 있는 게 있습니다. 그걸 제외하고 연대를 말할 것이 없습니다. 그런데 아시다시피 전문도기라고 하는 것은 西晋代(265~316)의 것으로 얘기가 되고 있습니다. 물론 서진대에 딱 맞다고 해서 서진의 시작과 끝에 맞출 일은 아니지만 중국에서 지금까지 알려진 성과로는 그렇습니다. 그게 퇴적 이후에 늘어가 있습니다, 고고학적인 관점에서만 말하면요. 그것은 결국 3세기 중반이나 이 무렵 정도로 빠를 수도 있다는 얘기지 상한연대라는 얘기는 결코 당치않고, 저는 다만 다른 정황을 따져서 서진대 교섭 기록이나 국가성장이란 측면에서 3세기 중반내지 후반으로 얘기했을 뿐입니다.

그 다음 문제는 풍납토성입니다. 과학적 절대연대측정도 좋지만 문제는 절대연대를 측정해서 나오는 데이터가 -구체적인 수치로 나오겠지만- 그것이 고고학적 사건을 지시하는 어떤 스케일로서는 굉장히 폭이 넓은 겁니다. 이상하게도 우리는 Carbon - dating

같은 것을 안 따라가면 마치 후진국 내지는 비과학적인 것처럼 주장하는데 제가 알고 있는 한 유럽고고학에서는 Carbon - dating을 가지고 이렇게 중요한 문제를 결정하는 것을 보지 못했습니다. 우선적으로 그보다 더 세부적으로 시간의 변화를 읽어낼 수 있는 것이 바로 토기자료를 비롯해서 여러 자료를 활용한 Typology입니다. 그렇다고 Typology가 전적으로 신뢰할 만한 것은 아니지만 이보다 절대연대가 훨씬 오차범위가 크기 때문에 그것을 가지고 결정을 하는 것은 굉장한 문제이고, 실제로 권오영 교수님께서도 이 안에서는 그런 말씀을 하시지 않으셨습니다만 동일 시료에 대한 오차의 범위가 굉장히 넓습니다. 제가 풍납토성 상한을 잘봐서 3세기 전반, 보통 3세기 중엽 정도 올라간다고 하는 이유는 뭔가 하면요, 내부에 삼중환호가 있지 않습니까? 삼중환호 다음에 풍납토성이 생겼다는 것에 대해서는 누구하나 이의가 없습니다.

그렇다면 삼중환호가 언제 폐기되었느냐가 문제겠는데 삼중환호 속에 폐기된 토기들이 바로 심발형으로 표면에 승문이 타날되고 횡침선이 둘려진 그런 것들입니다. 그런 것들이 성벽의 중심토루안에 들어있는 것을 제가 실제 봤고 보고서에도 있습니다. 그러면 심발형토기의 연대를 어떻게 볼 것인가 하는 문제인데 그것은 지금까지 한강유역을 비롯한 우리나라 전반적인 토기편년 내지 고고학 편년 문제와 관련되는 겁니다. 심발형토기가 타날되기 전단계와 타날된 후가 있는데 타날되기 전단계를 우리가 중도식토기라 부르고 타날된 후를 심발형토기라고 하는데 그런 것들이 대개 한강유역 뿐만 아니라 중서부지역 전역에 걸쳐서 많이 나타납니다. 그때 같이 나오는 토기가 경부돌대 혹은 이중구연토기라고 하는 것인데 그것이 무덤에서 공반됩니다. 그와 동일한 돌대토기가 부산 동래패총같은 데선 일본의 쇼나이(庄內)토기와 공반이 됩니다. 쇼나이토기 같은 것은 일본에서 연륜연대가 최근에 확인된 게 있죠. 야요이 중기의 시작도 종래보다 좀 올라가게 되었습니다. 연륜연대라는 것은 나이테 연대이기 때문에 정확합니다. 쇼나이토기의 연대도 종래 4세기초보다 약 50년 올렸는데, 그런 올라간 연대관을 적용하더라도 경부돌대토기는 결코 3세기 중반이상 올라갈 수가 없습니다. 다시말하면 심발형토기가 타날될 때와 타날이 안될 때의 경계점이라는 게 그렇다는 것이죠. 그게 하루아침에 무 자르듯이 바뀌는 것이 아니라 일정한 오버랩은 있겠죠. 그러나 이러한 입장이 Carbon-dating보다 훨씬 신뢰할 수 있다고 봅니다. 그것이 바로 심발형토기 연대관입니다.

그렇다면 어찌해서 성벽이 3세기 전후한 시기에는 완료가 되었다는 얘기가 성립이 되는 건지, 이 자리가 아닌 다른 자리에서도 언급한 적이 있습니다만, 이것에 대해 뭐라고 하지 않으면서 연대를 올리는 것만이 과연 우리 역사를 바로 보는 것이고, 삼국사기를 믿어야만 애국자가 되는 것이고… 그런 건 아니라고 생각합니다. 그 점에 대해서 답해주시기 바랍니다.

— (좌장) 이 문제는 신희권 선생님이 답변하실 문제가 아니고 한국고고학계 전체가 답변해야 할 문제일 것 같습니다. 저는 양쪽 다 인정을 하는데요, 풍납토성은 26만평이나 되는 땅이고 그 중에 발굴한 지역은 100분의 1도 되지 않기 때문에 아직 연대를 얘기하기는 이르지 않은가, 그리고 앞으로 10년 이상 계속해서 발굴해야 될

유적이니까 10년정도 기다려 주시면 보다 정확한 연대가 나올 것입니다.

저는 그 전부터 1세기 이전에도 거기에 취락이 있지 않았을까 하는 생각을 해 봤습니다. 왜냐면 발표하기는 어렵습니다만, 낙랑의 영향력을 무시할 수가 없습니다. 낙랑(BC 108~AD 313) 이후에 여기 중국식 한나라 건물이 들어오고 성벽 쌓는 법이 들어올 수도 있겠죠. 왜냐면 그 사람들의 식민지였으니까, 식민지배를 받았다는 것은 문화적으로 충격을 받은 것입니다. 그러면 피식민지 지역에 살고 있는 사람들은 그 충격에 대한 대응을 하는 것입니다. 충격을 먼저 받은 데가 문화가 먼저 발전한다, 그러니까 아마도 낙랑에서 근접한 지역이었던 한강유역 사람들이 기술을 먼저 많이 받아 들였을 겁니다.

풍납토성 또는 몽촌토성 연대문제는 앞으로 더 조율이 될 것입니다. 아주 어려운 문제이고 또 끊임없이 토론을 해도 아직까지는 증거가 너무 적어서 결론에 도달할 수 없는 것이기 때문에 박순발 선생님의 신희권 선생님에 대한 질문은 제 해명 아닌 해명으로 끝내기로 하고, 아직 말씀 안 하신 이병호 선생님 말씀해 주십시오.

— (이병호) 풍납토성하고 몽촌토성의 편년문제가 역시 뜨거운 이슈인데요, 제 주된 관심은 사비도성이기 때문에 분위기를 바꾸어서 사비도성에 대해서 아까 질문했던 것에 더해서 질문 드리겠습니다. 저도 水田開發의 중요성에는 십분 동의합니다만은 역시 천도 이전에 해당하는 유적에 정동리요지라든지 용정리사지 같은 것이 있고 청마산성 서쪽, 즉 나성 외곽 동쪽에서 그런 유적·유물

들이 계속 나오고 있습니다. 그런 부분들의 성격이 명확하게 규정되어야만 왜 굳이 그 지역에 머물지 않고 내부로 개발했는가의 문제가 설명이 될 수 있을 것 같구요 그런 의미에서 아까 제가 외곽의 좀더 넓은 지역까지 수전개발의 중요성을, 시야를 좀 넓혀야 한다라는 그런 의도로 말씀드렸던 것입니다.

— (박순발) 사실 그 문제가 쉽게 답변될 수 있는 것도 아닙니다만, 제가 도중에 잠시 티타임에서 얘기를 들어보니까 충남발전연구원에서 화지산 부근 궁남지 바로 동편을 조사했더니만 그 일대에서 청동기시대 석관묘가 나왔다고 하던데, 그것을 제 분포도에 다시 하나 추가하겠습니다. 제가 말씀드리고 싶은 것은 현재 부여 시가지-도성 범위를 좁게 얘길 한다면- 그 내부에 있어서 무문토기가 전혀 없지는 않지만 선행단계 유적들이 다른 곳에 비해서 현저하게 밀도가 낮거나 거의 없는 것이나 마찬가지다라고 말씀드렸습니다. 그런데 지금 이병호 선생님께서는 부여에서 공주쪽 방향 일대의 와요지 등 유석을 발씀하셨는네 특히 塼이나 기와 같은 것이 공주의 무령왕릉 등을 만드는 데에 소용되었을 것이라는 견해는 瓦塼을 연구하시는 분들이 기왕에 내놓고 해서 그 시대에 어떤 제작지가 거기에 있었을 것이라고 생각이 됩니다. 그런데 바로 조금 북쪽으로 가면 부여군 가증리라든지 저석리 이쪽은 청동기시대 이래로 지역의 토착세력들이 죽 머무르던 곳이었죠. 그런 지역들이 지금으로 보면 부여에 다 포함되는 거니까 그런 점을 감안하면 없지는 않다고 생각되지만, 다만 도성 내부에는 그렇다(거의 없다)라는 것이고요. 그리고 도성 내부에 있는 그런 저습지를 수

전으로 개발을 했을 것이라고 생각하는데, 그것을 도성이 아니라 조금 벗어난 곳에서 할 수 있지 않느냐 그런 질문이신데요, 실제 저희가 현재 조사를 하고 있지만 구봉리라든지 합송리 이쪽 일대에서 청동기시대 이래로 청동기라든지 초기철기단계에서 철기를 부장한 지역 수장의 무덤이 확인되고 있습니다. 그 일대를 보면은 송국리단계부터, 이미 기원전 1000년 전부터 쭉 연결되는 논들이 있습니다. 그런데 부여 시내에는 그런 것들이 보이지 않는다는 것입니다. 백제 논 아래로는 전혀 보이지 않기 때문에 이 일대의 수전 개발이 여기만 중요하다는 것은 아니고 이미 다른 곳은 충분히 토착 세력들에 의해 개발됐을 겁니다. 그렇다고 해서 구룡들 넓은 들판이 전부 다 된 것은 아니라 차츰차츰 되었겠지만, 그런 곳에 비해서 상대적으로 도성 내부에는 상당히 방치된 정도의 수준으로 남아 있었던 것이 新都 조성과 더불어서 새롭게 作畓되면서 그것이 -국가의 경제력 유지까지는 아니었겠습니다만- 도움이 되지 않았을까 하는 생각입니다.

— (좌장) 거기에 대해서는 혹시 최맹식 선생님이 국립부여문화재연구소장을 오래하셨으니까, 사비도성 이전 시기 원주민 문화에 대해서 도성 이전의 유적 같은 것이 어디에 있었는지 말씀 좀 해주시죠.

— (최맹식) 저도 10년 정도 부여에 있으면서 샅샅이 살펴보았다고 이야기할 수는 없겠습니다만은 그 사이에 시내라든가 주변 공사장 등의 지하를 보았을 때 저희들도 가장 의문스러웠던 것 중 하

나가 선사시대나 이른 백제시기의 것은 둘째치고 백제시대 것 조차도 지금 알려진 그런 유적 외에는 이렇게까지 없을 수 있을까 하는 것이었습니다. 물론 시내중심부인 한국통신에서 거의 20년 전에 지하 3m 하부에서 백제시대 유물이 일부 확인되었다는 얘기는 들었습니다만, 그 외에 저희들이 많은 곳에서 5m~6m이상 되는 지하토층을 봤습니다. 그러나 선사시대 것 뿐 아니라 백제시대 것으로 볼 수 있는 것이 거의 없었다는 것에 대해선 지금까지도 의문점을 가지고 있습니다.

— (좌장) 박순발 선생님, 이병호 선생님 감사합니다. 사비도성 문제보다도 웅진도성문제로 넘어가겠습니다. 심정보 선생님이 웅진도성의 구조와 방어체제에 대하여 발표하시고 최맹식 소장님이 토론을 해주셨는데, 심정보 선생님 아까 미진한 것 있으셨으면 지금 말씀해 주십시오.

— (심정보) 제가 볼 때에는 웅신노성의 성격에 대한 부분은 처음부터 다시 써야되지 않나 생각합니다. 그나마 웅진도성 발굴에 참여했던 이남석 선생님도 아직도 조사되지 않은 건물지가 상당히 많이 있다고 하던데요. 그런 건물지나 성벽이 구체적으로 조사가 안되어 있는 상태이기 때문에 아마 웅진도성은 앞으로 문화재청에서 연차적으로 다시 조사계획을 세워서 종합적으로 조사가 끝난 다음에 성격규명이 이루어져야 하지 않을까 하는 생각이 듭니다.

— **(좌장)** 최맹식 선생님, 정말 웅진에는 나성이라든가 별도 시설물이 아무것도 없었을까요?

— **(최맹식)** 그 부분에 대해서는 제가 직접 조사한 바는 없고요 다른 분들이 더 잘 알고 계시겠습니다만, 보고서를 근거로 본다면 아직 그러한 나성이라든가 외부시설물은 조사되지 않은 것으로 알고 있습니다.

— **(좌장)** 그러면 웅진에 살던 동성왕이나 무령왕이 공주를 임시 거처로 여기고 '부여로 이사하기 위해서 잠시 산다' 그런 생각으로 60년 동안이나 살았을까요?

— **(최맹식)** 그 부분까지는 생각을 못해 봤습니다만 아까 신희권 선생이 그런 측면으로 이야기를 한 것 같습니다. 이견이 있을 수 있습니다만 예를 들어서 성 내부에 고위간부라든가 주요인사들이 거기에 거주했었을 것이지만 그러나 도성의 기능적인 측면에서 많은 주민이 거주한 곳은 공산성 바로 밑의 과거 미나리 밭이라든가 일제시대 때 지도 등 남겨진 기록을 살펴보면 짐작이 갈 수 있습니다. 하지만 제가 알기로는 주변에 대한 조사가 충분히 이루어지지 못했습니다. 그래서 나성이 있었다든지 정확한 것은 모르겠지만, 적어도 도성을 형성할 수 있었던 주민거주지 등은 분명히 어딘가 있었을 가능성은 충분히 있다고 봅니다. 그런 측면에서는 부여도 마찬가지겠지요.

― (박순발) 잠깐만요. 다른 게 아니구요 조금 전에 부여에 백제유적이 잘 안보인다고 말씀하셨고, 심정보 교수님도 공주 시내 특히 동쪽에 아무것도 안 보인다고 말씀하셨는데, 제가 백제 유적을 많이 조사해본 경험은 없었습니다만 적어도 부여나 공주나 퇴적속도가 다 비슷할 것입니다. 그래서 이쪽지역에서 백제유적을 찾으려면 어느 정도 내려가야 되냐면 최소한 2m정도 내려가야 합니다. 물론 높은 데는 침식되고 깎였으니까 남아있지는 않겠지만 저지대는 적어도 2m는 들어가야 합니다. 그렇지 않으면 나오지가 않는다는 것이죠.

사비로 천도한다고 해서 공주를 그냥 버리고 옮기는 것이 아니라 이후 중요한 국방성으로 쓰이고, 이도학 선생님 말씀처럼 나중에 동서의 양성체제 기록도 보이고, 사비시기에도 계속 보수유지가 됩니다. 실제로 동성왕 20년(498년)에 熊津橋를 만드는데 웅진교를 만든다는 것은 그 당시에 웅진시가지로 흐르는 그 하천 일대, 민가들에 대한 정비가 될 것이고 그 숲속에 대통사지같은 것이 만들어지지요. 그런 것을 보면은 후대 지형도도 물론 참고해야 되겠습니다만, 사실 이건 지금 해결이 잘 안될 수 있는 것으로서 어쨌든 우리가 신중해야하지 않겠는가 생각합니다.

적어도 한 국가의 중요한 핵심기능을 하는 도시규모를 계산해보면, 제가 사비도성 연구할 때 잠시 계산해 보니까 인구가 한 3만 명 정도가 되어야 된다고 봅니다. 현재 부여일원의 인구가 3만 명 정도 가까이 될텐데, 그런 정도를 수용할 수 있어야 하지 않나. 물론 꼭 그런 것만은 아니지만, 상당히 밀도가 높았을 가능성 이런 것도 배제할 수 없지 않나 생각합니다.

─ (좌장) 제가 대학교 4학년 때인 1963년도에 풍납토성 내부 토층을 파악하기 위해서 조사한 적이 있습니다. 그런데 지상 6.5m밑에서 철제깡통이 하나 나왔습니다. 메이드 인 노르웨이. 풍납토성 내부입니다. 그러니까 메이드 인 노르웨이 깡통이 들어있다는 것은 최소한 1925년의 乙丑年 대홍수를 생각하더라도 대홍수때 한번에 최소한 6~7m의 토사가 밀려올 수 있었다는 애깁니다.

제 생각에도 부여·공주지역은 더 오래 기다리고 발굴을 좀더 해봐야하지 않을까 그런 생각이 듭니다.

─ (심정보) 참고로 부여에서 저희가 백제도로를 확인할 때 지표에서 3m를 내려가서 도로유적을 확인했습니다. 경우에 따라 좀 다를 수도 있겠지만 새로운 도로유적 같은 것은 3m정도를 내려가야만 나올 수도 있겠지요. 김기섭 선생님이 아까 잠깐 말씀하신 벽골제 식물유기체 문제인데, 제가 '74년부터 조교로 있으면서 처음 발굴에 참여한 유적이 벽골제였습니다. 솔직하게 말씀드려서 그때는 비슷한 사례가 없어서 식물 유기체를 잘 몰랐었습니다. 그런데 나중에 나성 발굴하면서 확실히 알 수 있었습니다. 그때는 층위별로 나타나니까. 그것은 나성에서 나타나는 것과 마찬가지 양상입니다.

─ (좌장) 네. 감사합니다. 그 다음 마지막 차용걸 선생님이 발표하신 「백제도성과 주변국 도성과의 비교」에 대해서 서정석 교수님이 토론해 주시겠습니다. 차용걸 선생님이 아까 중국과 비교해

주신 여러 가지 자료가 있었는데 저도 감명깊게 들었습니다. 서정석 교수님은 더 토론하실 수 있었던 것이 너무 연배차이가 난다고 질문하실 것을 안 하신 것 같은데, 이 기회에 맘대로 토론을 하시기 바랍니다.

— (서정석) 한가지만 질문을 드리겠습니다. 사실 백제도성 연구에 있어서의 문제점이라고 한다면 지금까지 조사된 내용이나 밝혀진 사실보다도 연구가 더 많이 이루어진 것이 아니냐 하는 것입니다. 별로 밝혀진 사실이 없는데도 불구하고 제한된 사실을 가지고 너무 많은 연구를 하다보니까 의견 차이가 많이 나는 것 같구요. 실질적으로 도성구조를 살펴보려면 고고학적인 사실을 가지고 복원할 수밖에 없는데 현재까지 한성도, 웅진도, 사비도 객관적으로 얘기할 수 있는 자료들이 많지 않습니다. 그렇다고 해서 관련 자료들이 밝혀질 때까지 도성연구를 손놓고 있을 수도 없는 노릇이지요.

지금으로서는 그것을 극복할 수 있는 방법 중 하나가 이런 것이 아닌가 싶습니다. 우선 겉으로 드러난 유물·유적들을 가지고 합리적인 해석을 하고 주변국들의 도성제와 -많이 밝혀져 있는 중국이라든가 주변에 있는 고구려·신라의 도성제와- 비교해 가지고 백제도성의 특징이랄까 본질 같은 것을 유추해내는 것이 현재로서는 가장 객관적인 방법이 아닐까 생각합니다.

그런 점에서 종래 백제도성 얘기를 하면 빼놓지 않고 거론됐던 것이 평지에 있는 평지성과 산성의 세트관계였습니다. 그래서 억지로 산성을 꿰맞추다 보니까 주변에 있는 성들을 자꾸 거기다 들이댄다거나, 고고학적으로도 증명이 안 되는데도 불구하고 왕도 주변에 있는 산성들을 세트관계로 자꾸 맞추려고 하고, 반대로 산성이 있는 경우에는 산성보다는 밑에 쪽에 실제로 중요한 왕궁 같은 것이 있을 거라고 생각을 하고 그 밑에 쪽을 중시하는 경향이 있었죠. 사실 이런 평지성과 산성과의 세트관계는 백제도성의 특징이라기 보다는 고구려 도성제에 그런 특징이 있죠. 백제 도성도 그동안 많은 연구자들이 지적했던 평지성과 산성의 세트관계를 실제로 해명할 수 있는 것인지 여쭤보고 싶습니다.

— **(차용걸)** 매우 중요한 지적인 것 같습니다. 백제도성 연구가 지금까지 나타난 바로는 일반학자들이 밝혀진 것은 너무 적은데 알고 싶은 것이 너무 많았지요. 그래서 학자들이 자료에서 뽑아낼 수 있는 필요 이상의 것을 뽑아놓고 얘기를 하는 것이 아닌가 하는 이런 말씀을 하셨는데, 그것은 아마 초기 연구단계에서 이웃나라도 마찬가지입니다. 중국이나 일본에서도 실측도에 점선으로 그려보고 했는데, 결국은 그 중에 어느 것이 가장 유사한 게 나오게 되지요. 우리의 경우는 사실 해석을 할 때 있어서 너무 작은 걸 가지고 침소봉대해서 크게 해석하는 경향때문에 몇 년후에 학자자신이 과거에 자기가 이야기한 것을 다 뜯어 고쳐야되는 그런 결과가 나오지 않을까 우려됩니다. 그리고 그 방법론으로 말씀하신 것처럼 그 당시 드러난 유물·유적을 합리적으로 해석해야한다, 이것이 가장 기본입니다. 기본에 대해서 우리가 너무 소홀했던 것이 아닌가 생각합니다.

그리고 고구려와 같은 평지성과 산성의 세트 관계인데요, 그것이 과연 백제나 신라에 얼마나 적용되는가 하는 것입니다. 적어도 한성기에는 문헌상으로만 보면 한성과 남한성, 북한성과 북한산성 이게 기록에 다 나옵니다. 문헌상으로만 보면 평지성과 배후산성 관계가 남·북에 다 있었다고 볼 수도 있다는 것이 기본 입장입니다. 그런데 공주에 이르면 공산성 이외에 실체적인 성이 없습니다. 사비에 오면 나성 동쪽에 청마산성이라는 거대한 산성이 있지만 사실 현재로선 청마산성 성격도 설명하기가 어렵습니다. 평양에 평양성이 있고 대성산성, 안학궁 등 성이 여러 개 있는데 그것에 대해서도 견해가 엇갈리고 있습니다. 집안에 있어서도 산성 그 밑에 반드시 평지가 아니더라도 구릉에 위치하기도 하죠. 그렇다면 백제의 도성연구에서 외부의 영향을 생각하면서도 어떻든 자체의 독자성을 더 중요시 여겨야 된다고 제가 말씀드리는 것이 바로 그 점입니다. 아까 한강 유역에 대해서 뜨거운 감자같이 몽촌하고 풍납토성에 대해 서로 의견이 대립이 되는데, 형식상으로 보면 -제가 아는 한-강변에 바로 붙어있는 풍납토성이나 정북동토성이나 이런 경우에는 先代遺構가 다 있습니다. 그 밑에 청동기시대 주거지도 있고 다 있습니다. 그런데 그 배후 구릉지에 있는 성들이 먼저라는 것은 서양의 도시국가도 그렇지만, 조금이라도 높은 대지상에 있던 木柵, 몽촌토성의 경우 사면을 파보면은 기둥구멍이 안팎으로 지그재그로 나오는데 그게 바로 목책을 이야기하는 것이라고 생각합니다. 그런 것으로 일단 있다가 그 이전부터 있었던 전통적인 새지 세력이 있습니다. 그걸 완전히 제압하고 들어가지 않고서는 재지 세력이 있는 마을에다가 거대한 성을 쌓을 수 있느냐는 것입니다. 그 성이 쌓여지면 고대국가·정치권력을 얘기할 수 있다는 것이죠. 그렇게 설명이 되어야 합니다. 이건 매우 중요한 문제인데, 형식관계와 유물관계 이런 것에서 아직 속단할 수 있는 얘기가 절대 아닙니다. 제가 풍납동이나 몽촌토성 얘기만 나오면 회피하는 이유가 잘못 판단했다가는 엉뚱한 결과를 초래할 수 있거든요.

아차산성 문제도 아차산 제4보루 등 보루들은 고구려 것인지는 모르겠지만 이제까지 아차산성 자체 발굴에서는 통일신라까지 대개 층위가 나오고, 그 이전 고구려 것이 나온 게 없다고 보는데, 그렇다면 그 석축 성벽 안쪽에 토루가 있는데 제가 알기로는 토루를 조사하지 않았습니다. 다른 예로 장미산성을 올해 들어 겨우 성벽을 잘라보았더니 그 어마어마한 석축 안에 판축토루가 그대로 들어 있습니다. 지금 온달산성 일부를 시굴하면서 신라식일 가능성을 두고 다 찾아봤는데, 안쪽으로 기단까지 만든 그런 성벽도 보이고, 우리가 조사하기 전에 가서 본 온달산성은 안쪽벽이 1~2m 높아야 2m정도였는데 다시 그 밑으로 2m 이상은 더 내려가야 한다는 말씀이지요. 이렇게 되어있기 때문에 아까 말씀대로 객관적 자료는 별로 없는데, 그걸 가지고 너무 많이 해석을 하려고 하니까 문제가 있다. 그럼 어떻게 일반국민을 이해시키고 학문적 만족감을 주고 호기심도 불러일으킬 수 있겠는가? 그것이 바로 당면한 학계의 문제라고 생각이 됩니다. 가능하면 어느 한가지라도 이런 점을 누군가가 인식을 하고, 구체적인 자료가 나왔을 때 뜨거운 논쟁을 하면서 조금 정리가 되고 해야 하는데, 그렇지 못하게 개설체계가 존재하지 않습니다. 저도 이런 것에 책임을 느끼고 있습니다. 때문에 국립부여문화재연구소에서 계속 백제 도성 관련 문제

를 가지고 토론을 벌이는 것 자체가 중요하다고 생각합니다. 이번
에는 한성이후 도성체제 전반에 관해 논의하고 있는데, 과거에 논
의되었던 문제에서 한치도 더 나아가지 못하고 있는 것 같아서 저
스스로도 답답한 마음이 듭니다.

— (좌장) 대단히 감사합니다. 차용걸 선생님께서 맨 마지막 말씀
에 너무 그렇게 무게를 주시니까 사회하는 사람도 숙연해집니다.
　다섯 가지 주제에 대해서 열 한분이 발표와 토론을 해주셨습니
다. 지금 여기 계신 분들 중에서 마지막 기회를 주면 해봐야겠다
생각하시는 분은 한 말씀 해주시지요.

— (신희권) 아까 박순발 선생님의 질문에 대해서는 일단 사회자
께서 정리를 하셨으니까 제가 박순발 선생님께 한가지 질문을 하
겠습니다. 몽촌토성에서 출토된 西晋代 灰釉錢文陶器片 이외에
성내와 성벽을 포함해서 가장 올려볼 수 있는 유구의 연대하고요,
성벽에서 출토된 유물 가운데 가장 연대가 떨어지는 것에 대해서
한번 여쭤보고 싶습니다.

— (박순발) 제가 몽촌토성 발굴에 시종 다 참여한 것은 아니고,
제가 현장에서 관찰을 제대로 할 수 있었던 것은 '88년 '89년 두 해
동안입니다. 지금 문제가 되고 있는 3세기 중반 상한문제와 관련
하여 성벽이 소사된 부분은 '87년도 전면조사지역입니다만 그전
'85년도에 동일지점을 시굴트렌치식으로 조사했을 때 나온 것이기
때문에 제가 그 당시 정확한 출토상황은 모릅니다. 다만 보고서에

서 봤을 때는 아까 말씀드린대로 축토층으로서 대개 자연구릉의 경사지에 쌓은 것의 일부가 내측으로 퇴적되면서 회유전문도기가 들어간 것입니다. 현재로선 중국과의 교차연대를 통해 알 수 있고 해서 연대를 가장 빠른 것이라고 생각이 되는데, 그것 말고 성내에서 나온 유물로만 따지면, 역시 흑색마연토기 계통들이 있습니다.

사실 '백제토기' 란 말을 흔히 쓰는데 저도 백제토기가 뭘까 고민을 굉장히 많이 하다보니까 제 나름대로 정의를 내려서 이른바 백제양식 토기의 시작을 흑색마연토기부터 보는 것입니다. 어쨌든 흑색마연토기 계통이 가장 빠릅니다. 가락동 2호분에서 보이는 흑색마연토기편들이 몽촌토성에서도 나오는 것입니다.

그리고 가장 늦은 것은 언제냐 하고 말씀하셨는데, 가장 늦은 것은 아마도 고구려 토기로 봐야죠. 신라토기나 가야토기는 전혀 확인되지 않습니다. 대각편에 일부 투창이 있는 것이 있는데, 풍납토성 출토품과 관련하여 권오영 교수께서 얼마 전 충남대 백제연구소의 공개강좌에서 지방 양식들을 가려낸 적이 있습니다. 당시 도성에 각 지역에서 올라온 문물들이 있어 그런 걸로 인해 출토될 수도 있지만 있다해도 475년까지의 관계, 그 속에서 나타나는 것들인데 묘하게도 풍납토성에는 신라 것은 없습니다. 가야쪽만 나오고, 물론 영산강유역 것도 있고 일본 것도 있습니다. 어쨌든 몽촌토성에서 역시 가장 떨어지는 것은 고구려 토기라고 얘기할 수 있습니다.

— (신희권) 혹시 그럼 풍납토성 삼중환호와 성벽에서 나온 고식의 타날문 심발형 토기는 출토되고 있습니까?

— (박순발) 심발형토기는 부지기수로 많습니다. 그래서 그걸 근거로 해서 심발형토기에 대한 정리를 몽촌토성 보고서에 간략하게 했습니다만, 성내 출토품이라는 게 대단히 정리하기 어렵습니다. 폐기시점이 퇴적시점과 정확히 맞아 떨어지는 것이 아니기 때문에 그걸 보완하기 위해서 부장용 토기들을 중심으로, 중서부지역 전체를 대상으로, 해 본 결과가 아까 말씀드린 그런 내용입니다. 그건 이미 논문으로 발표가 되어 있습니다.

— (신희권) 혹시 심발형 토기가 삼중환호와 관련해 제시하셨던 그 심발형 토기와 Typology상 비슷한 연대의 심발형 토기로 보십니까?

— (박순발) 그렇습니다. 심발형 토기가 일상용기로 쓰인 것들이라서 속성을 잡아내는 것이 굉장히 어렵습니다. 그 가운데서 현재까지 누구나 봐도 인정할(identify) 수 있는 성도는 역시 그 표면처리에서 승문타날을 하고 횡선을 돌린 것이 좀 빠른 형식이고… 그런 것들이 한강유역의 특징이라고 하는데 물론 그것만 있는 것이 아니고 그러한 표면처리 차이와 더불어서 구연부의 차이 등이 수반되기 때문에 그것을 기준으로 합니다. 물론 표면처리나 제작기법 측면뿐만 아니라 기종 · 크기 자체도 차이를 보입니다. 초기의 것들은 가령 15cm정도 그 다음에 조금 커졌다, 작아졌다 하는데, 그렇지만 취사용기로서 생활에 굉장히 중요했기 때문에 무덤에도 계속 묻힙니다. 그래서 그런 것들을 통해서 본다면 적어도 이른 단

계부터 몽촌토성에 다 있는 거죠.

— (신희권) 그 부분에 대해서 잠깐만 보충설명 드리겠습니다. 일본에서 측정한 연륜연대는 정확하고 우리나라의 탄소연대측정 연대폭이 크다라는 점과 관련해 일단 절대연대에 대해서는 언급하지 않겠습니다. 왜냐하면 풍납토성에서 출토된 시료의 연대는 하층 유구부터 상층까지 20여 건 이상을 측정했기 때문에 대체적인 시간폭이 약 500년 가까이 되고 있습니다. 그 중에서 어떤 시료를 가지고 말씀하시는 것인지 부정확하기 때문에 생략하기로 하고요.

심발형토기 연대에 대해서 한강유역 자체의 비교가 아니라 중서부지역에서 가장 이른 시기로 올라갈 만한 심발형토기와 공반되는 경부돌대토기 그리고 그 경부돌대토기와 공반되는 일본의 쇼나이(庄內)식 토기의 절대연대를 들어서 풍납토성에 있는 심발형토기 연대를 3세기 전반 이전으로 올려볼 수 없다는 말씀이신데요, 이 문제에 대하여는 일전에도 토론을 한 적이 있습니다만 다시 한번 명확하게 말씀드리면, 한강유역에 타날문토기가 도입되는 것은 한나라 영향을 받은 낙랑의 발달된 토기제작 기술이 전파되면서부터라고 볼 수 있습니다. 빠르게 보시는 분은 기원전 1~2세기부터 한반도에 타날문토기가 도입되었다고 보고있고, 박순발 선생님께서도 충남대에서 발굴하신 천안 장산리유적의 연대를 들어서 적어도 AD 0년부터는 타날문토기가 출현할 가능성이 있다고 하셨습니다. 그 근거는 방사성탄소연대인 것으로 알고 있습니다. 그 가운데서 타날문 심발형토기 역시 심발형토기가 출토된 유구의 방사성탄소연대측정치를 근거로 AD 200년 정도로 추정하신

걸로 알고 있는데요. Carbon-Dating을 제외하고 타날문토기 자체
에 대한 문양분석이나 고고학적 측면에서의 제작방법·기술유형
등을 따져볼 때 천안 장산리 유적에서 출토되는 타날문토기들은
한성백제 특히 풍납토성에서 출토되고 있는 타날문토기의 연대
중에서는 Ⅱ기 내지는 Ⅲ기 이상으로 올라갈 수 없는 후대에 속하
는 기법입니다.

예를 들면 일본에서는 소위 평행타날 내지는 집선문 비슷한 類
似繩文계열의 타날문들이 많이 보이는 걸로 알고 있는데요, 실제
로 풍납토성에서 층위상으로 보면 그러한 유물들은 4세기 이후에
출현하는 것입니다.

장산리유적의 타날문토기는 어떠한 도면이나 보고서를 보더
라도 한강유역 특히 풍납토성에서는 이른 시기에 출현하지 않는
유형의 타날문토기입니다. 지금 성벽이나 환호에서 출토되는 타
날문토기는 태토 자체가 경질무문토기의 태토를 그대로 사용하
고 있습니다. 그리고 기형도 경질무문토기가 사용되던 당시의
외반구연소호를 그대로 계승하고 있습니다. 후대에 짧아지고 구
연이 밖으로 말리는 듯한 그러한 타날문토기가 아닙니다. 그래
서 심발형토기의 기술유형상의 속성을 봤을 때 적어도 경질무문
토기가 사용될 당시에, 가장 이른 시기에 타날문이 도입되는 그
러한 단계의 유물로도 볼 수 있고요. 그러한 유물들은 후대에 보
이는 명확한 타날문과는 다릅니다. 실제로 아주 미세해서 타날
문이 안 보이는 듯한 경우도 있습니다. 그렇기 때문에 심발형토
기의 절대연대를 차치하고서라도 한강유역 특히 풍납토성에서
출토되고 있는 타날문 심발형토기의 연대는 박순발 선생님께서

제시하신 경부돌대토기와 공반되는 타날문 심발형토기와는 구분할 필요가 있다고 봅니다.

― (박순발) 아까 좌장께서 10년 정도 지나면 해결되지 않겠나 하셨는데, 사실 그렇습니다. 지금 타날문토기를 말씀하셨는데 제가 타날문토기나 한강유역에 대해서 얘기할 때에 타날문토기 전반이 전부같다는 것이 아닙니다. 적갈색연질계통, 즉 경질무문토기로 종래 만들어지던 취사용기 내지는 주방용기들이 나중에 장란형토기 등으로 나타나는 것이지요. 그것의 전환시점을 말한 것인데, 경질무문토기는 가장 올려 봐야 BC 100년 정도입니다. 그런데 어찌해서 다른 타날문토기가 빠르다는 것인지, 그런 자료가 있으면 적극 수용하겠습니다만 그런 자료가 없습니다. 그리고 중서부지역에서 나오는 타날문토기가 늦다고 했는데 당연합니다. 중서부지역은 격자타날계이고, 한강유역은 승문계입니다. 계통이 다릅니다. 그런 것들은 시간적·공간적 분포를 보시면 아시겠는데, 정보를 공유하지 않은 상태에서 격론을 해봐야 소용이 없으니까, 시간절약상 이 정도로 하겠습니다.

― (좌장) 네, 오랫동안 더 연구를 하시면 좋은 결과가 나올 것이라 기대하고 다음으로 넘어가겠습니다. 시간이 5~10분 남았는데 방청석에서 두 가지 질문이 들어와 있습니다. 이에 대해 차용걸 선생님 말씀을 듣고 나서 성주탁 선생님의 격려말씀 듣고 끝내기로 하겠습니다.

우선 하남역사경관보존회 회장이신 박경복 선생님의 질문입니다.

　질문의 요지는 다음과 같습니다. '백제도성의 변천과정에 관한 연구가 대부분 형태·기능이나 구조·모양에 치우친 느낌입니다. 그러나 고고학적 유물이 수반되어야 가치를 인정받는 한계성 때문에 중요한 가치를 지닌 지역들의 역사경관 보존문제가 발생했습니다. 예컨대 이런 것입니다. 우리나라에서 도성이 성립할 때 실질적인 배경이 되는 정신적 상징에 대한 해석이 빠져 있습니다. 신선설, 음양오행설 내지 천문학적 배경 이런 것들이 도성의 위치를 결정하는데 빠져 있다는 것입니다.' 이에 대해 차용걸 선생님께서 답변해 주십시오.

　— (차용걸) 중요한 지적입니다. 첫째는 역사경관보존 문제인데요. 역사경관을 보존하는데 한계가 있는 것은 분명합니다. 현재 문화재청이나 관련학자들이 이 문제때문에 정말 고민하고 노력하는 가운데 시민단체에서 많은 협조를 해주어서 보존문제에 힘을 얻어가고 있습니다. 정신적 상징인 신선사상·음양오행설·천문학적 배경에 대한 것을 말씀하셨는데요, 도성 자체가 그 나라 그 왕조의 문화·사상·토목기술의 전체입니다. 그래서 도성을 중요시 여기는 것인데, 그런 사상을 확실하게 규명할 만한 당시의 전설이라든지 지명이나 기록이 그대로 전해 내려오면 좋겠는데 그렇지가 못합니다. 음양오행에 의해서 도읍을 정했다 이런 기록이 분명한 것도 없고, 서울만 해도 경관을 제대로 보존하려면 스카이라인을 유지해야 하는데 실제로 부분적으로 뭘 파내고 건물도 짓고 해서 많이 깨지고 있습니다. 그러나 이것은 어느 나라에라도 가보

면 다 사정이 같습니다. 이것은 학자들과 정부와 시민단체가 같이 노력을 해서 해결해 나가야 되지 않나 생각하고요, 학자들은 음양오행설·천문학 등 도성에 관한 철학적 기초에 대해 생각하고 있습니다. 과거에 도성자체를 하나의 우주로 생각했거든요. 그런 것에 대해서는 발표문에 안 써놓은 것이지 고려하지 않는 것은 아니라는 말씀을 드립니다.

— (좌장) 박경복 선생님 질문해주셔서 감사합니다. 질문이 또 하나 있습니다. 아까 질문하셨던 도시공학하시는 강창석 선생님께서 차용걸 선생님께 질문하셨습니다. '산성과 도성을 한 세트로 보자는 개념에서 남성을 한성과 한산성으로 보고 북성을 북한성과 북한산성으로, 즉 평지성과 산성 두개를 한 세트로 보면 어떻겠습니까?' 하는 의견입니다.

— (차용걸) 제가 그전에 문헌만을 정리해서 『향토서울』엔가 「위례성과 한성에 대하여」라는 글에 일부만 발표한 것이 있는데, 거기서 언급한 것입니다. 세트로 보면 그렇다는 것인데, 그때 제가 제일 걱정했던 것이 과연 남한산성을 백제 때 것이라고 할 수 있겠는가 하는 것이었습니다. 그런데 거기서 최근 통일신라 유물이 나오더니 행궁지 바로 뒤에서 빗물에 씻겨 일부 백제토기가, 아주 작은 편들이지만, 나오기 시작해서 그쪽 지역 연구자들이 기뻐하는 모습을 보았습니다. 저도 남한산성을 지금 현재 남아있는 성벽 자체는 조선시대에 대대적으로 수축된 것이고, 오래된 것이 그 밑에 있다 하더라도 통일신라 때의 석축이었는데 요즘 더 연대가 올라

갈 가능성이 있는 것 같습니다. 오늘 아침에 뉴스를 보았는데, 청주 상당산성에 조선 숙종~영조때 쌓은 석축이 있습니다. 그 바깥을 재작년에 시굴해서 그 이전 성벽을 찾아냈는데, 최근에 문화재보호재단 조사단에서 더 정밀하게 범위를 넓혀 조사를 해서 서문 바깥에 거기서부터 뻗어나간 네 줄기 성벽이 연대를 각각 달리한다는 사실이 밝혀졌습니다. 통일신라때 성을 쌓았다는 기록보다도 연대가 올라가게 되었습니다. 이런 고고학적 성과는 우리가 '급하다, 알고싶다' 해서 금방 나올 수 있는 것이 아닙니다. 경비도 많이 들고 현재로서는 정리할 능력이 부족합니다. 다행이 최근에 많은 젊은 사람들이 성곽에 관심을 가지고 연구하고 있기 때문에 앞으로는 이런 쪽에 신경을 더 많이 쓸 수 있을 것입니다.

산성과 도성이 하나의 세트라고 하는 기본 명제는 분명 있는데, 이것이 신라까지는 어느 정도 확인이 돼서 제가 그렇게 쓴 것입니다. 월성과 명활성의 관계처럼. 자비마립간때 고구려가 남침을 하고 신라가 백제에 대해 일 만명의 군대를 도와줘서 웅진 천도를 시키는 그 시기에 왕이 월성을 버리고 명활성에 가서 살고 있습니다. 그후 안정이 됐을 때 다시 월성으로 내려옵니다. 산성과 평지성이 세트관계라는 것은 신라에 있어서는 명백합니다. 그런데 선덕여왕 말년에 비담의 난이 일어나서 명활성이 반란군의 거점이 되었고, 왕의 군대가 월성에 진을 치고 싸워서 진압이 되었기 때문에 그걸 왕성이라고 하기가 뭐했던 것 같습니다. 그래서 아마 진평왕 때 이미 남산성이 쌓여 있었는데 산성이 남산성으로 옮겨진 게 아닌가 생각됩니다. 명활성도 이전 토루와 그후에 석축으로 쌓은 것 두 개가 있어서 新舊명활성이 되고, 남산성, 북형산성… 적군이 제일 침투하기 좋은 데에 關門城을 쌓고 해서 이중삼중의 방어체제를 가진 도성이 됩니다. 아마도 신라 때에는 지금의 경주시와 월성군 전체를 포함하는 그런 큰 개념 하에서 도성이 운영되었다고 봅니다. 앞으로도 이렇게 넓은 범위에 걸쳐서 도성조사와 연구가 계속 진행이 되어야한다고 봅니다.

ㅡ (좌장) 대단히 감사합니다. 시간이 거의 다 됐기 때문에 아쉽지만 여기서 토론은 마치겠습니다. 끝으로 산성과 성곽연구의 선구자적 역할을 하신 충남대학교 성주탁 명예교수님께서 덕담 한 말씀 해주시지요.

ㅡ (성주탁) 방금 소개받은 성주탁입니다. 제가 산성 조사를 시작한 것은 지금으로부터 30여 년전 지표조사를 시작하면서부터 였습니다. 그때 지표조사를 통해서 얻어진 자료를 가지고 학계에 보고서를 낸바가 있는데 그 수준은 지금 대학생들이 제출하는 레포트 수준에 불과 하였습니다. 그때는 그것으로도 학계에서 통하였습니다만 지금 생각해보면 부끄럽기 한이 없는 수준이었습니다. 그로부터 30여 년이 지난 오늘날 성곽에 대한 조사 연구는 비약적인 발전을 거듭하여 이제는 그 수준이 결코 선진국에 뒤지지 않는다고 자부하고 싶습니다.

또한 오늘 발표하여 주신 사비도성 변천에 관한 다섯 편의 논문은 성곽연구에 크게 이바지하였다고 평가할 수 있습니다. 이와 같은 훌륭한 논문이 많이 발표된 데 대하여 경하드리지 않을 수 없습니다.

더욱이 오늘에 이르러서는 강당이 만원을 이룰 정도로 이에 종사하는 연구자와 깊은 관심을 가지신 분이 속출하고 있으니 실로 격세지감을 느낍니다.

끝으로 이와 같은 연구 잔치를 세 번에 걸쳐 마련하여 주신 국립부여문화재연구소와 임직원 여러분의 무궁한 발전과 성곽을 연구하시는 여러분들의 학운이 형통하시기를 기원드리며 간단하나마 덕담에 대신하겠습니다. 감사합니다.

— (좌장) 말씀 대단히 감사합니다. 오늘 여러 가지 좋은 연구성과도 많이 나오고 토론 내용도 중요한 것이 많았습니다.

우리는 10년 전인가 한국고고학회를 중심으로 해서 경주시내에 고속전철이 통과하는 것을 반대하는 캠페인을 벌여서 성공한 적이 있습니다. 경주시민들에게는 미움을 받았습니다만 유적을 보호하기 위한 것이었습니다. 아마 한성지역도 도성 바깥쪽으로 많은 매장문화재가 있었을 텐데 지금은 도시화되어 버려서 매우 안타깝습니다. 한성은 우리가 생각했던 것보다 문화권의 범위가 훨씬 더 컸을 것입니다. 아까 26만평이라고 했습니다만 그보다도 클 것입니다. 이제 남은 것이나마 어떻게 그것을 찾아내고 지킬 것이냐가 문제일 겁니다. 한성도 마찬가지고 웅진도 마찬가지고 사비도 마찬가지입니다. 시민들의 성숙된 문화의식이 따라줘야만 이런 것이 발견·발굴되고 정비되는 것입니다. 지금 우리나라가 많은 수출을 하고 있지만, 앞으로는 문화인프라를 수출해야 합니다. 그렇다면 문화컨텐츠를 누가 제공해야 할 것 아닙니까? 그 제공해야 되는 큰 임무를 담당하고 있는 사람들 중의 하나가 고고학자들입니다. 그런 중요한 일을 우리가 하고 있는 것입니다. 앞으로도 더욱 열심히 해야겠다는 각오를 다져봅니다.

지금까지 수고해 주신 발표자, 토론자 선생님께 감사의 말씀을 드리고 주최측인 국립부여문화재연구소에도 큰 박수를 부탁드립니다. 대단히 고맙습니다.

백제도성의 변천과 연구상의 문제점

초판 인쇄일　2003년 4월 20일
초판 발행일　2003년 4월 25일

발행인　김 선 경
편　　자　국립부여문화재연구소

발행처　서경문화사
　서울특별시 종로구 동숭동 199-5(105호)
　TEL : 743-8203
　FAX : 743-8210
　E-mail : sk8203@chollian.net

등록번호　1-1664호

값　12,000원
ISBN　89 - 86931 - 54 - 0 (93900)

＊ 잘못된 책은 교환해 드립니다.
＊ 저자와의 협의하에 인지는 생략합니다.